戰國楚簡連詞
語體差異研究

劉凌／著

漢字語料庫分析叢書

上海古籍出版社

圖書在版編目(CIP)數據

戰國楚簡連詞語體差異研究 / 劉凌著. —上海：
上海古籍出版社, 2017.11
（漢字語料庫分析叢書）
ISBN 978-7-5325-8625-7

Ⅰ.①戰… Ⅱ.①劉… Ⅲ.①竹簡文—研究—中國—
戰國時代②古漢語—連詞—研究 Ⅳ.①K877.54 ②H131

中國版本圖書館 CIP 數據核字(2017)第 242135 號

漢字語料庫分析叢書

戰國楚簡連詞語體差異研究

劉 凌 著

上海古籍出版社出版發行

（上海瑞金二路 272 號　郵政編碼 200020）

(1) 網址：www.guji.com.cn

(2) E-mail：gujil@guji.com.cn

(3) 易文網網址：www.ewen.co

常熟文化印刷廠印刷

開本 635×965　1/16　印張 20.75　插頁 4　字數 289,000

2017 年 11 月第 1 版　2017 年 11 月第 1 次印刷

印數：1—1,100

ISBN 978-7-5325-8625-7

H·181　定價：68.00 元

如有質量問題,請與承印公司聯繫

漢字語料庫分析叢書

國家社科基金重大項目"秦漢六朝字形全譜"

（項目號：13&ZD131）

出 版 説 明

西方標音文字體系語言學之所以成爲衆多領域的領先學科,其中一個重要原因就是從十九世紀到二十世紀初大規模資料庫建設,使舊有的語言學成熟爲語料庫語言學。在中國乃至整個表意文字區域,這種情況則相對落後。當二十一世紀已過去十幾年,資料庫的建構及使用,仍是部分學科領域中少數專家的事。中國語言文學專業的教員,直到現在仍然有許多人不太明白電腦裏 word 文本跟數據庫結構有何區別。部分標音文字譯介能力健者,能作無間之郵:從西方語言學那裏浮光掠影一二"方法",回到東方表意文字語境中努力尋覓二三用例以"匹配",領異標新三五年。説到底是添了些連自己都不敢相信的混亂。兩種現象有同樣的結果,即導致漢語言文字學進一步滯後與不成體系。

漢字語料庫的建設必須邁出沉重的步伐了,二十世紀九十年代末期,經過多方聯繫,我們籌措了百萬元經費,用於包括創刊出版《中國文字研究》、召開首屆國際漢字學術研討會、購買國際品牌硬件系統所構成的一流工作平臺、研發古文字信息系統等。

至今猶記,一九九八年元旦前後,有很多天我們是在廈門、廣州、海口或南寧的國際機場度過的。那是一段艱難的時光,雖然是學校漢語言文字學科帶頭人,但上述所有經費支出包括差旅費,都是在這個過程裏自己去爭取

1

的，沒有院系的任何資助。我不會忘記當時富有遠見卓識給予慷慨支持的出版家，像廣西教育出版社李人凡總編等。在這套叢書的第一本付梓之際，重提這些淵源，是爲了記住學科建設的那個艱難的起點，這些都直接奠定了後來華東師範大學中國文字研究與應用中心進入教育部高校人文社會科學重點研究基地行列的基礎。日月如梭，這些舊事如今已變得陌生而又疏遠，基地的一切，對於一些年輕人來說，似乎都是天然的存在。這時候，我們要記住，無論世事如何變遷，道德恩義是永遠不能忘記的。

基地建成伊始，就有明確的規劃：以出土文字大資料挖掘爲基礎，發展語料庫文字學，建成以漢字爲核心的表意文字數字化學科體系。

基於如上定位，基地落實"十五"、"十一五"、"十二五"及"十三五"規劃，先後研發了"魏晉南北朝石刻文獻語料庫"、"隋唐五代石刻文獻語料庫"、"出土古文字語料庫"、"今文字實物用字語料庫"，并在此基礎上，完成了"中國文字發展史"、"漢字斷代調查及漢字發展史"、"表意文字系統調研"等一系列重大項目。與此同時，基地歷屆博士研究生攻讀學位論文選題，也大多依託基地出土文字語料庫平臺，進行專題調查統計分析，可以說，在一定程度上呈現出基地固有的學科特色。

根據上述學科建設、研究模式以及所形成的資源特色，基地學術委員會和叢書編委會將每年篩選出當年度相對優秀書目一種（特別集中的年份，會適當考慮增加，但最多不超過兩種），推薦給專業出版社付梓。考慮到出土文字語料庫完全是一個開放系統，書目不追求體系完備，只要或在某個專題上有新意、有價值，或在語言文字的某個類型上有系統、有建樹，甚至是一束有新解、有實証資料的論文集合，都在推選範圍之內。所望博雅君子、專業同好，大家都來參與建設，共同發展吧！

教育部人文社科重點研究基地
華東師範大學中國文字研究與應用中心
漢字語料庫分析叢書編委會
二〇一六年元日

目　錄

1

第一章　緒　論

第一節　研究目標

本書是關於戰國楚簡連詞語體差異的研究。選題的確定，是以下幾個方面的思考所致。

首先，自上世紀八九十年代以來，出土戰國簡牘文獻大量湧現，爲先秦漢語語法研究提供了豐富、新鮮、具有更爲明確時空屬性的新材料。相比傳世文獻，這些出土材料更加真實地保留當時的語言面貌，也關聯更爲明確而豐富的時代、地域屬性，新增了大量傳世文獻所没有的内容，語料價值極高。對這類戰國簡牘材料的語言研究，因爲釋讀整理的困難，加以整理週期還不足夠長，成果相對薄弱，從而也具有一定的研究空間。

其次，近二十年來，古漢語語法研究取得了長足進展，專書語法研究是其中最爲璀璨的成果，而出土戰國簡牘材料，在某一特定文獻内，或者是具有共同時代、地域和文獻性質的一批文獻内，也往往具有共同的語法特徵，可以吸收傳世文獻專書語法研究的成果和方法，取得更加深入的成果，同時可將出土材料"專書"研究成果與傳世專書研究成果互徵、互補。同樣的思路，也適用於專題語法現象的研究。古漢語專書語法研究中，虚詞研究成果豐富，能吸收國内外理論成果，但出土戰國文獻的虚詞研究，相對來講,更多停留在語言現象描寫的層面,也具有很大的拓展空間。

尤其是,我們在調查戰國楚簡虛詞的過程中,發現楚簡文獻類型(文體)極爲豐富,而虛詞與文獻類型具有一定的相互對應關係。尤其是楚簡連詞,絶大多數具有明確的語體屬性和語體偏向,表現出與文獻類型的相互選擇關係。換句話説,文獻類型和文獻内容,決定了連詞在不同類型文獻的分佈;而連詞的語法功能和特點,也決定了它對特定類型文獻的適應與選擇。這種情況,反映了學界多年來倡導的語體語法學的研究方向,"不同的語體裏有不同的語法",[1]"任何嚴謹的語法學家如果打算忽視語體的區別而提出漢語語法的規律,必須首先在方法論上提出自己的依據來","以語體爲核心的語法描寫應該是我們今後語言研究的最基本的出發點"。[2] 不區分語體的語法研究,總結出的語法規律只能是最大公約數,或者是不同語體的語法的混合。以往研究中,對連詞性質的討論,是基於全部材料的,不區分語體(文獻類型),連詞的語體特徵和語體偏向被忽略。

戰國楚簡文獻類型豐富,包括文書、卜筮祭禱記録、遣策、日書、簿書等當時當地的實用性記録,也包括諸子學説、史書、詩論等古書典籍。在如此豐富的文獻背景下,區分語體、區分文獻類型的楚簡虛詞研究,具有充分的研究空間,也十分必要。

由於以上思考過程,本書確定的研究目標是,基於戰國楚簡文獻語料庫平臺,在窮盡性頻率統計的基礎上,調查楚簡連詞的語體差異和語體特徵,探尋楚簡連詞語體分佈規律及其背後的語法功能動因。這樣,在引入語體這個重要變量的基礎上,更加科學、系統地考察楚簡連詞,深化楚簡虛詞研究。

---

〔1〕 張伯江《功能語法與漢語研究》,載《語言科學》2005 年第 6 期,45 頁。
〔2〕 陶紅印《試論語體分類的語法學意義》,載《當代語言學》1999 年第 3 期,23—24 頁。

第二節 相關研究綜述

對楚簡連詞語體差異的研究,需要立足於楚簡連詞全面調查的基礎上。對已有研究的學習、吸收,包括現代漢語有關語法理論、漢語史、戰國楚簡材料的釋讀、古漢語語法研究特別是虛詞研究等很多方面。

這裏只重點介紹四方面的成果:語體語法學研究大致狀況,楚簡材料的充分釋讀整理,古漢語語法研究的重要成果,楚簡虛詞研究相關成果。

一、語體語法學研究方面

朱軍《漢語語體語法研究綜述》梳理了語體語法研究的發展過程,分爲三個時期,我們按照這三個時期加以簡單説明。一是理論探索期(1987—1999),著重討論語法研究中分清材料語體層次的重要性以及語體多視角分類的語法意義。以朱德熙《現代漢語語法研究的對象是什麼》、胡明揚《語體和語法》、陶紅印《試論語體分類的語法學意義》爲代表。二是現象描寫期(2000—2006)。這個時期側重對具體語言現象的描寫,缺少理論探索。對語言現象的描寫包括以下方面:語法現象在不同語體中的分佈差異研究,對各種語體中語法現象的描寫或比較研究,篇章視角的語體語法研究,韻律角度的語體語法研究。相關研究成果雖集中於現代漢語領域,但對本書研究具有方法、思路上的諸多借鑒。第三個時期爲理論建構期(2006—),主要是探討語體與語法的互動關係,以及利用功能語法理論尋求解釋,以張伯江《功能語法與漢語研究》及《語體差異和語法規律》、方梅《語體動因對句法的塑造》、曾毅平《語言材料語體分化論析》等爲代表。這一時期的研究成果,對我們打開視野,從語體角度系統分析楚簡虛詞具有重要啓發和理論指導意義。

在諸多語法現象中,虛詞對語體差異的敏感度非常高,虛詞的語體使用差異是語體語法學研究的重點之一,但相關研究薄弱且集中於現代漢語語料,古漢語虛詞語體特徵研究缺少系統性成果。雖説如此,孟曉亮《話語標記的語體特徵研究及應用》、吴春相《現代漢語介詞結構的語體考察》、張亞茹《語體差異與因果標記“是以”》等研究,爲我們提供了思路和方法的借鑒;裘燮君《先秦早期不同文體文獻在語氣詞運用上的差異》分析了先秦早期不同文體文獻在語氣詞運用上的差異;姜允玉《出土文獻中的語氣詞“也”》、周守晉《出土戰國文獻語法研究》、陳民鎮《清華簡〈繫年〉研究》都關注到了文體對虛詞使用的影響,尤其是陳民鎮的研究,詳細舉例説明了文體(包括語體)因素對虛詞特點的影響。

另外,語體的劃分方面,李熙宗《關於語體的定義問題》,袁暉、李熙宗《漢語語體概論》等,給出了科學的語體定義和相關思考。語體的分類,一直是衆説紛紜,見仁見智,本書就楚簡實際,使用自己的標準,不完全跟從當前的語體劃分。

二、楚簡本體材料的釋讀方面

我們依託中國文字研究與應用中心已開發成熟的戰國楚簡語料庫,建立了楚簡虛詞研究數據庫,不斷跟進當前研究成果,及時更新、完善釋讀內容。所跟進的釋讀內容,包括大量考釋文章,出現在簡帛網、簡帛研究網和復旦大學出土文獻與古文字研究中心網等網站上,也散見於各期刊和論文集,見參考文獻部分。這裏只列舉比較重要的、具有集釋性質的著作:劉志基《中國出土簡帛文獻引得綜録·郭店楚簡卷》(2012),劉志基《中國出土簡帛文獻引得綜録·包山楚簡卷》(2015),武漢大學簡帛研究中心、荆門市博物館《楚地出土戰國簡册合集》(一)(2011),武漢大學簡帛研究中心、河南省文物考古研究所《楚地出土戰國簡册合集》(二)(2013),陳偉等主編《楚地出土戰國簡册(十四種)》(2009),李守奎《上海博物館藏戰國楚竹書(一——五)文字編》(2007)所附考釋,徐在國《上博楚簡文字聲系》(2013),馬楠《清華簡〈繫年〉輯證》(2015),李守奎、肖攀《清華簡〈繫年〉文字考釋與構形研究》(2015),朱曉雪博士論文《包山楚墓文書簡、卜筮祭禱簡集釋及相關問題研究》(2011),袁金平博士論文

《新蔡葛陵楚簡字詞研究》（2007），宋華強《新蔡葛陵楚簡初探》（2009），張新俊《上博楚簡文字研究》（2005）等。對楚簡釋讀材料的整理，包括綴合、編聯、釋文等各方面，所取意見，皆説明所本，全部釋讀意見整合進入數據庫。

三、古漢語語法研究的成果

古漢語語法研究的綜述文章，對認清研究現狀，把握研究方向，改進研究方法有重要意義；各家的漢語語法史著作，詳略、側重點各有不同，對語法現象的認識也存在分歧，但它們是古漢語語法研究中的重要參照；傳統虛詞專著、古漢語虛詞詞典、古文字字典等，亦提供了諸多參考，都不做詳細交代。直接相關的研究有：

1. 以傳世文獻爲主的古漢語虛詞研究，特別是關於古漢語連詞的研究

古漢語虛詞研究著作近年較多，尤其專書語法研究方面取得了很多成果，是近年古漢語語法研究的亮點。如程湘清主編《兩漢漢語研究》、《先秦漢語研究》，殷國光《吕氏春秋詞類研究》，何樂士《〈左傳〉虛詞研究》、《〈史記〉語法特點研究》、《漢語語法史斷代專書比較研究》，趙大明《〈左傳〉介詞研究》，錢宗武《今文尚書語法研究》，郭錫良《介詞"以"的起源和發展》、《介詞"于"的起源和發展》，潘玉坤《古漢語中"以"的賓語前置問題》，李傑群《連詞"則"的起源和發展》，熊永祥、錢宗武《今文〈尚書〉並列連詞的語例分析、特徵及其形成機制》，周生亞《並列連詞"與"、"及"用法辨析》，徐蕭斧《古漢語中的"與"和"及"》，蔣宗許《並列連詞"與"、"及"用法辨析》，謝質彬《"然而"表順接質疑》，李英哲《漢語連詞發展過程中的若干特點》，張萍博士論文《漢語"以"字研究》（2011），彭笠碩士論文《〈孟子〉連詞研究》（2008），左梁碩士論文《〈論語〉虛詞研究》（2010）等，爲本研究提供了材料、方法、思路方面的諸多參考。

2. 楚簡以外出土材料的虛詞研究

楚簡以外的出土材料的虛詞研究，對我們前後繫聯、共時比較，探討

楚簡連詞系統的特點來説非常重要,其研究思路、方法等也有重要參考價值。如:楊五銘《西周金文聯結詞"以"、"用"、"於"釋例》、陳永正《西周春秋銅器銘文中的聯結詞》、趙誠《甲骨文至戰國金文"用"的演化》、羅端《從甲骨、金文看"以"字語法化的過程》、張玉金《甲骨文虛詞詞典》、潘玉坤《西周銅器銘文中連接分句的連詞》、武振玉《兩周金文虛詞研究》、張國豔博士論文《〈居延漢簡〉虛詞研究》(2005)、魏德勝《〈睡虎地秦墓竹簡〉語法研究》、梁華榮博士論文《西周金文虛詞研究》(2005)、吉仕梅《〈睡虎地秦墓竹簡〉連詞考察》、胡波碩士論文《秦簡副詞研究》(2010)等。

四、楚簡虛詞研究成果

主要説明與楚簡連詞研究相關的成果。

首先是對某一類或幾類楚簡材料的虛詞的全面研究。如:劉波碩士論文《包山楚簡語言研究》(2005)、張鈺碩士論文《〈郭店楚墓竹簡〉虛詞研究》(2004)、龍丹萍碩士論文《郭店楚簡〈老子〉詞類研究》(2008)、王穎《〈包山楚簡〉詞彙研究》等。其中,王穎對包山楚簡詞彙所做的分析比較細緻,對包山簡虛詞也做了窮盡性考察,雖不是專注于包山簡虛詞系統研究,但提供了具有參考價值的資料。

有關楚簡連詞研究的單篇論文,重要的有:大西克也《並列連詞"及"、"與"在出土文獻中的分佈及上古漢語方言語法》,注重語法研究的歷時考察,并從方言角度討論楚簡連詞在不同語料中的分佈規律,其研究結論和研究的思路、方法都具有很高價值。周守晉《戰國簡帛中介引時間的"以"》,討論了戰國簡帛中"以"引介時間的特殊用法,並與傳世文獻相參證,也分析了傳世文獻有關解讀的訛誤,占有材料全面,分析深入,結論可靠。張鈺《郭店楚簡"斯"、"此"、"安"的連詞用法考察》,探討了郭店簡"斯"、"此"、"安"的連詞用法,並與連詞"則"進行了比較,對幾個語義語法功能相關的連詞進行綜合研究,具有意義,但相關比較還可以再深入,類似性質的"是"也可納入討論。

張玉金的一系列研究文章：《出土戰國文獻中"焉"的研究》、《出土戰國文獻中虛詞"與"和"及"的區別》、《出土戰國文獻中的虛詞"既"》、《出土戰國文獻中的虛詞"及"》，張玉金、莫艾飛《戰國時代連詞"與"研究》等，討論了出土戰國文獻中的一些重要虛詞，包括其用法。通過不同地域、不同類型的出土戰國文獻的對比，分析了這些虛詞在出土戰國文獻中的特性，説明了"與"、"及"等虛詞的區別是地域因素和實詞虛化雙重因素造成的。這批文章收羅材料豐富，分析全面、細緻，亦見於專著《出土戰國文獻虛詞研究》。

另外，吳辛丑《簡帛典籍異文研究》，董琨《郭店楚簡〈老子〉異文的語法學考察》等，藉助傳世文獻與出土文獻的異文比較來進行虛詞研究，也提供了很好的思路和參考。

以上成果之外，與戰國楚簡連詞研究關係密切的是下面三部著作，所以著重説明。

首先是周守晉的《出土戰國文獻語法研究》（2005）。該書以出土文獻爲主要材料，考察時間表達、連接成分和否定形式三個語法功能項在戰國至秦漢之間的發展。研究中充分重視了出土文獻的時代和地域特徵，以及與傳世文獻的對應關係，對表達上述功能的幾組詞語充分説明共性、比較差異、理清發展線索，占有材料豐富，梳理清楚，研究深入，具有較多創見。惜乎該書是專題研究，只涉及三組六個連詞。書中注意到了材料語體差別對虛詞使用的影響，但因爲關注點在時代和地域特徵，未做展開。

其次，是李明曉的《戰國楚簡語法研究》（2010）。這是對戰國楚簡進行系統語法研究的第一本著作，具有開創之功。該書分詞法和句法兩部分，詞法部分對楚簡全部虛詞做了描述，句法研究涉及古漢語所有主要句式。李著以完整簡潔、思路清晰見長，重在描繪楚簡語法的全貌，注意了多種研究方法的結合。但總體而言，虛詞研究部分，主要是數據統計加簡單舉例的方式，平面的描寫多，深入的分析解釋少，對楚簡連詞系統沒有做深入討論。

　　第三，是張玉金的《出土戰國文獻虛詞研究》（2011）。這部著作，收羅材料宏富，包括戰國金文、簡牘、帛書、玉石文字等多種材料，作者對所有這些材料中的虛詞做了全方位的研究，並在此基礎上描繪了出土戰國文獻虛詞的全貌，是目前關於戰國時期虛詞研究最爲全面的著作。張著長於把握複雜的語料，長於分析，書中通過不同材料間的比較，探討連詞的地域和時代特徵，具有創見。從研究中涉及楚簡的部分看，存在著以下不足：對楚簡材料的釋讀不夠，影響了對某些虛詞性質的判斷；語法分析標準不明確或不盡合理，尤其在一些複雜的虛詞上，這種情況明顯；語法分析中材料失之於蕪雜，平鋪直敘，止於分析，提出看法少；逐個分析每個楚簡虛詞，但缺少一定理論指導下對虛詞性質的全面把握，缺少系統分析。張著的著力點在於對全部出土戰國文獻虛詞做完整描述。

　　另外，如前文所述，陳民鎮《清華簡〈繫年〉研究》，對清華簡的虛詞做了全面梳理，並以典型例證說明了文體（包括語體）因素對虛詞特點的影響，尤其是指出影響虛詞使用的最重要因素是時代、地域和文體，頗具識見。這是楚簡虛詞研究中專門、詳細討論虛詞語體差異的唯一成果。

第三節　材料和方法

一、使用的材料

　　本書討論的主體材料，設定在具有明確出土信息的十四種楚簡範圍內，對十四種楚簡內的每一個連詞及其相關用法，做窮盡性頻率統計，藉助數據分析觀察連詞的語體分佈差異。這十四種楚簡包括：（1）長沙五里牌 406 號墓簡冊，（2）長沙仰天湖 25 號墓簡冊，（3）長沙楊家灣 6 號墓簡冊，（4）信陽長臺關 1 號墓簡冊，（5）隨州曾侯乙墓簡冊，（6）江陵九店 56 號墓簡冊，（7）江陵九店 621 號墓簡冊，（8）德山夕陽坡 2 號墓簡冊，（9）荊門包山 2 號墓簡冊，（10）荊門郭店 1 號墓簡冊，（11）新蔡葛陵

1 號墓簡册,(12) 江陵望山 1 號墓簡册,(13) 江陵望山 2 號墓簡册,
(14) 黄岡曹家崗 5 號墓簡册。

十四種楚簡材料可分爲兩類文獻,古書類文獻和應用類文獻。應用類文獻是反映當時當地社會生活狀況的實用性記録,包括文書、卜筮祭禱記録、日書、簿書、遣策等,其中涉及連詞使用的有包山簡文、望山 1 號墓簡文、望山 2 號墓簡文、九店簡文、曾侯乙墓簡文、新蔡葛陵 1 號墓簡文,及長臺關 1 號墓簡文的遣策部分。[1] 古書類文獻,指諸子學説、經部著作、史籍、詩論等古書典籍,其中,以諸子學説爲代表的論説體文獻是主體。十四種楚簡範圍内,郭店簡文是純粹的論説體内容,内容豐富完整,考釋充分,作爲討論的重點;另有長臺關簡文中的竹書,也屬於古書類文獻。

本書研究的主體材料是十四種楚簡,當十四種楚簡内某一語體的材料不夠豐富,或連詞語體偏向、語體特徵需要進一步明確時,再以上博簡、清華簡相關語體的材料作爲補充和對照。這是因爲,十四種楚簡内的應用類文獻,時空屬性較爲明確,文獻語言、文獻類型獨具特色,適合作爲時空屬性的參照和文獻類型的參照;由此出發,逐步擴大語體調查的範圍,層次非常清晰。清華簡以經、史類内容爲主,史部内容在其他簡文中罕見,所以選擇内容豐富完整的記事體史書《繫年》作爲代表。《繫年》作爲簡單記事體,可與文書、卜筮祭禱記録等内容相互對照。上博簡,則以論説體文獻的對照爲主。

十四種戰國楚簡中,曹家崗 5 號墓簡册、五里牌 406 號墓簡册、楊家灣 6 號墓簡册、仰天湖 25 號墓簡册、九店 621 號墓簡册五種,不包含本文所討論的連詞和相關内容。所以,本書實際使用以下十一種楚簡材料,分别介紹:

(一) 郭店楚簡。1993 年出土於湖北荆門郭店 1 號墓。内容包括道家著作 2 種 4 篇,儒家著作 11 種 14 篇。文獻字數 12 101 字。入葬時期爲

---

〔1〕　長臺關簡文,包含竹書和遣策兩部分内容,竹書是政論性質,屬於古書類文獻。

戰國中期偏晚。[1]

（二）包山楚簡。1986 年出土於湖北荆門包山 2 號墓。内容是文書案卷、卜筮祭禱記録、遣策等。文獻字數 12 632 字。墓主下葬年代約在公元前 316 年,戰國中期偏晚。

（三）望山 1 號墓楚簡。1965 年出土於湖北荆州江陵望山 1 號墓。内容主要是卜筮祭禱記録。文獻字數 1 287 字。時代在戰國中期。

（四）望山 2 號墓楚簡。出土地鄰近望山 1 號墓。内容是遣策。文獻字數 960 字。時代在戰國中期晚段。

（五）九店 56 號墓楚簡。1983 年出土於湖北江陵九店 56 號墓。内容主要是日書,還有少量記録"舊、梅等數量"的簿書類内容,另有一篇《告武夷》,屬於禱告内容性質。文獻字數 2 443 字。時代在戰國晚期。

（六）長臺關楚簡。1957 年出土於河南信陽長臺關 1 號墓。内容包括竹書典籍和遣策。文獻字數 1 478 字。時代大致在戰國中期。[2]

（七）曾侯乙楚簡。1978 年出土於湖北隨州曾侯乙墓。文獻内容是關於喪葬時所用車馬、兵器、甲胄等的記録。文獻字數 6 584 字。墓主下葬年代在公元前 433 年或稍晚,屬戰國早期。

（八）新蔡楚簡。1994 年出土於河南新蔡葛陵 1 號墓。内容主要是卜筮祭禱記録和簿書,竹簡有較多殘斷。文獻字數 10 396 字。時代在戰

---

〔1〕 主要有三種看法:（1）發掘報告:戰國中期偏晚,墓主下葬年代當在公元前 4 世紀中期至公元前 3 世紀初。（2）李學勤:墓的年代約爲公元前 4 世紀末,不晚於公元前 300 年,墓中竹書的著作年代應都在《孟子》成書之前。見李學勤《先秦儒家著作的重大發現》（《中國哲學》第 20 輯《郭店楚簡研究》專號）,遼寧教育出版社 1999 年,13、15 頁;李學勤《郭店楚簡與儒家經籍》,同前,18 頁。（3）彭浩:下葬年代約在公元前 300 年,與公元前 316 年的包山 2 號墓相去不遠。見《郭店一號墓的年代及相關的問題》,《本世紀出土思想文獻與中國古典哲學研究論文集》,輔仁大學出版社 1999 年,361 頁。

〔2〕 發掘報告認爲是戰國早期楚墓,早於望山簡,見河南省文物研究所《信陽楚墓》,文物出版社 1986 年,121 頁。陳偉等認爲時代在戰國中期,見陳偉《楚地出土戰國簡册（十四種）》,374 頁。陳偉等的看法參考了以下兩家意見:中山大學古文字研究室楚簡整理小組《江陵邵固墓若干問題的探討》,《中山大學學報》1977（2）,92 頁;彭浩《楚墓葬制初論》,《中國考古學會第二次年會論文集》,文物出版社 1982 年,34—35 頁。

國中期偏早。[1]

（九）夕陽坡楚簡。1983 年出土於湖南常德市德山夕陽坡 2 號墓。僅 2 支竹簡，內容是與楚王有關的記載。文獻字數 52 字。下葬年代大致在戰國中晚期。

（十）上海博物館藏楚簡。上海博物館從香港所購楚簡。全部爲典籍古書類，內容有 80 餘種。已出版《上海博物館藏戰國楚竹書》一至九册。本書主要關注其中與諸子學說相關的論說體文獻。

（十一）清華大學藏竹簡。清華大學於 2008 年收藏的竹簡，文字風格以楚系爲主，大致屬戰國中晚期。2011 年，首批成果正式發布。清華簡內容爲經、史類古書典籍。本書主要調查其中《繫年》部分，包含 138 支竹簡，記錄了從西周初年到戰國前期的歷史，文獻字數約 3 790 字。

本書依託中國文字研究與應用中心已開發成熟的戰國楚簡語料庫，建立了楚簡虛詞研究數據庫，不斷跟進當前研究成果，及時更新、完善釋讀內容。

二、重視楚簡應用類文獻的獨特價值

楚簡中有豐富的應用類文獻，是反映當時社會生活狀況的即時記錄，包括公文、法律條文、卜筮祭禱記錄、遣策、日書等，它們都具有明確的出土信息，真實地反映一定時空和話題類型下的語言面貌，相比經過傳抄流布的出土古書類典籍，具有獨特的語料價值，可以充分用來作爲時代和地域坐標，爲相關研究提供參照系。應用類文獻這方面的價值還沒有得到充分重視，所以我們做些簡單說明。

---

〔1〕　主要有三種看法：（1）發掘報告：時間在公元前 340 年左右，屬戰國中期前後。（2）劉信芳、李學勤：簡文中"王徙於鄩郢之歲"，是楚肅王四年（公元前 377 年），墓主平夜君成在這年去世。見劉信芳《新蔡葛陵楚墓的年代以及相關問題》，《長江大學學報》2004（1），6 頁；李學勤《論葛陵楚簡的年代》，《文物》2004（7），69 頁。（3）宋華强：墓葬年代下限是楚悼王元年（公元前 401 年）至悼王七年（公元前 395 年）。見《新蔡葛陵楚簡初探》，134 頁。

首先,應用類文獻是當時當地社會生活狀況的即時記錄,包含豐富的時空、典章制度、地名、人名等信息,加之所屬墓葬都具有明確出土信息,作爲實錄性文字,比較容易確定文獻的時空屬性。這樣,在諸多研究中,具有比較明確時空屬性的應用類文獻就成爲重要的參照系,相對照的文獻,在時空屬性、文獻内容甚至書寫風格等諸多方面都有了參照標準。

其次,應用類文獻所使用的語言,是典雅的傳統書面語言之外的另一系列,具有民俗語言性質,甚至包含口頭語言性質,與典雅體形成鮮明對比。應用類文獻所涉及的内容,也是截然不同的話題類型。以此爲基準進行相關比較,如將楚簡法律文書與秦簡法律文書作比較、楚簡卜筮記錄與甲骨卜辭關聯對照、楚簡日書與秦簡日書對照等,這樣的比較,是基於相同的文獻類型、明確的時空差別,相比以往不同類型文獻間的比較,更具科學性。而且,楚簡應用類文獻,使用語言更多楚地特色、時代風格,文獻表達風格與其他文獻不同,具有鮮明的語體特徵,可與典雅體文獻、秦地應用類文獻等做充分對比。

第三,應用類文獻多程式化表達,尤其是文書和卜筮記錄中,大量的程式化表達,使得文例的比對產生很大作用,可據以考釋文字,補綴、編聯文獻,尤其是集中全部文例進行語言研究,更容易取得突破,這一點在本書中亦有體現。

所以,在相關文獻研究中,應高度重視應用類文獻作爲標準參照物的價值,本書研究,也是從應用類文獻出發,逐步擴大文獻調查的範圍。

三、研 究 方 法

（一）窮盡性數據統計方法

以往楚簡虚詞研究中,資料庫的窮盡性頻率統計不夠充分,統計層次亦顯單一。數據的不充分,材料的混同,影響結論的全面、科學。本書以窮盡性頻率統計爲最基本方法,清晰呈現楚簡連詞的語體差異。具體做法是:在中國文字研究與應用中心已有出土古文獻數字化平臺建設基礎上,對戰國楚簡虚詞數據庫做深加工;建立各類虚詞的收錄標準、語法分析標準;從語義關係、語法結構和語法功能角度分析、標注楚簡全部虛詞;完成文獻類型、語體類型的分析和資料庫標注;建立各類分析、檢索路徑,進行數據信息的多層次分類、綜合,以數據指向結論。

（二）歷時分析與共時比較相結合的方法

研究古漢語虛詞,必須有歷史發展觀點。繫聯不同時期的出土材料和傳世材料,將楚簡連詞置於漢語史中,考察其發生發展。

同時,任何一個時期的語言現象都不是孤立的,而是處於一個系統中,共時材料的比較,可以彰顯同一語言現象在不同語料中的同與異。歷時與共時比較相結合的方法,可以使研究準確深入。如本書對連詞"以"、"又"、"斯"的考察。

（三）多層次的系統分析方法

對楚簡連詞的考察,是把它們放入多層級的系統中逐級考察,全面、準確地揭示其性質。

第一層,把每個連詞置於其自身語義語法系統中,探索該連詞在自身詞彙系統中的地位、性質,藉以觀察這個連詞的虛化程度、連接能力。尤其是像"以"、"與"等來源於介詞的連詞,"既"、"又"等來源於副詞的連詞,"斯"、"此"、"是"等來源於指代詞的連詞或連接性成分,需要將該連詞置身於自身詞彙系統中,方能更加清楚地辨析其語義語法功能,理清它在系統中所處位置。

第二層,匯總楚簡所有連詞,從語義關係、語法功能、語體分佈三個角度全面總結楚簡連詞系統,發現三者間的對應關係。

第三層,將楚簡連詞置於漢語史中,探討楚簡連詞在漢語史中的發展,彰顯楚簡連詞系統的特點。

（四）集合文例對比分析的方法

依托數據庫,可以集合全部相關文例,解決大量問題。尤其像包山、新蔡簡的應用類簡文中,文書和卜筮祭禱記錄都有固定程式,有大量文例可循,既可據以判斷一部分殘斷簡文中虛詞的性質,又可據以判斷那些複雜難懂、存在歧解的簡文中虛詞的性質,是非常實用的方法。

依靠文例,還可以發現部分簡文拼合中的錯誤。

對有些簡文及其中虛詞的理解,以往的研究存在錯誤,通過集合文例進行對比分析,能糾正一些錯誤,如楚簡"既……以……"、"既……以……且(以)……"、"……以……以……"等句式,過去的研究認爲其中的"以"是順承連詞,本文比對文例,結合漢語史的梳理,發現其中"以"是並列連詞。

第二章 具有明確語體偏向的連詞

本章摘要:

本章討論的是具有明確語體偏向的連詞。全部見於論說體文獻的:連詞"則"、"斯"、"故"、"苟"、"雖",具有連詞性質的"此",複音連詞"而後"、"然後"、"此以"。幾乎全部用於論說體文獻的:複音連詞"是以"、"是故"。幾乎全部見於應用類文獻的:連接數量關係的"又"。

除連詞"又"集中於應用類文獻的簿書、遣策和史書,其餘連詞全部偏向於論說體文獻。

這些偏向於論說體文獻的連詞,主要是順承和因果連詞,語法功能上可以關聯分句、複句甚至句群,所關聯的句子可以對用、連用,或以緊縮句形式排比連用,滿足論說體文獻複雜的起承轉合表達以及營造修辭表達效果的需要。

"苟"和"雖"兩個連詞,常形成"苟……雖……"、"雖……苟……"固定句式,將讓步關係複句套疊於假設複句中,組合成形式簡明而語義層次豐富的多重複句,也只見於論說體文獻。

15

本章討論的是具有明確語體偏向的連詞。其中，"則"、"斯"、"故"、"苟"、"雖"，具有連詞性質的"此"，複音連詞"而後"、"然後"、"此以"，都只用於論説體的郭店簡，具有明確的語體偏向。另有複音連詞"是以"、"是故"，總共只有 5 例見於應用類文獻和史書《繫年》，也體現出明確的語體偏向。

第一節　連詞"則"、"斯"和
連接性成分"此"

"則"和"斯"語義語法功能極爲接近，適應於論説體文獻豐富複雜的表達，不見於應用類文獻，語體屬性非常鮮明。"此"不是嚴格意義上的連詞，但具有一定的連接功能，也只見於論説體文獻，故放在此處一并討論。

Ⅰ　連　詞　"則"

"則"在十四種楚簡範圍内有連詞、名詞、句末語氣詞、副詞四種用法。其中，名詞用法和句末語氣詞用法極少，各 1 例；做副詞 3 例；[1]其餘，除去 7 例簡文殘缺、意義不明者，全部是連詞用法，有 150 例。

某些情況下"則"是作連詞還是副詞，各家看法尚有分歧。楚簡中"則"基本都是連詞用法，少數涉及與副詞的分辨問題，我們隨文討論。

楚簡連詞"則"除去信陽長臺關竹書中的 1 例，其餘全部見於郭店簡，不見於應用類文獻。

一、"則"前後的語義關係

"則"是一個典型的順承連詞，表達前後分句間語義上的順承關係，可

---

〔1〕　爲下面 3 例：(1) 奠(鄭)衛(衛)之樂，則非亓(其)聖(聲)而從之也。(性自命出 27)(2) 豊(禮)复(作)於青(情)，或興之也，豈(當)事因方而斷(制)之。亓(其)先逃(後)之舍(敍)則宜衍(道)也。或(又)舍(敍)爲之即(節)，則復(文)也。(性自命出 18、19、20)

16

分三種情況：

（一）“則”所連接的前後兩事在時間上緊密相承

這樣的例子很少：

　　1.“亦既見屖（之），亦既詢（覯）屖（之），我心則【兑（悦）】”，此之謂【也】。（五行 10）

例 1 引文見於《詩·召南·草蟲》，“則”之前後兩事在時間上緊密相承。戰國楚簡中，“則”表示時間先後相承的用法極少。

（二）“則”前分句提出條件，其後引出結果，“則”表達事理上的順承

　　前句的條件往往複雜多樣——有的是用來説明原因，有的是一種假設的前提，有時只是説明一般的條件或情況，所以，表順承關係的“則”，有的學者把它看作因果連詞、[1] 假設結果連詞甚至是假設連詞。[2] 實際上，條件和原因有時很难分清，而假設也是條件之一種，不論前提條件如何，前後句在語義上的順承關係是非常明確的。所以，我們把這類“則”統稱作順承連詞，表事理上的順承，略舉幾例：

　　2. 勿（物）壯（壯）則老，是胃（謂）不道。（老子甲 35）

　　3. 恳（仁）之思也清，清則嫅（察），嫅（察）則安，安則睪，睪則兑（悦），兑（悦）則臺（戚），臺（戚）則新（親），新（親）則惡（愛），惡（愛）則玉色，玉色則型（形），型（形）則恳（仁）。（五行 12、13）

　　4. 是古（故）谷（欲）人之惡（愛）吕（己）也，則必先惡（愛）人；谷（欲）人之敬吕（己）也，則必先敬人。（成之聞之 20）

　　5. 古（故）君民者章好吕（以）貝（示）民念（欲），懂（謹）亞（惡）吕（以）渫（遏）民淫〈淫〉，則民不賦（惑）。（緇衣 6）

〔1〕　如何樂士《古代漢語虛詞詞典》，語文出版社 2006 年，579 頁。

〔2〕　如張玉金《出土戰國文獻虛詞研究》，人民出版社 2011 年，318 頁。

6. 子曰：倀（長）民者衣備（服）不改（改），鋻頌（容）又（有）裳（常），則民惪（德）弌（一）。（緇衣 16、17）

像例 2，前後語義主要是条件（或前提）—結果關係，例 4 以假設—結果關係爲主，其餘三句，理解作一般的條件—結果關係、因果關係、假設—結果關係都可通，因爲後句就是順承前句指出該條件下的結果，所以不必強分。

（三）"則"後部分承接上文，做出説明、解釋或判斷

這種用法的"則"，牽涉到連詞與副詞的判別問題。先看下面 4 句：

7. 大臣之不新（親）也，則忠敬不足，而賵（富）貴巳（已）迻（過）也。（緇衣 20）

8. 邦豪（家）之不窓（寧）也，則大臣不台（治）而褻（褻）臣忨（託）也。（緇衣 20、21）

9. 正（政）之不行，孝（教）之不城（成）也，則坓（刑）罰不足恥，而雀（爵）不足懽（勸）也。（緇衣 27、28）

10. 翠（輕）幽（絶）貧戋（賤）而至（重）幽（絶）賵（富）貴，則好㥁（仁）不矕（堅），而亞（惡）亞（惡）不叒（著）也。（緇衣 44）

這 4 例，"則"前内容表結果，"則"後是原因。張玉金認爲這類句子是判斷句，其中的"則"是副詞，用來表原因。[1] 關於這種"則"的詞性，張世祿認爲："無論是'由因及果'，或者'從果推因'，'則'這個關係詞，總是用來表示前後事態的順遞關係"，因而它是連詞。[2]《古代漢語虛詞詞典》也將這類"則"歸爲順承連詞，認爲它所連接的後一部分是對前文進行説明、解釋。[3] 林密認爲：這種前果後因的複句，是從一般形式的

〔1〕 張玉金《出土戰國文獻虛詞研究》，332 頁。
〔2〕 張世祿《古代漢語》，上海教育出版社 1978 年，185 頁。
〔3〕 中國社會科學院語言研究所古代漢語教研室《古代漢語虛詞詞典》，商務印書館1999 年，811—812 頁。

條件複句轉化來的,其中"則"的性質不變,仍是連詞。[1] 他舉的例子很能説明問題:

  11. 行者無糧,居者無食,則財盡矣。(《吕氏春秋・先知覽》)

  12. 號令未出,而天下皆延頸舉踵矣,則精通乎民也。(《吕氏春秋・精通》)

  13. 民進則欲其賞,退則畏其罪。(《吕氏春秋・適威》)

可見,不論是否采用判斷句的形式,"則"在連接前果後因的句子時,仍是連詞。

下面一例,"則"後部分也是對前文的承接説明,何樂士《古代漢語虚詞詞典》將類似用法的"則"處理爲連詞:

  14. 君子居則貴左,甬(用)兵則貴右。(老子丙 6)

例 14"則"並列對等使用,其後項是對前項的陳述説明,本書處理爲連詞,前後語義順承。

二、楚簡中"則"的語法功能

(一)"則"以在複句間對用和排比連用爲主

"則"可以單獨使用在一個複句中,也可以在並列的兩個複句中成對使用,還可以在並列的多個複句或句群中排比連用。

(1)"則"單用,39 例

"則"在一個複句中單用,表達前後語義間的順承關係。如前文 2、7、8 等例。

---

[1]　林密《"則"字在〈吕氏春秋〉中的特殊用法》,《齊齊哈爾師範學院學報》1996(4),49 頁。

（2）"則"對用，42 例

"則"在並列的兩個複句中成對使用，如前文 4、14 句。這時，句子間往往形成並列或對比關係。

（3）"則"排比連用，69 例

"則"在並列的多個複句中排比連用。如：

15. 䎷（聞）芺（笑）聖（聲），則鱻（鮮）女（如）也斯（斯）憙（喜）。昏（聞）訶（歌）誅（謠），則舀（陶）女（如）也斯（斯）畓（奮）。聖（聽）盠（琴）开（瑟）之聖（聲），則誶（悸）女（如）也斯（斯）戁（歎）。蓳（觀）杢（賚）武，則齊女（如）也异（斯）乍（作）。蓳（觀）卲（韶）顕（夏），則免（勉）女（如）也异（斯）僉（斂）。（性自命出 24、25、26）

16. 香（教）目（以）豊（禮），則民果目（以）巠。香（教）目（以）樂，則民中悳（德）清㴜（將）。香（教）目（以）支（辯）兌（説），則民㩫（襃）陞（陵）倀（長）貴目（以）忘（妄）。香（教）目（以）㩫（勢），則民埜（野）目（以）靜（爭）。香（教）目（以）只（技），則民少（小）目（以）哭（吝）。香（教）目（以）言，則民話（訐）目（以）桒（寡）訐（信）。香（教）目（以）事，則民力嵒（嗇）目（以）面（湎）利。香（教）目（以）懽（權）㥇（謀），則民浧悃遠豊（禮）亡斳（親）悥（仁）。（尊德義 13、14、15、16）

17. 聖之思也翌（輕），翌（輕）則型（形），型（形）則不亡（忘），不亡（忘）則聦（聰），聦（聰）則眚（聞）君子道，眚（聞）君子道則玉音，玉音則型（形），型（形）則聖。（五行 15、16）

從數據可以看出，楚簡中"則"以對用和排比連用爲主，占其全部用法的 74%。表對舉性承接或排比性承接，是楚簡"則"的一大特點。

（二）"則"連接分句的情況

"則"以連接前後各一個分句爲主，表達比較簡明、直接的條件—結果關係,不同於連詞"故"、"是故"等,後二者以連接層次複雜的複句爲主。

"則"前後分句的分佈情況是:

(1)"則"的前後都只有一個分句

這種情況最多,如前引例句4。

(2)"則"前多個分句,"則"後一個分句,有8例

如前引例句1、5、6,"則"前兩個分句,表達複雜的條件或原因。

又如:

18. 子曰:君子道人旦(以)言,而坙(恒)旦(以)行。古(故)言
則慮(慮)亓(其)所丹(終),行則餡(稽)亓(其)所帚(敝)。則民訢
(慎)於言而懂(謹)於行。(緇衣32、33)

這一句,最後一個"則"前是複雜的多層複句,"則"後是單句。

(3)"則"前一個分句,"則"後多個分句,僅有1例

本書調查範圍內,這種情況只有1例:

19. 君子曰:從允惥(釋)怹(過),則先者夅(余),夾(來)者訐
(信)。(成之聞之36)

這裏,"則"後有兩個並列分句,表達並列的兩個結果。不過,當"則"後的
結果比較複雜時,更多的是使用"而"連接並列的主謂結構,而不是像例
19這樣使用並列分句,這種情況有6例,如前引7、8、9、10等句,再如:

20. 上直(德)則天下又(有)君而世明。(唐虞之道20、21)

21. 夫子曰:好媄(美)女(如)好茲(緇)衣,亞(惡)亞(惡)女
(如)亞(惡)衖(巷)白(伯),則民臧〈咸〉放(服)而毕(刑)不屯〈弋
(試)〉。(緇衣1)

爲什麼使用並列的主謂結構而不是使用並列分句？這是因爲"則"前後分句間的承接意味非常强,後一分句使用以"而"連接的並列結構,能使句子結構緊凑,語義結合緊密,這樣,前後分句間的語義順承感更加凸顯。

(4)"則"前後都有多個分句,有2例

本書調查範圍内,這種情況有2例:

22. 子曰:爲上可睦(望)而智(知)也,爲下可頼〈槇(述)〉而篝(志)也,則君不惉(疑)亓(其)臣,臣不惑於君。(緇衣3、4)

23. 子曰:可言不可行,君子弗言;可行不可言,君子弗行。則民言不陸(危)行,【行】不陸(危)言。(緇衣30、31、32)

例22前後各有兩個分句,其間都是並列關係;例23不同,"則"前是兩個並列的假設複句,"則"後是兩個並列的單句。

可以看出,連詞"則"絶大多數情況下是連接前後各一個分句,前後有多個分句的情況很少,只有11例。另外,相對而言,往往"則"前分句較多,"則"後分句單一,原因有二:第一,這同"則"表順承語義的性質一致,原因或條件複雜,而結果往往歸一;第二,即使結果有時複雜,也往往用並列的主謂結構(以"而"連接),來代替並列的分句,這樣的表達方式,使句子結構緊凑,語義結合緊密,從而加强了語義上順承直下的感覺。

(三)"則"關聯的緊縮句

本書調查範圍内,由"則"關聯的緊縮句有86句,占"則"全部連詞用法150例的57.3%,可見,"則"關聯緊縮句的情況占了多數。

(1)"則"關聯的緊縮句常常對用或排比連用

在86個緊縮句中,"則"單用的有9例,占"則"單用全部39例的23.1%;對用30例,占"則"對用全部42例的71.4%;排比連用47例,占其排比連用全部69例的68.1%。這説明,"則"用於緊縮句時很少單用,基本是對用或排比連用,反過來説,它對用或排比連用時,也常以緊縮句的

形式出現。"則"構成的緊縮句成對使用的如前引例句 14,又如:

24. 上人悬(疑)則百眚(姓)賦(惑),下難智(知)則君倀(長)袋(勞)。(緇衣 5、6)

25. 旻(得)元(其)人則舉(舉)安(焉),不旻(得)元(其)人則止也。(六德 48)

"則"構成的緊縮句成對使用時,各句間是並列對等關係。
"則"構成的緊縮句排比連用的,如:

26. 不悉(愛)則不薪(親),不□則弗悉(懷),不釜(釐)則亡惧(畏),不宓(忠)則不訐(信),弗惠(用)則亡遑(復)。(尊德義 32、33)

27. 利則民悭,正則民不娶(吝),𦦠(恭)則民不恫(怨)。(尊德義 33、34)

28. 悬(仁)之思也清,清則𧶠(察),清則𧶠(察),𧶠(察)則安,安則𢓜,𢓜則兌(悅),兌(悅)則膏(戚),膏(戚)則薪(親),薪(親)則悉(愛),悉(愛)則玉色,玉色則型(形),型(形)則悬(仁)。(五行 12、13)

26、27 兩句,各緊縮句間是並列關係,而 28 句和前文 17 句,各緊縮句間是步步緊承的關係,語義結合非常緊密。

(2)"則"關聯的緊縮句多數省略主語

連詞"則"在分句中的位置有兩種,一是處在主語前,二是在省略了主語的謂語前。"則"在主語之前者有 50 例,其中緊縮句 12 例;"則"直接用在謂語之前,主語省略的情況有 88 例,其中 71 例都是緊縮句。這就說明:"則"用於緊縮句時絕大多數省略小句主語。主語的省略,使句子結構更加短小緊湊,前後語義緊密承接。

(3)"則"關聯的緊縮句的前後成分

由"則"關聯的緊縮句,其前後成分總結如下表。表中的"動"表示動詞或動詞性結構,"主謂"表示主謂結構,"雙主謂"是並列的兩個主謂結構,其餘類推。

表1 "則"關聯的緊縮句的前後成分

動·則·動	形·則·形	形·則·動	動·則·形	主謂·則·主謂	動·則·名	名·則·動
25	13	9	10	6	3	3
動·則·主謂	主謂·則·動	形·則·主謂	雙主謂·則·形	主謂·則·形	主謂·則·雙主謂	不能確定
4	3	2	2	1	1	4

可以看出,在緊縮句中,"則"所連接的成分,以動詞性結構和形容詞性結構爲主,"則"連接動詞性結構和形容詞性結構時,具有很強的描述性,如前文所引例句17、28等。

三、楚簡連詞"則"的特點及其語體屬性

這一部分,討論了楚簡連詞"則"的語義語法功能。"則"主要是分句間連詞,前後分句間的語義關係是順承關係。

楚簡"則"表現出五個特點:

首先,"則"在楚簡中以對用和排比連用爲主,表對舉性承接或排比性承接,這是它的一大特點。

其次,"則"以連接一對一的分句爲主,前後語義層次簡明。偶爾結果句複雜,也往往使用並列的主謂結構來簡化句子,使句子結構緊湊,語義結合緊密,加強順承直下的語勢。

第三,"則"關聯緊縮句的情況占其使用的一半還多,各緊縮句間意義平列對等或排比緊承,尤以排比緊承爲多。與此相應,"則"所在的分句多數承上省略主語,從而使句子結構短小緊湊,形成一種步步緊承、簡潔有

力、語勢逐步增强的表達效果。

第四,"則"所關聯的緊縮句,前後成分以動詞性結構和形容詞性結構爲主,這種組合,具有較强的描寫性和論辯性。

第五,"則"的語體屬性非常明確純粹,它是論説體文獻的代表性連詞。本書調查範圍内,連詞"則"只見於論説體的郭店簡和長臺關竹書。在文書、卜筮記録等應用類文獻中不見使用連詞"則",在史書類的清華簡《繫年》中,雖也講究文意的承接連貫,也不見使用連詞"則"。"則"的語義語法功能特點,決定了它適應於論説體豐富複雜的表達,并達到很好的修辭表達效果。簡潔平實的記叙體,無需這種表達。

連詞"則"的修辭特點和語體特點,同連詞"而"相通。二者都大量用於緊縮句;用於緊縮句時,在形式上都以連接謂詞語(動詞性結構和形容詞性結構)爲主;都常常排比連用,具有很强的描述性和論辯性;都具有强烈的修辭作用,可以營造韻律節奏之美,並藉以增强語勢、渲染情感等;二者的上述用法也都只見於論説體文獻。二者的區別是:"則"的功能是連接分句,表順承語義,《馬氏文通》説"則"是"直承順接之辭",是概括了它的本質——它所連接的條件、結果關係多數簡單直接,前後分句間聯繫緊密,表達的是强烈的順承語義,且常常以緊縮句形式排比連用,取得步步緊承的表達效果。連詞"而"的主要功能是連接謂詞語,表順承、並列、轉折、遞進等更爲豐富的語義關係;並且,"而"字結構排比連用,其間往往是平列對等而非步步緊承關係,在鋪陳排比,充分描述,營造韻律節奏、修辭表達效果方面,"而"的功能更强。

II　連　詞　"斯"

"斯"有作代詞、助詞和語氣詞的用法,這是共識。但它在表達前後文之間語義上的順承,起到承上啓下的作用時,究竟屬於連詞還是代詞,各家認識還有不同。

前人訓詁中,已多次揭示這一用法的"斯"意義與"則"相當。從楊樹達《高等國文法》、《詞詮》,楊伯峻《文言語法》,到《漢語大詞典》、何樂士

《古代漢語虛詞詞典》等,多數研究都認爲這種用法的"斯"是順承連詞;
而古代漢語教研室《古代漢語虛詞詞典》、萬獻初[1]等認爲是代詞;《漢
語大字典》則認爲是副詞。我們認爲這種用法的"斯"是順承連詞,這裏
先要分析"斯"作爲連詞當具備的條件。

一、"斯"作爲連詞的條件分析

(一)"斯"處在小句句首

(1)"斯"處於小句主語所在的位置。它既復指前文內容,具有一定
的指代性,類似於小句主語,同時又連接前後,起到一定承上啓下的作用,
這類"斯"其實處於由代詞向連詞過渡的中間狀態。如:

29. 尊五美,屏四惡,斯可以從政矣。《論語·堯曰》

30. 不憂不懼,斯謂之君子已乎?(《論語·顏淵》)

31. 四十五十而無聞焉,斯亦不足畏也已。(《論語·子罕》)

如果把這些句子看作單句,其中的"斯"就是代詞,復指前文內容,作
主語。但實際上,句中的"斯"具有一定連接作用,承上啓下,表達出"在
這種情況下,就會……"的意義,引出在前面條件下產生的結果。有了這
個"斯",前後文之間的聯繫變得緊密。這種承上啓下的性質,在與下面句
子的對比中可明顯感知:

32. 禮之用,和爲貴,先王之道,斯爲美,小大由之。(《論語·
學而》)

33. 君子無眾寡,無小大,無敢慢,斯不亦泰而不驕乎?(《論語·
堯曰》)

[1] 萬獻初《先秦漢語"斯"字連詞說質疑》,《咸寧師專學報》1988(1),69—80頁。

這一組句子中的"斯"毫無爭議是代詞,"斯"復指前文內容作主語,前後文關係相對鬆散,其間缺少語義上的順承、推導意味。

下面一組句子中,"斯"的連接作用又明顯了一點:

34. 先王有不忍人之心,斯有不忍人之政矣。(《孟子·公孫丑上》)

35. 經正,則庶民興;庶民興,斯無邪慝矣。(《孟子·盡心下》)

這組句子中,"斯"前後語義聯繫更緊密,承接意味更強。可見,是句法結構和語義關係共同決定了"斯"具備由代詞向連詞虛化的可能。

(2)"斯"在句首,後面是主謂完整的小句。當"斯"後面是主謂完整的分句時,其連詞性質可以確定,但其中或多或少仍含有指代意味。

36. 王無罪歲,斯天下之民至焉。(《孟子·梁惠王上》)

37. 君行仁政,斯民親其上,死其長矣。(《孟子·梁惠王下》)

38. 子曰:"仁遠乎哉? 我欲仁,斯仁至矣。"(《論語·述而》)

39. 其交也以道,其接也以禮,斯孔子受之矣。(《孟子·萬章下》)

這時"斯"已不是處在主語位置,而是居於一個主謂完整的小句之前,它是和整個小句發生聯繫,如例37,指的是在"君行仁政"的條件下,就會出現"民親其上,死其長"的結果,"斯"與主語"民"不直接發生聯繫。

(二)"斯"用在主謂之間

有時,因爲對主語的突出和強調,"斯"可以由主謂完整的小句句首,移到主謂之間,這樣,它的位置更加靈活,前後語義間承接、推導的性質更爲明顯,其連詞性質更加明確。如:

40. 孔子曰:"生而知之者,上也。學而知之者,次也。困而學

之,又其次也。困而不學,民斯为下矣。"(《論語·季氏》)

(三)"斯"處於緊縮句中

"斯"用在連謂結構或緊縮句中,句子結構緊湊,前後語義緊承,有前一行爲就必然緊跟後一行爲,此時"斯"的連詞性質最爲明確,指代性大大減弱。如:

41. 夫子之得邦家者,所謂立之斯立,道之斯行,綏之斯來,動之斯和。(《論語·子張》)

42. 子曰:"人之過也,各於其黨。觀過斯知仁矣。"(《論語·里仁》)

43. 人喜則斯陶,陶斯咏,咏斯猶,猶斯舞,舞斯慍,慍斯戚,戚斯歎,歎斯辟,辟斯踊矣。(《禮記·檀弓下》)

44. 公西華曰:"由也問聞斯行諸,子曰:有父兄在;求也問聞斯行諸,子曰:聞斯行之。赤也惑,敢問。"(《論語·先進》)

總而言之,當"斯"在小句句首主語位置,同時具有一定承上啓下作用時,它處於由代詞向連詞虛化的狀態;當這樣的"斯"處於小句句首,且該小句自身有主語時,"斯"具有連詞性質;"斯"還可以由主謂前移至主謂之間,位置更加靈活,主謂間的"斯"連詞性質比較明確;當"斯"處於緊縮句中,其前後語義緊密相承,此時其連詞性質最爲明確。

《漢語大字典》認爲"斯"表承接時是副詞,從前文分析看,"斯"句中位置靈活,可在主語前或主語後;"斯"不是修飾相鄰的動詞,而是和整個小句發生聯繫,在前後兩個小句間承上啓下,這些都是連詞而非副詞所具有的性質。

二、楚簡中的"斯"是連詞

楚簡十四種,除去長臺關 2 號墓 17 號簡的 1 例"斯",簡文作"㫚

（斯）”，疑用爲名詞，[1]其餘 22 例“斯”全部集中於郭店簡，均作連詞。具體是：《性自命出》篇 20 例，《六德》篇 1 例，《語叢三》1 例，它們分別寫作“㪿”或“𦣻”。

這全部 22 例“斯”見於下面 7 簡：

45. 䎽（聞）芺（笑）聖（聲），則鮮（鮮）女（如）也㪿（斯）憙（喜）；昏（聞）訶（歌）誅（謠），則昭（陶）女（如）也㪿（斯）奮（奮）；聖（聽）盞（琴）𤔲（瑟）之聖（聲），則諉（悸）女（如）也㪿（斯）戀（歎）；萑（觀）杢（賚）武，則齊女（如）也𦣻（斯）复（作）；萑（觀）卲（韶）頳（夏），則免（勉）女（如）也𦣻（斯）會（斂）。（性自命出 24、25、26）

46. 憙（喜）𦣻（斯）慆，慆𦣻（斯）奮（奮），奮（奮）𦣻（斯）羕（詠），羕（詠）𦣻（斯）猷（猶），猷（猶）𦣻（斯）迀（舞）。迀（舞），憙（喜）之丹（終）也。恩（慍）𦣻（斯）㥃（憂），㥃（憂）𦣻（斯）慼，慼𦣻（斯）戀（歎），戀（歎）𦣻（斯）㦷，㦷𦣻（斯）通（踴）。通（踴），恩（慍）之丹（終）也。（性自命出 34、35）

47. 凡人㥽（僞）爲可亞（惡）也，㥽（僞）𦣻（斯）㗉（吝）壴（矣），㗉（吝）𦣻（斯）慮壴（矣），慮𦣻（斯）莫与（與）之結壴（矣）。（性自命出 48、49）

48. 新（慎），㤅（仁）之方也，肰（然）而丌（其）愆（過）不亞（惡）。遫（速），敄（謀）之方也，又（有）愆（過）則咎。人不新（慎）𦣻（斯）又（有）愆（過），訐（信）壴（矣）。（性自命出 49）

49. 句（苟）又（有）丌（其）青（情），唯（雖）未之爲，𦣻（斯）人訐（信）之壴（矣）。（性自命出 51）

50. 孝，杳（本）也。下攸（修）㤅（其）杳（本），可㠯（以）蚏（斷）

---

[1] 此處“斯”，劉雨《信陽楚簡釋文與考釋》讀爲“具”。此從黃德寬、徐在國釋，見《郭店楚簡文字考釋》，載《吉林大學古籍整理研究所建所十五周年紀念文集》，吉林大學出版社 1998 年。

峇（獄）。生民所（斯）必又（有）夫婦、父子、君臣。孚（君子）明虖（乎）此六者，肰（然）句（後）可呂（以）劃（斷）峇（獄）。（六德41、42、43）

51. 天型（刑）城（成），人异（與）勿（物）所（斯）里（理）。（語叢三17）

這全部22例"斯"，都是連詞，都是表達語義上的順承關係，前分句説明條件，後一分句緊承説明相應的結果。這種前條件後結果的順承關係，有時是假設條件的結果，典型的如例49；有時是因果關係，如例50；還有時就是時間和事理上的先後相承，如例45、46。從語法功能來看，這些"斯"可以分成兩類：

（一）"斯"用於連接分句

（1）"斯"居於後一分句的主謂之間。在例50、51中，"斯"居於後一分句的主謂之間，表達語義上的順承關係，小句主語得到强調。其中，例50中的"斯"，張玉金以爲表示時間先後[1]。如果從這一説法，則"生民"當理解爲動賓結構，與文義不符。實際，此句"斯"是承接上文，就前文的"下修其本，可以斷獄"，指出"生民"應當恪守夫婦、父子、君臣關係。

（2）"斯"居於後一分句之首。見例49，"斯"用在後一分句主謂之前，引出假設條件的結果。這裏形成"苟……斯……"句式。

（二）"斯"關聯緊縮句

"斯"以關聯緊縮句爲主，這些緊縮句往往排比連用，語義排比緊承。

例45中，"斯"用在五組並列的複句中。如第一組"聞笑聲，則鮮如也斯喜"，"鮮如"，李零以爲形容笑貌，[2]劉釗以爲形容快樂貌。[3] 此處"則"、"斯"連用，意義相近，共同表達"聞笑聲"後出現的結果，"斯"的順

---

〔1〕 張玉金《出土戰國文獻虛詞研究》，人民出版社2011年，361頁。

〔2〕 李零《郭店楚簡校讀記》，《道家文化研究》第17輯"郭店楚簡專號"，三聯書店，1999年，508頁。

〔3〕 劉釗《郭店楚簡校釋》，福建人民出版社2003年，96頁。

承語義比"則"弱。

例 46 中,各行爲狀態先後緊密相承,語氣順承直下,可與例 43《禮記・檀弓》的句子對照。

例 47 中,句式與例 46 相仿,但例 46 重在表達行爲狀態的前後緊承,而例 47 則重推斷,句末"矣"字,加重了推斷語氣。用連詞"斯"的句子,句末多出現語氣詞"矣",主要就是因爲"斯"語義上表順承,具有層層推進的性質。可與此對照的是"此"——"此"指示性強,因而虚化爲連詞的程度不如"斯"高,其句尾常配合語氣詞"也",論斷性質明顯而非"斯……矣"句的順承推異性質。

例 48,"斯"用於緊縮句中,這個緊縮句作複雜單句的主語,"信矣"是謂語。

緊縮句中的"斯"前後語義緊承,它由代詞向連詞虚化得更徹底。

三、連詞"斯"廣泛使用的時代

"斯"這個詞具有明顯的時代性,它的廣泛使用,主要在戰國時代。

"斯"的使用時代,有多篇文章論及。出土文獻一系,周法高、[1]楊伯峻、何樂士、[2]張玉金[3]都認爲甲、金文中没有出現作爲指示代詞的"斯"。武振玉發現的最早兩例"斯"出現於春秋晚期的叔夷鐘,銘文作"汝考壽萬年,永保其身,卑(俾)百斯男,而執斯字",[4]其中的"斯",或以爲是指代詞,但馬承源以爲是句中語助。[5]所以,張玉金説:"作爲代詞的'斯'在西周時代的語料中十分少見,……西周金文、西周甲骨文和《周易》中都没有這種用例。……'斯'在西周時代剛剛出現,還未普遍應用開來。"[6]周守晉調查:戰國晚期的睡虎地秦簡中没有"斯",漢初馬王堆帛書中見 3 例,且分散在《老子》

---

〔1〕　周法高《中國古代語法・稱代編》,中華書局 1990 年,154 頁。

〔2〕　楊伯峻、何樂士《古漢語語法及其發展》,語文出版社 2001 年,139 頁。

〔3〕　張玉金《西周漢語語法研究》,商務印書館 2004 年,101 頁。

〔4〕　武振玉《兩周金文詞類研究(虚詞篇)》,吉林大學 2006 年博士論文,74 頁。

〔5〕　馬承源《商周青銅器銘文選》(第四册),文物出版社 1990 年,543 頁。

〔6〕　張玉金《西周漢語語法研究》,101 頁。

等古書抄本裏,武威漢簡僅《儀禮》篇中見 2 例,居延漢簡中没有。[1] 所以他說,戰國晚期以後"斯"就不太使用了。即,從出土文獻看,"斯"主要出現在戰國楚簡中(集中於郭店簡和上博簡),且基本都作連詞用。[2]

傳世文獻一系,從顧炎武《日知録》卷六"檀弓"條談"兹"、"斯"、"此"在文獻的不同分佈規律開始,也有多家文章論及相關問題。"斯"在傳世文獻中主要見於《詩經》、《論語》、《孟子》和《禮記·檀弓》。《詩經》一般認爲成書於西周初期至春秋中葉,其中"斯"的用法比較複雜,據林海雲[3]、方有國[4]諸家的研究,《詩經》有"斯"90 餘例,以代詞和助詞用法爲多,連詞用法很少。後三者成書於戰國初期至周秦之交,其中的"斯"以連詞和代詞用法爲主,二者比例大致相當,代詞用法略多。[5] 秦以後的文獻,據殷國光[6]調查,"斯"主要見於《史記》,除去引文 18 例,記録漢代語言的僅 16 例,只出現在司馬相如的賦和"太史公曰"之中,其中不乏爲追求典雅、古樸色彩而仿用的可能性。這以後,除少數仿古作品中偶見用"斯",它基本上消失了。

所以,從以上材料,至少可以得出這樣一個結論:戰國時代,是"斯"連詞用法的高峰時期。還有,"斯"大致產生於西周初期,到戰國末期以後就很少使用了。

四、"斯"被淘汰的原因

總結本節内容,可以發現"則"、"斯"語義語法功能非常接近,表現在

---

〔1〕 周守晉《出土戰國文獻語法研究》,北京大學出版社 2005 年,131 頁。

〔2〕 上博簡中"斯"基本用作連詞,没有一例可確定爲代詞用法。僅"宰我問君子。曰:'予,汝能慎始與終,斯善矣,爲君子乎?'"(《上博五·弟子問》11)一句,其中"斯"處於由代詞向連詞過渡的狀態。

〔3〕 林海雲《〈詩經〉中的"斯"字考察》,《古漢語研究》2010(1),42—47 頁。

〔4〕 方有國《〈詩經〉"斯"字研究》,《西南大學學報》2009(2),171—174 頁。

〔5〕 可參楊伯峻《〈論語〉譯注》所附《論語》詞典,中華書局 2004 年;左梁《〈論語〉虚詞研究》,四川師範大學 2010 年碩士論文;楊伯峻《〈孟子〉譯注》所附《孟子》詞典,中華書局 2005 年;彭笠《〈孟子〉連詞研究》,首都師範大學 2008 年碩士論文。《禮記·檀弓》據我們統計代詞用法比連詞略多。

〔6〕 殷國光《〈吕氏春秋〉詞類研究》,商務印書館 2008 年,267 頁。

三方面：

（1）前後分句的數量。連接前後各一個分句，是二者的常態。但"斯"前後基本是一對一的分句，表達直接的條件—結果關係，而"則"少數情況下連接前後多個分句，表達較爲複雜的條件—結果關係。

（2）對用和排比連用的情況。"則"以對用和排比連用爲主，有 111 例，占其全部順承連詞用法 149 例的 74.5%，表對舉性承接和排比性承接，是楚簡"則"的一大特點。"斯"的全部連詞用法是 22 例，而排比連用有 18 例，占其連詞用法的 81.8%。

（3）用於緊縮句的情況。由"則"關聯的緊縮句有 86 例，占"則"全部順承連詞用法的 57.7%，由"斯"構成的緊縮句 19 例，占其全部連詞用法的 86.4%。

可見"則"、"斯"用法極爲接近，最突出特點是大量用於緊縮句，且排比連用，各緊縮句之間多是步步緊承的關係，達到層層推進、增强語勢的表達效果。這一點上，"斯"表現得更爲純粹，其他用法很少。

"斯"作爲連詞的高峰時期是在戰國時代，戰國末期以後，它就很少使用了。究其原因，可能正因爲"斯"所有的語義語法功能都被"則"覆蓋，"斯"的使用單一純粹，遠不及"則"適應面廣、使用量大、語義鮮明，所以最終被淘汰。

"斯"的語義語法功能爲"則"所覆蓋，它同"則"一樣，適應於論説體文獻的表達需求，在表達步步緊承的語義，營造表達效果、增强語勢方面作用顯著，它的語體屬性非常純粹，不用於應用類文獻，也不見於清華簡史書《繫年》。

Ⅲ　連接性成分"此"

"此"不是嚴格意義上的連詞，但它在郭店簡中有不少用例起到了連接詞的作用，且只見於論説體，所以放在這一部分討論。

本書調查範圍內，"此"使用僅 74 例。[1] 其中，簡文殘缺，不能確定詞性者 2 例；"此"作指示代詞 56 例；"此"具有連詞性質者 16 例。

"此"作代詞，可作主語、定語和賓語。其中，作賓語的情況相對複雜，多用於固定結構，如"此以"、"如此"、"此之謂也"、"由此"、"爲此"是其常用組合；而"此以"、"因此"連接因果，結構已非常固定，表義明確。

對於"此"是否具有連詞性質，各家多有討論。傳統虛詞著作如《助字辨略》、《經詞衍釋》、《古書虛字集釋》、《詞詮》等，都認爲"此"有連詞用法；今人著作如何金松《虛詞歷時詞典》等，也認爲"此"可作連詞，所引例證皆爲《禮記·大學》中"有德此有人，有人此有土，有土此有財，有財此有用"一句。張玉金在《出土戰國文獻虛詞研究》一書中，也將具有承接作用的"此"、"是"定爲連詞。但何樂士和中科院語言所的《古代漢語虛詞詞典》，都把"此"歸爲代詞，説它具有"指稱兼承接作用"，或説是"用來承接上文"的代詞。

我們觀察到楚簡中有一部分"此"具有連詞性質，其前後具有順承語義關係，但還不能看作標準的連詞。這種情況有 16 例，均見於郭店簡，列舉如下：

一、"此"處於小句主語位置

有 9 例，如下：

52. 化（禍）莫大虖（乎）不智（知）足，智（知）足之爲足，此死（恆）足矣。（老子甲 6）

53. 臨事之紀，新（慎）旨（終）女（如）怠（始），此亡敗（敗）事矣。（老子甲 11）

54. 非豊（禮）而民兑（悦）恙（戴），此火（小人）矣。（尊德義 24、25）

55. 訇（治）樂和忢（哀），民不可亦也。反之，此迸（枉）矣。（尊

德義 31）

56. 爲孝，此非孝也。爲弟（悌），此非弟（悌）也。不可爲也，而不可不爲也。爲之，此非也。弗爲，此非也。（語叢一 55、56、57、58）

57. 行聿（進），此友矣。（語叢三 62）

像例 53，在其他文獻中的異文是：[1]

58. 斳（慎）丹（終）若訂（始），則無敗（敗）事壴（矣）。（楚簡《老子》丙 12）

59. 慎冬（終）若始，則無敗事矣。（帛書《老子》乙本）

60. 慎終如始，則無敗事矣。（《老子》傅奕本）

這些異文，尤其是楚簡《老子》甲和《老子》丙的異文，可以明證上述“此”具有連接功能——前項表條件，後項順承前文給出結果；但它們仍具有代詞性質——居於小句主語位置，復指前文有關內容，含有“在這種條件下，就……”的意味。它們和用作句首主語的純粹的代詞不同，可比較下面的例子：

61. 至忠亡譌，至恬（信）不怀（背），夫此之胃（謂）此。（忠信之道 4）

62. 又（有）衛（率）人者，又（有）從人者；又（有）㥯［使］人者，又（有）事人【者，又（有）教】者，又（有）戛（學）者，此六戠（職）也。（六德 8、9）

本書調查範圍內，居於小句主語位置的“此”，純粹作代詞的只有 3 例，而具有連接功能者有 9 例。可見楚簡中這一位置的“此”已較多地發

---

〔1〕　吳辛丑《簡帛典籍異文研究》，中山大學出版社 2002 年，95 頁。

展出連接功能。

二、"此"處於小句主謂之間

有 4 例,如下:

63. 非侖(倫)而民備(服),牒(世)此騷(亂)矣。(尊德義 25)
64. 古(故)夫夫、婦婦、父父、子子、君君、臣臣,六者客(各)行
亓(其)戠(職),而厽(獄)訟(訟)亡緐(由)迮(作)也。萑(觀)者
(諸)時(詩)箸(書),則亦才(在)壴(矣);萑(觀)者(諸)豊(禮)
樂,則亦才(在)壴(矣);萑(觀)者(諸)豊(禮)樂,則亦才(在)壴
(矣)。斳(親)此多也,蜜(密)此多【也】,頪(美)此多也。(六德
25、26)

例 64 最後部分,沈培的斷句是:"親,此是也;密,此是;美,此是也",[1] 這
樣"此"所在的句子就成了判斷句,這不符合前後文義。這裏的"此"其實
可以移到主語前面,承接前文,表語義上的順承,前後文的意思是: 如果
遵從六德,夫婦、父子、君臣六者各行其職,則"親"、"密"、"美"將因此而
滋長。

例 63 同樣可以移到主謂結構之前,變成"此世亂矣","此"意義上略
相當於"斯"、"則",其連接詞性質比處於小句主語位置時要强。

三、"此"處於小句主語之前

有 3 例,如下:

65. 母(毋)遴(失)虗(吾)孞(圖),此孞(圖)旻(得)矣。(語叢
二 50)

---

〔1〕 沈培《郭店簡〈六德〉"多"字舊説訂誤》,2004 年 12 月稿本。

66. 聿（進）飤（食）之衍（道），此飤（食）乍（作）安（焉）。（語叢三 56）

67. 天下皆智（知）敚（美）之爲媺（美）也，亞（惡）巳（已）；皆智（知）善，此丌（其）不善巳（已）。（老子甲 15）

"此"居於主謂結構之前，它與整個主謂結構發生聯繫，整個主謂結構是它引出的結果，這時"此"也具有較爲明顯的連詞性質。

我們把具有連接功能的"此"，同與它性質相近、來源相同的連詞"斯"比較，形成下表：

表 2 "此"、"斯"具有連接功能時的句法位置

	居於小句主語位置	居於小句主語之前	居於主謂之間	用於緊縮句
此	9	3	4	0
斯	0	1（用於"苟……斯……"句式）	2	19

很明顯，22 例連詞"斯"，有 2 例用於主謂之間；只 1 例用在分句主語前，並且處於"苟……斯……"句式中，"斯"與"苟"呼應，連詞性質明確；其餘 19 例"斯"全部用於緊縮句，前後語義緊承，連詞性質亦十分明確。而"此"以居小句主語位置爲主，這種位置特點決定了它具有代詞性質。"此"處於小句主語之前或小句主謂之間時，其連詞性質增強，但用例不多，它在本文調查範圍內不見用於緊縮句的例子，在傳世文獻中也僅有極少例子用於緊縮句。[1] 所以，我們把"此"處理爲具有連詞性質的詞，或説連接性成分，相比"斯"，它還不是完全的連詞。

"此"、"斯"同爲指示代詞，都發展出連接功能，而在本書調查範圍內，"斯"的連詞性質相對成熟，而"此"還不算是一個標準的連詞。一般認爲，這是因爲"此"的指代性太強，影響了它向連詞的發展。

---

〔1〕 即前文所舉典型的一例："有德此有人，有人此有土，有土此有財，有財此有用。"（《禮記·大學》）

第二節　連詞“故”

用爲“故”的詞，在楚簡中寫作“古”。本書調查範圍內，“古（故）”使用 156 次。其中，最多是用爲名詞，82 例，絶大多數出現於應用類簡文中，主要是兩種意義：一是“原因、緣故”義，常用格式是“以……之古（故）”；另一個是“事、事情”義，固定格式是“以其古（故）説（説）之”。其次，是“故”作因果連詞，52 例；[1]用於複音虛詞“是故”，20 例；[2]作副詞 1 例；[3]存疑 1 例；[4]簡文殘缺，意義不明者 1 例。[5]

“故”作結果連詞，有些著作再細分爲兩種用法：前後分句間是原因—結果關係，或者是條件（有的是假設條件）—結果關係。這二者有時難以區分，且從本文調查的楚簡看，“故”前後基本是原因—結果關係，故這裏統稱結果連詞，不再細分。

“故”是典型的句間連詞，且主要是連接多個複句和句群。“故”作因果連詞的 52 例全部見於郭店簡，它具有明確的語體偏向。

---

〔1〕　其中，“……德（禪）而不德（傳），聖之盛也。利天下而弗利也，忎（仁）之至也。古昔叟（賢）忎（仁）聖者女（如）此”（唐虞之道 1、2），整理者讀“古”爲“故”，此從周鳳五，讀本字，周鳳五《郭店楚墓竹簡〈唐虞之道〉新釋》，《歷史語言研究所集刊》第 70 本第 3 分，（臺北）中研院史語所 1999 年，740 頁；“古埜（堯）之德（禪）虖（乎）圣（舜）也女（如）此也”（唐虞之道 25），整理者讀“古”爲“故”，陳偉等（《楚地出土戰國簡冊〔十四種〕》，194 頁）疑讀本字，可與下面一句比較：“古者埜（堯）之畀（舉）圣（舜）也，昏（聞）圣（舜）孝，智（知）丌（其）能救（養）天下之老也……”（唐虞之道 22、23），似以讀本字爲宜，陳説可從。故這兩處改讀，不作爲因果連詞。

〔2〕　下面一句“是君子之於言也，非從末流者之貴，窗〈窬（窮）〉藻（源）反杏（本）者之貴”（成之聞之 11），裘按以爲“是”下脱“故”字，從對應的 13、14 簡看，裘説是。此句亦統計在內。荆門市博物館《郭店楚墓竹簡》，文物出版社 1998 年，169 頁。

〔3〕　這 1 例是：“古（故）行而鯖（爭）兑（悦）民，孜（君子）弗采（由）也。”（忠信之道 6）。其中“故”是副詞，“故意”之義。

〔4〕　這 1 例是：“君向（饗）受某之翌尚芳糧，囟（使）某迷（來）遑（歸）飤（食）故□。”（九店_56 號墓_44）李家浩説：“故”字之下，原簡有筆畫，似是表示文字完結的符號，“故”字之上可能漏寫或省略“如”之類的字，見李家浩《九店楚簡〈告武夷〉研究》，《簡帛研究匯刊》第 1 輯，（臺北）中國文化大學史學系，2003 年，643 頁。此處暫存疑。

〔5〕　這 1 例是：“△□遽禱北宗，一環。遽禱迷，一羠（殺）。社□其古唅。”（望山_1_125）

一、"故"的語法特點

（一）"故"連接句子的情況

（1）"故"處於因果複句中，連接前後各一個分句，僅 11 例

"故"連接分句的情況往往複雜，前後僅一個分句的情況很少，如：

　　1. 㠯（以）亓（其）不靜（爭）也，古（故）天下莫能异（與）之靜
（爭）。（老子甲 5）

　　2. 夫唯是，古（故）悳（德）可易而敊（施）可迡（遵）也。（尊德義 37）

（2）"故"前有多個分句或複句，"故"後一個分句作結，9 例

　　3. 唯（雖）敢（勇）力餌（聞）於邦不女（如）材，金玉涅（盈）室不
女（如）愳（謀），眾弜（强）甚多不女（如）峕（時），古（故）愳（謀）爲
可貴。（語叢四 24、25）

　　4. 正（政）之不行，孝（教）之不城（成）也，則垩（刑）罰不足恥，
而雀（爵）不足懽（勸）也。古（故）上不可㠯（以）褻（褻）垩（刑）而翠
（輕）雀（爵）。（緇衣 27、28）

例 3，"故"前有三個並列分句；例 4，"故"前是二重複句，"故"後都以一個
分句給出結果。

（3）"故"前一個分句，"故"後有多個分句或複句，3 例

　　5. 夫樂【殺不可】㠯（以）旻（得）志於天下。古（故）吉事上左，
㲋（喪）事上右。（老子丙 7、8）[1]

---

〔1〕　此句闕文從丁原植補。見丁原植《郭店竹簡老子釋析與研究》，（臺北）萬卷樓圖
書有限公司，1998 年，347 頁。

6. 君子道人昌（以）言，而㽙（恒）昌（以）行。古（故）言則慮（慮）亓（其）所㕚（終），行則餂（稽）亓（其）所希（敝），則民訢（慎）於言而懽（謹）於行。（緇衣 32、33）

例 5 中，"故"前有一個分句，"故"後兩個並列小句。例 6"故"後面是兩重複句。

（4）"故"前後都有多個分句，或者是複句、句群，表達複雜的原因和結果，29 例

7. 言從行之，則行不可匿。古（故）君子蹎（顧）言而行，昌（以）成其訐（信），則民不能大甘（其）娸（美）而少（小）甘（其）亞（惡）。（緇衣 34、35）

8. 上人忢（疑）則百眚（姓）感（惑），下難智（知）則君倀（長）祭（勞），古（故）君民者章好昌（以）貝（示）民忿（欲），懽（謹）亞（惡）昌（以）渫（遏）民淫〈淫〉，則民不澄（惑）。（緇衣 5、6）

9. 倀（長）民者蕎（教）之昌（以）惠（德），齊之昌（以）豊（禮），則民又（有）懽（勸）心。蕎（教）之昌（以）正（政），齊之昌（以）堥（刑），則民又（有）孚（謾）心。古（故）孳（慈）昌（以）忑（愛）之，則民又（有）斨（親）；訐（信）昌（以）結之，則民不怀（背）；共（恭）昌（以）位（莅）之，則民又（有）懇（遜）心。（緇衣 23、24、25、26）

10. 大（太）一生水，水反梪（輔）大（太）一，是昌（以）城（成）天。天反梪（輔）大（太）一，是昌（以）城（成）陞（地）。天陞（地）【㳟（復）相梪（輔）】也，是昌（以）城（成）神明。神明㳟（復）相梪（輔）也，是昌（以）城（成）佥（陰）易（陽）。佥（陰）易（陽）㳟（復）相梪（輔）也，是昌（以）城（成）四時。四時㳟（復）梪（輔）也，是昌（以）城（成）倉（寒）然（熱）。倉（寒）然（熱）㳟（復）相梪（輔）也，是昌（以）城（成）淫澡（燥）。淫澡（燥）㳟（復）相梪（輔）也，城

（成）戠（歲）而虐（止）。古（故）戠（歲）者，溼澡（燥）斉（之所）生
也。溼澡（燥）者，倉（寒）然（熱）斉（之所）生也。倉（寒）然（熱）
者，四時【斉（之所）生也。四時】者，佥（陰）易（陽）斉（之所）生。佥
（陰）易（陽）者，神明斉（之所）生也。神明者，天陸（地）斉（之所）生
也。天陸（地）者，大（太）一斉（之所）生也。是古（故）大（太）一囂
（藏）於水，行於時，迿（周）而或（又）□，□□□蘁（萬）勿（物）母。（太
一生水 1、2、3、4、5、6、7）

例7，"故"前是一個承接複句，"故"後是二重複句；例8，"故"前後均是兩
重複句；例9，"故"前是三重複句，"故"後是三個並列的承接複句；例10，
到連詞"是故"爲止的前面一段話，是"故"連接的兩個句群，做了層層推
進的正反推理。

　　由以上分析和數據對比，可以看出："故"的主要功能特點是連接複句
和句群，它的前後成分複雜。

　　由於"故"常用來連接複句和句群，它所連接的句子有時關係鬆散，在
那些層層分析、層層推導的語段中，表示推理和因果的多個連詞往往交替
使用，有時"故"的連接範圍需要仔細觀察纔能辨明。所以，有些虛詞詞典
認爲這時的"故"已是他轉連詞，像下面的句子：

　　11. 今夫楊，橫樹之則生，倒樹之則生，折而樹之又生。然使十
　　人樹楊，一人拔之，則無生楊矣。故以十人之衆，樹易生之物，然而不
　　勝一人者，何也？樹之難而去之易也（《戰國策·魏策二》）

　　社科院古代漢語教研室的《古代漢語虛詞詞典》認爲這個"故"是他
轉連詞，表示話題的轉換；而尹君《文言虛詞通釋》則認爲它是語氣助詞，
用在句首，表議論的開始，猶如"夫"。實際，此句中的"故"，前後語義上
仍是因果推理。楚簡中的許多"故"都是連接句群，但"故"前後因果關係
明確，我們認爲，從詞義系統性看，不必另解作他轉連詞。

（二）"故"可以在複句間對用和連用

（1）"故"在複句間對用

"故"可以在複句間對等並列使用，僅 6 組（包括緊縮句中的對用），如：

12. 㠯（以）道從事者必恇（託）亓（其）名，古（故）事城（成）而身長。聖人之從事也，亦恇（託）亓（其）名，古（故）江（功）城（成）而身不剔（傷）。（太一生水 10、11、12）

13. 孚（君子）亓（其）它（施）也忠，古（故）繺（蠻）㝵（親）專（附）也。亓（其）言尔（爾）䛷（信），古（故）怛（亶）而可受也。（忠信之道 7、8）

（2）"故"在複句間連用

"故"在語段中連用，表示連續的推導，層層推進的因果關係，這樣的例子極少，我們引上博簡中的一個典型例子：

14. 閔〈閉〉亓（其）逆（兌），賽（塞）亓（其）門，和亓（其）光，迵（同）亓（其）斬（塵），劙亓（其）䰛解亓（其）紛，是胃（謂）玄同。古（故）不可㝵（得）天〈而〉䜣（親），亦不可㝵（得）而疋（疏）。不可㝵（得）而利，亦不可㝵（得）而害。不可㝵（得）而貴，亦可不可㝵（得）而戋（賤）。古（故）爲天下貴。（老子甲 27、28）

15. 君子之立孝，惡（愛）是甬（用），豊（禮）是䝨（貴）。古（故）爲人君者，言人之君之不能叀（使）亓（其）臣者，不與言人之臣之不能事亓（其）君者；古（故）爲人臣者，言人之臣之不能事亓（其）君者，不與言人之君之不能叀（使）亓（其）臣者。古（故）爲人父者，言人之父之不能畜子者，不與言人之子之不孝者；古（故）爲人子者，言人之子之不孝者，不與言人之父之不能畜子者。古（故）爲人倪（兄）者，言人之倪（兄）之不能慾（慈）俤（弟）者，不與言人之俤（弟）之不能承（承）伲（兄）者；古（故）爲人俤（弟）者言人之俤（弟）之不能承（承）伲（兄）【者,不與言人之伲（兄）之不能憖（慈）俤（弟）者。故】曰：與君言,言叟（使）臣；與臣言,言事君。與父言,言畜子；與子言,言孝父。與伲（兄）言,言憖（慈）俤（弟）,與俤（弟）言,言承（承）伲（兄）。（上博四_内豊_1、2、3、4、5、6）[1]

例句14,第一個"故"前後各有一個句群,由原因推出結果；第二個"故",以前一"故"得出的結論爲原因,推出進一步結果；這兩個"故"之間語義順承。例15更爲複雜,連用了7個"故"（其中一個據文例補充）,首句指明原因,後文連用6個"故",指明該原因下並存的6個結果；最後一個殘缺的"故"及其所在句群,是對6個並列結果的總結。即,所有這7個"故"及其所連接的前後句,都是在第一個原因句基礎上推論出的結果；而第7個"故"所在句群,又是前6個"故"字句的結果與總結。

（三）以"故"爲關聯詞的緊縮句

以"故"爲關聯詞的緊縮句只有6例,如：

16. 是呂（以）聖人亡爲古（故）亡敗（敗）,亡銶（執）古（故）亡遘（失）。（老子甲11）

17. 埜（堯）坴（舜）之行,惡（愛）鼻（親）隣（尊）灵（賢）。惡（愛）鼻（親）古（故）孝,算（尊）灵（賢）古（故）徫（禪）。（唐虞之道6、7）

在緊縮句中,"故"連接的都是動詞性成分。"故"字緊縮句都是成對出現,兩句語義並列對等。

二、"故"的語體屬性

"故"在文獻中的連接域可大可小,使用靈活。它可以關聯緊縮句,

---

[1]　李守奎《上海博物館藏戰國楚竹書文字編（1—5）》,作家出版社2007年,872頁。

前後是謂詞性詞語,如例 16、例 17;也可以關聯分句、複句和句群,如前文例 1—10。“故”還可以連用,如例 15 連用了 7 個“故”,前面 6 個“故”字句分列以首句爲前提條件所產生的 6 種並列結果,最後以一個“故”字句關聯句群,對這 6 個“故”字句作總結。“故”的連用,可以表達語義的層層推進、因果關係的環環相扣,具有區分語義層次,凸顯語義焦點的作用。

本書調查範圍內,連詞“故”在郭店簡文和上博簡的論説體文獻中較多使用,而在應用類文獻、清華簡《繫年》中不見,表現出明確的語體偏向。

“故”常與“則”、“是以”、“是故”等順承(因果)連詞配合,用於論説體文獻。這些順承(因果)連詞的配合使用,起到了分隔不同語義層次,彰顯邏輯關係的作用,滿足論説體豐富複雜的起承轉合表達需要。這些語義語法功能特點,在表達單一而條例化、較少邏輯連貫的應用類文獻中不太需要,在敘述簡潔而條例化的清華簡《繫年》中同樣不太需要。

第三節　連詞“雖”和“苟”

這一節調查楚簡讓步連詞“雖”和假設連詞“苟”。之所以把這兩個連詞放在一起討論,是因爲二者關聯的複句常套疊在一起,句式簡單,而能表達多層次的語義。

一、雖

用爲“雖”的詞,在楚簡中。本書調查範圍內,“雖”只做連詞,寫作“唯”,都出現於郭店簡中,15 例,[1]另有 1 例爲固定結構“雖然”。

---

〔1〕　下面一句:邦又(有)巨肱(雄),必先與之咠(以)爲堲(朋),唯戁(難)亓(其)舁(興)。女(如)酒(將)又(有)敗(敗),肱(雄)是爲割(害)。(語叢四 14、16)此處“唯”,裘按讀爲“雖”,我們釋“唯”。前後文義大致是:與“巨雄”爲友,而對“巨雄”之興保持戒懼之心,“唯”是表强調的副詞,如果讀作“雖”語義難通。而且,我們在楚簡中所觀察到的“雖”的用法,沒有它出現在後一分句的情況。

"雖"在楚簡中都是作讓步連詞,表現出一定的特點。

(一)"雖"多與否定詞搭配,前後分句間是讓步轉折關係

15例連詞"雖"中,有13例是與"弗"、"不"、"非"、"亡(無)"等組合,形成前後語義的對比與轉折,即前文提出讓步條件,後文得出相反的結論,這是"雖"使用中的一大特點。如:

1. 是古(故)亡虗(乎)丌(其)身而鬳(存)虗(乎)丌(其)訇(詞),唯(雖)厚丌(其)命,民弗從之忎(矣)。(成之聞之 4、5)

2. 凡人青(情)爲可兌(悅)也。句(苟)㠯(以)亓(其)青(情),唯(雖)怣(過)不亞(惡);不㠯(以)丌(其)青(情),唯(雖)難(戁)不貴。(性自命出 50)

3. 凡人唯(雖)又(有)眚(性),心亡奠志,寺(待)勿(物)而句(後)复(作),寺(待)兌(悅)而句(後)行,寺(待)習而句(後)奠。(性自命出 1、2)

"雖"僅有2例不是與否定詞組合,其中1例是簡文殘缺,1例是"雖"小句自身包含否定詞,如下:

4. 唯(雖)才(在)屮(草)罞(茅)之宙(中),句(苟)殹(賢)△(六德 12)

5. 句(苟)又(有)丌(其)青(情),唯(雖)未之爲,勗(斯)人訐(信)之豆(矣)。(性自命出 51)

例5中,否定詞在"雖"小句中。"雖"小句做出假設、否定的讓步,後句得出正面的結果。前面例1—3,是"雖"小句提出讓步條件,後句得出相反的結果。

所以,"雖"所連接的分句,是讓步條件下的轉折關係。"雖"與否定詞搭配,表讓步轉折,這是其基本特徵。

"雖"表讓步分兩種情況。一種是通過對事實的承認表示讓步,如:

6. 道死(恆)亡名,僅(樸)唯(雖)夑(細),天陞(地)弗敢臣。
(老子甲 18)

另一種是通過對誇張的假設條件的承認來表示讓步,如:

7. 唯(雖)戠(勇)力甂(聞)於邦不女(如)材,金玉淫(盈)室不
女(如)惡(謀),眾弨(強)甚多不女(如)旹(時),古(故)惡(謀)爲
可貴。(語叢四 24、25)

(二)"雖"關聯的緊縮句及其功能

"雖"與否定詞搭配所形成的讓步轉折關係,在其緊縮句中體現得更
爲明顯,有 5 例,除前引例句 2 外,其餘是:

8. 又(有)亓(其)人亡亓(其)殜(世),唯(雖)叚(賢)弗行矣。
(窮達以時 1、2)

9. 是古(故)孕(君子)之於言也,非從末流者之貴,窮(窮)淉
(源)反杏(本)者之貴。句(苟)不從丌(其)繇(由),不反丌(其)
杏(本),唯(雖)弨(強)之弗内(入)怘(矣)。(成之聞之 13、
14、15)

10. △繇(由)丌(其)衍(道),唯(雖)㰱(堯)求之弗旻(得)也。
(六德 7)

這 5 例緊縮句,無一例外都是作爲複句中的一個分句,而且,不論是否使
用關聯詞"苟",這些"雖"字緊縮句都是出現在假設複句中,並且都是處
於結果分句位置。雖然用例很少,這似乎反映出"雖"字緊縮句的特點:
一般不單獨使用,常作爲假設複句的結果分句。

（三）“雖”關聯的讓步複句同假設複句的密切關係

（1）假設複句常常套疊“雖”所關聯的讓步複句

“雖”所關聯的讓步複句,分句間基本是一一對應,並不複雜。

但“雖”所在的複句常和其他句子組合,形成多重複句,整個句子層次變得複雜。最典型的,就是常和“苟”關聯的假設複句組合,形成“苟……雖……”句式。如前文例5,複句的第一層次應該是“苟……斯……”關聯的假設複句,“苟有其情”,則“人信之矣”,其間是假設—結果關係,語義是順承的;第二層次是“雖”關聯的讓步複句,“雖未之爲”,而“人信之矣”,其間是讓步條件—結果關係,語義是轉折的。所以,例5其實是個套疊句,前兩個小句提出條件,最後一個小句給出結果,這個結果是兩個條件句共有的結果;兩個條件句,“苟”小句提出大前提,“雖”小句提出大前提下的相反、極端的條件,然後共同指向結果,結果已在大前提下設定,不因“雖”小句的極端條件而改變。“雖”小句的作用就是提出反面條件,用於強調大前提下的結果不變。

“雖”字緊縮句用於“苟……雖……”句式的情況最多,如前文例2最爲典型,這樣的表達,句子形式簡單而語義層次豐富。而且,“雖”字緊縮句全部用於假設複句中作爲結果分句,這也有力地說明了“雖”所關聯的讓步複句同假設複句之間的密切關係。另外,如例1,雖然不用關聯詞“苟”,但假設複句中套疊讓步複句的情況與前文分析一致。

還有,像例4,簡文殘缺,但“雖……苟……”句式明確。儘管關聯詞“苟”移至後位,它所在的小句仍是全句的大前提,“雖”小句被提前,但它仍然只是提出一種極端的條件,據文義,大前提下的結果也依然不變。

（2）固定結構“雖然”,“雖然”所關聯的讓步複句套疊假設複句

本文調查範圍內,“雖”相關的固定結構只有“雖然”,僅1例:

11. 止（上）句（苟）昌（倡）之,則民鮮不從惫（矣）。唯（雖）肰（然）,丌（其）膚（存）也不厚,丌（其）重也弗多惫（矣）。（成之聞之9、10）

“雖然”是連詞“雖”和代詞“然”的組合,這裏是“雖然如此”的意思。“雖然”前是一個假設複句,“雖然”後,“丌其存也不厚,其重也弗多矣”也是一個假設條件複句,“雖然”前後,這兩個複句間是轉折語義。這個轉折語義,是藉助“雖然”給出讓步條件來實現的。“雖然”的“然”,復指前文“上苟倡之,則民鮮不從矣”這句話,這句話就是讓步條件,“雖然”後得出反面的結果。即,這段話的第一層語義當是讓步條件—結果關係;第二層,是兩個複句,都是假設—結果關係。這是讓步複句中套疊假設複句。

(四)“雖”具有較強的關聯性

“雖”的位置比較靈活,它可以在主謂之間,如例3、6;可以在省略了主語的謂語之前,如例1、5;也可以在主語之前,如例7、10。相比“苟”、“如”等關聯詞,“雖”具有更強的關聯能力:一是它可以靈活地處於小句的不同位置;二是,“雖”所關聯的複句,可以靈活地與假設複句套疊,處於不同分句位置,幫助表達多層次的意義。

二、苟

楚簡中,連詞“苟”一般寫作“句”。本書調查範圍內共有14例。

(一)相關句式和語義關係

“苟”是連接句子的連詞,用於複句的前一分句,有些虛詞研究著作將它分成兩類:條件連詞,可理解爲“只要”,後面分句表情況、結果或推論等;假設連詞,理解爲“如果”、“假如”,後面分句表結果。[1] 還有些研究則不加區分。我們認爲,“苟”前後分句間總是假設條件和結果(推論)的關係,且我們的關注點更在其語法功能和語體分佈,所以不再作細分,只統稱它爲假設連詞。

“苟”連接的複句主要有四種形式:

(1)“苟……則……”句式

以“苟……則……”固定句式表假設—結果關係,如:

---

〔1〕 如何樂士《古代漢語虛詞詞典》,語文出版社2006年,147—148頁。

12. 是古(故)屯(上)句(苟)身備(服)之,則民必有甚安(焉)者。(成之聞之6)

13. 屯(上)句(苟)昌(倡)之,則民鮮不從忑(矣)。(成之聞之9)

(2)"苟……必……"句式

14. 子曰:句(苟)又(有)車,必見甘(其)敝(轍);句(苟)又(有)衣,必見元(其)㡏(敝);人句(苟)又(有)言,必酭(聞)丌(其)聖(聲);句(苟)又(有)行,必見甘(其)城(成)。(緇衣40、40反)

例14是比較典型的條件—結果(推論)關係,且四個以"苟……必……"關聯的條件複句連用,前兩句如同詩歌的"起興",後兩句才是話語的落點。

(3)"苟……雖……"、"雖……苟……"式及相關句式

15. 句(苟)又(有)丌(其)青(情),唯(雖)未之爲,鼻(斯)人訐(信)之豆(矣)。(性自命出51)

16. 是古(故)孚(君子)之於言也,非從末流者之貴,窮(窮)涼(源)反杏(本)者之貴。句(苟)不從丌(其)繇(由),不反丌(其)杏(本),唯(雖)㤪(强)之弗内(入)忑(矣)。(成之聞之13、14、15)

17. 是君子之於言也,非從末流者之貴,窗〈窗(窮)〉藻(源)反杏(本)者之貴。句(苟)不從丌(其)繇(由),不反丌(其)杏(本),未有可叟(得)也者。(成之聞之11、12)

18. 句(苟)㠯(以)元(其)青(情),唯(雖)悠(過)不亞(惡);不㠯(以)丌(其)青(情),唯(雖)難(戁)不貴。(性自命出50)

19. 唯(雖)才(在)中(草)罕(茅)之审(中),句(苟)叚(賢)△(六德12)

例15—19,本節第一部分已作分析,都是假設複句與讓步複句的套疊。如

49

例 15,"苟"引出條件,"斯"表承接得出結果,句子主體是條件—結果關係,中間宕開一層,以"雖未之爲"表讓步假設,説明在"苟"小句的大前提下,無論其他條件怎樣相反相悖,結果都不會改變。這裹的格式是"苟……雖……斯……",這樣的表達,相比直接的假設(條件)—結果關係,如"苟……則(斯)……"式,語義上更加曲折輾轉,且對結果起到強調作用。例 17 用來與例 16 對比,可以看出,多了"雖"小句這一層讓步假設,語言表達效果確實增强了。再如例 19,是"雖……苟……"式,全句的大前提、必備的條件,仍在"苟"小句,"雖"小句仍然是提出一種變化條件,而結果也仍然不變。

(4)"苟"單用,結果分句中套疊讓步關係複句

20. 句(苟)淒(濟)夫人之善✄,懃(勞)丌(其)㿉(股)忲(肱)之力弗敢晉(憚)也,仏(危)丌(其)死弗敢悉(愛)也。(六德 16、17)

21. 蜀(獨)尻(處)則習父兄之所樂,句(苟)毋(無)大害,少柱(枉),内(納)之可也,巳(已)則勿遝(復)言也。(性自命出 60、61)

例 20,結果分句其實是兩個並列的讓步關係複句;例 21,結果分句是單個讓步關係複句。實際上,這兩句仍是假設和讓步關係複句的套疊,與前文"苟……雖……"式語義語法功能相似。關聯詞"苟"後缺少"雖"與之呼應,前後語義層次就不夠分明,表達效果也稍弱。

"苟"可以獨立使用,但它更多的是與其他關聯詞組合使用。

(二)語法功能

(1)"苟"連接分句的情況

① "苟"所在的假設條件分句與後面的結果分句多數是一對一的關係

如前文例句 12、13、14 等,前後分句即是一對一關係,條件和結果一一對應。

② "苟"所在的假設條件分句有多個,結果分句只有一個

如例句 17,都有並列的兩個假設分句,而結果分句只有一個。

③ "苟"所在的假設條件分句只有一個,結果分句有多個

如例 20,假設分句有一個,但有並列的兩個結果分句。

④ "苟"常可與其他關聯詞組合,形成條件和結果複雜的多重複句

如前文談到的例句 15、16、18、19,都是由"苟"和"雖"組成的多重複句。這樣的組合,增加了語義層次,增強了語言表達效果。

(2) "苟"在分句中的位置

當主語不省略時,"苟"處於主謂之間,如例 12、13;當主語省略時,"苟"處於小句句首;本書調查範圍内,未見"苟"直接處於主語之前的例子。"苟"所連接的分句,以省略主語爲常。

(3) "苟"可以在複句間連用

如例 14 所示,"苟"與"必"關聯,四個相同結構的複句排比連用,增強了語言表達效果。

三、連詞"雖"和"苟"的語體屬性

本書調查範圍内,15 例連詞"雖"、14 例連詞"苟"全部用於論説體的郭店簡,不用於其他類型文獻。[1] 使用頻次雖不算高,但語體屬性明確。

這取決於二者的語義語法功能。這兩個連詞都具有較强的關聯性,句法位置靈活。其中,"雖"多數與否定詞搭配,表讓步轉折,這是其基本特徵。"苟"表假設—結果關係,可關聯較多固定句式,而且它能以多個"苟……必……"句式排比連用,强化語義關係,增强語勢,取得一定的修辭表達效果。

再有,"苟"和"雖"兩個連詞,常形成"苟……雖……"、"雖……苟……"句式,將讓步關係複句套疊於假設複句中,使句子成爲形式簡明

---

〔1〕 新蔡簡中有 2 例句,因簡文殘缺而意義不明,不能確定是否用爲連詞"苟"。這兩例是:(1)"△下内外祝(鬼)神,句(苟)所△"(新蔡甲二 40),"句"字宋華强讀"苟",見《新蔡葛陵楚簡初探》,武漢大學出版社 2010 年,443 頁;(2)"△句(苟)思【坪】△"(新蔡零 87),第一字整理者釋"右",宋華强釋讀爲"句(苟)",見《新蔡簡中的祝號簡研究》,簡帛網 2006 年 12 月 5 日(http://www.bsm.org.cn/show_article.php?id=478)。

而語義層次豐富的多重複句。這種套疊關係的實現,也依賴於二者各自的特點:"雖"所關聯的讓步複句,前後往往是一對一的分句,關係簡單,它也可以關聯緊縮句,這個緊縮句常用於假設複句中作爲結果分句;"苟"則可以連接前後多個分句——因此,二者可以實現套疊,"苟"小句提出大前提,嵌入的"雖"小句的作用,就是提出反面的極端條件,用以強調大前提下的結果不會因爲這個極端條件而改變,假設—結果關係處於第一層次。

連詞"苟"和"雖"常組合套疊,形成多重複句,表達多層次的語義,這種語義語法功能特點,決定了二者能夠滿足論説體文獻豐富複雜的表達需要,在表意簡單而程式化的應用類文獻中,二者不見使用。另外,"苟"在平行句式中排比連用,也滿足了論説體文獻增强表達效果的需要。連詞"雖"和"苟"具有明確的語體屬性。

第四節　連　詞　"又"

本節調查了書寫形式爲"又"的所有詞,其中,寫作"又"而用爲"有"者,以及用爲"右"、"宥"者,不在討論範圍;其餘,"又"連接數量關係有46例,作副詞有2例,是本節要討論的内容。

處於整數和零數之間的"又"(如"十又一"),有少數意見認爲是副詞,如《漢語大詞典》處理爲副詞,楊逢彬認爲是承接副詞或動詞[1],多數語法著作認爲是並列連詞。我們梳理其發展源流,發現整數和零數之間的"又"是表添加的副詞;當靜態地觀察時,它具有連詞性質,具體可見本節第三部分。本書中,連接數量關係的"又"我們處理爲連詞。

"又"在楚簡中的特殊之處是,它可以連接不同等級的數量關係,其實質等於是連接整數和不同層級的零數,這種用法,在其他材料中未見。而且,它是語體偏向明確的連詞,主要用於簿書和遣策。

---

〔1〕 楊逢彬《殷墟甲骨刻辭詞類研究》,花城出版社2003年,267—268頁、413頁。起初認爲是承接副詞,但在所附《論殷墟甲骨刻辭中不能肯定存在連詞》一文中,認爲這種"又"是動詞,可見對"又"的性質認識有一定程度的不確定。

I　楚簡中的連詞"又"

一、楚簡中"又"連接數量關係的情況

本書調查範圍內的 59 例連詞"又",有的是連接整數和零數,但還有一些是連接不同級别的數量關係,後者在傳世文獻中基本不見。特殊的情況集中于新蔡簡和九店簡中。

（一）新蔡簡中"又"連接數量關係的特殊情況

新蔡簡中共有 19 例連詞"又",全部羅列如下：

1. △八十匜又三匜,又一𢁥,杓,鳶(雁)首△(新蔡甲三 90)

2. △吴殹無受一赤,又杓,又弁🐟,又鳶(雁)首。吴憙受一匜,二赤,弁🐟。象良受一△(新蔡甲三 203、甲三 89)〔1〕

3. △三赤。三孫達受一匜,又三赤。文㑇受四(新蔡甲三 206)

4. △受二匜,又二赤,又𢁥,又杓。(新蔡甲三 211)

5. 一匜,其鈺(重)一勺(鈞)。宋良志受四匜,又一赤。李絀爲宋木受一匜,又△(新蔡甲三 220、零 343)

6. △某椉(梠)冬(終)御鈇受十匜,又二赤;或(又)受三匜,二赤△(新蔡甲三 224)〔2〕

7. 受二赤,弁🐟。窆(窀)人昆窬(聞)受二,又杓△(新蔡甲三 244)

8. △三赤,又𢁥△(新蔡甲三 254)

---

〔1〕　二簡從宋華强綴合。宋華强《新蔡楚簡所記量器"鬴(釜)"小考》,《平頂山學院學報》2006(4),55—56 頁。

〔2〕　廣瀬薰雄、陳偉等將"某椉(梠)"、"冬(終)御鈇"理解作兩個人,宋華强認爲是一個人,不讀斷。簡零 11 有"大椉(梠)里",零 529、甲三 74 有"椉(梠)里",疑此處"某椉(梠)"是交代"冬(終)御鈇"此人的居處地,故我們從宋華强釋文。見廣瀬薰雄《新蔡楚簡所謂"賵書"簡試析——兼論楚國量制》,武漢大學簡帛研究中心編《簡帛》第 1 輯,上海古籍出版社 2006 年,215 頁;陳偉等《楚地出土戰國簡册(十四種)》,經濟科學出版社 2009 年,446 頁;宋華强《新蔡葛陵楚簡初探》,武漢大學出版社 2010 年,106 頁。

9. 堡（衛）軖、馭昃（戾）受九匜，又 🐦 。（新蔡甲三 292）

10. △受二匜，又二赤，……二赤，又弆 🐟 。（新蔡甲三 311、零 354）[1]

11. △匜又△（新蔡零 373）

12. △六匜又△（新蔡零 375）

對這段簡文,徐在國、晏昌貴、[2]廣瀨薰雄、[3]宋華强、[4]董珊[5]諸家先後做了討論,本文斷句和釋文參考上述諸家和陳偉等[6]意見。另外形成如下基本認識:① "匜"、"赤"、"🐦"、"籿"、"弆 🐟"、"鳶（雁）首"都是容量單位,這裏是按照容量單位從大到小的順序排列。② 如董珊所言,這裏存在兩種可能:以量制單位詞爲量器命名,或以量器名作爲量制單位名稱。但這六個詞此處確實是作爲容量單位在使用。③ 這段簡文前有一句話:"王遞（徙）於鄅郢之歲（歲）八月庚昬（辰）音（之日）,所受匜於△（新蔡甲三 221）",是交代簡文性質,其中"受匜"的意義,有多種看法。[7] 我們認

――――――――

〔1〕 二簡從徐在國綴合。徐在國《新蔡葛陵楚簡札記(二)》,簡帛研究網 2003 年 12 月 17 日(http://www.jianbo.org/admin3/list.asp?id=1069)。下引徐氏意見亦出此文,不另注。

〔2〕 晏昌貴《新蔡葛陵楚簡"上逾取稟"略説》,《楚地簡帛思想研究(三)》,湖北教育出版社 2007 年,571—575 頁。

〔3〕 見前引廣瀨薰雄文,211—221 頁。

〔4〕 宋華强《新蔡葛陵楚簡初探》,武漢大學出版社 2010 年,105—112 頁。

〔5〕 董珊《楚國簿記與楚國量制研究》,《考古學報》2010(2),171—206 頁。本節所引董氏觀點皆出此文,不另注。

〔6〕 陳偉等《楚地出土戰國簡册(十四種)》,經濟科學出版社 2009 年,446—447 頁。

〔7〕 有以下幾種看法:(1)董珊認爲這組"受匜"簡就是"受鹽"簡,是税收記録,其税得物是鹽,這些鹽是實物賦斂,用來爲平夜君喪事助葬。(2)邴尚白認爲當讀爲"受蘊",指所饋贈或接受的(穀物)積聚在某處,見《葛陵楚簡研究》,臺灣大學中國文學研究所 2007 年博士論文,241—244 頁。(3)彭浩認爲當讀"受盟",與禮神有關,所受之物是祭祀後的餘肉、酒等,見《葛陵和包山楚簡的兩種簿書》,"2007 中國簡帛學國際論壇"論文,臺灣大學,2007 年 11 月。(4)晏昌貴認爲是平夜君發放口糧的記録,見《新蔡葛陵楚簡"上逾取稟"略説》,《楚地簡帛思想研究(三)》,湖北教育出版社 2007 年,567—576 頁。(5)陳偉等認爲當讀"受盟",簡文是記録參醊者在"告神明"之後所受酒、脯等物品之數量,《楚地出土戰國簡册(十四種)》,448—449 頁。(6)宋華强認爲當讀"受餉",是參加了平夜君喪事的人接受饋餉,《新蔡葛陵楚簡初探》,110—112 頁。本文基本認同宋氏觀點。

同宋華强的觀點：這組"受匜"簡，當是記錄各人所接受糧餉的數量，或與之相關，上述容量單位，是用以計量顆粒狀的穀物。

爲了看清這些數量單位之間的關係，我們把上述簡文轉換成表格形式，仍按前文例句號分列如下：

表1　新蔡簡中"又"所連接的數量單位及其關係

	匜	又	匜	又	赤	又	□	又	籾	又	弁魚	又	鳫(雁)首
1	八十匜	又	三匜			又	一□		籾				鳫(雁)首
2					一赤			又	籾	又	弁魚	又	鳫(雁)首
	一匜				二赤						弁魚		
3	一匜			又	三赤								
4	二匜			又	二赤	又	□	又	籾				
5	四匜			又	一赤								
	一匜	又											
6	十匜			又	二赤								
	三匜				二赤								
7					二赤						弁魚		
					二〔1〕			又	籾				
8					三赤	又	□						
9	九匜					又	□						
10	二匜			又	二赤								
					二赤					又	弁魚		
11	匜	又											
12	六匜	又											

借助表格，我們觀察到的是：

（1）所列例句中的"又"性質相同，都是連詞。如例句1，前一"又"連接整十數和零數，後一"又"性質相同，承上連用，連接到更低級別的容量

---

〔1〕　"二"後沒有量詞，據文例，可能是省略量詞"赤"，姑放此處。

單位。

（2）"又"所連接的容量單位，總是前大後小，越往後容量單位的級別越低。其級別順序爲"匜"、"赤"、"𦥑"、"籿"、"弇𤇯"、"鳶（雁）首"。

（3）"又"可以連接所有的容量單位；同時，除"𦥑"，其他所有容量單位前也都可以省去"又"，其間不具有規律性，和數量的大小也無關。比如例句2，同一句中，同樣的容量單位前，使用"又"和不用的情況都有；再如例句1、2，使用"又"和不用"又"同數量無關。

（4）在"匜"、"赤"之前一定用數詞，"𦥑"之前可用數詞也可不用，"籿"、"弇𤇯"、"鳶（雁）首"之前不見用數詞的例子。董珊認爲，這説明"匜"、"赤"是比較大的單位，當一定的數量不能用二者完整表示時，再用更小的容量單位細分，"𦥑"、"籿"、"弇𤇯"、"鳶（雁）首"之前都是省略了數字"一"。據董珊的推算，"匜"、"赤"、"𦥑"、"籿"、"弇𤇯"、"鳶（雁）首"這些容量單位間的比例關係大致是——4：1：½：¼：⅛：⅑。

上述以"又"連接的數量表示法有許多特殊之處：

首先，新蔡簡中的"又"，可以連接同級的數量關係，如"八十匜又三匜"；更多是連接大小不同的多級數量關係。某一計量物在上一級容量單位之不足，就放到下一級容量單位（也就是更小的量器）中繼續計量，這樣逐級細分，直到量盡爲止，以保證準確計量。

其次，各級量制單位之間不是十進制，且進制也不統一，可以計量到很小的級別。這一點極其特殊，即便是同樣特殊的九店簡中，儘管"又"也是連接等級不同的數量關係，但數字上仍是整十數與零數的關係。

第三，"又"可以連接多個數量短語，組成"[數·量$_1$]＋又＋[數·量$_2$]＋又＋[數·量$_3$]……"格式，數詞經常省略，就成了"數·量$_1$＋又＋量$_2$＋又＋量$_3$……"格式，是"又"和多個量詞的連用。前一個量詞比後一量詞所表示的容量值要大。

第四,新蔡這一段簡文,在表達數量時前後都不出現名詞,只有前文一句"王遲(徙)於鄩郢之歲(歲)八月庚昬(辰)音(之日),所受鹽於△(新蔡甲三 221)",大致交代所"受"之物,以及受物時間。而通常的數量表示法,或前或後,總有相關的名詞出現。

第五,"又"在使用上具有一定隨意性,在不同數量單位間可用可不用,沒有規律。

(二)九店簡中"又"連接數量關係的特殊情況

九店簡中有 6 例連接數量關係的"又",羅列如下,另有相關的 7 例,也羅列出:

13. △【畨一秪又五朿,敀秭之】三檐(擔)。畨二秪,敀秭之四檐(擔)。畨二秪又五朿,敀秭之五檐(擔)。畨三秪,敀秭之六檐(擔)。畨三△(九店_56 號墓_1)

14. △之十檐(擔)。畨五秪又五朿,敀秭之十檐(擔)一檐(擔)。畨六秪,敀秭之十檐(擔)二檐(擔)。方一,麇一,畨□□□△(九店_56 號墓_3)

15. 方七,麇一,畨五秪又六朿,畨四【檐(擔)。方審,□一,畨十】檐(擔)又三檐(擔)三赤二箅。方、膚(鴈首)一,畨廿(二十)檐(擔),方△(九店_56 號墓_4)

16. △□又四朿。方四,麇一□△(九店_56 號墓_9)

17. △又六□一△(九店_56 號墓_11)

18. △秪,敀秭之八檐(擔)。畨四秪△(九店_56 號墓_2)

19. △三赤二箅。方三,膚(鴈首)一,畨□□檐(擔)□□△(九店_56 號墓_5)

20. △【畨】□檐(擔)三檐(擔)三赤二箅,方△(九店_56 號墓_6)

21. △畨甲(四十)檐(擔)六檐(擔),梅三剏(剉)一箅△(九店_56 號墓_7)

22. △□□□桮三劏一篅。方一△（九店_56 號墓_8）

23. △【方】五，麋一，奮四□△（九店_56 號墓_10）

24. △三稯△（九店_56 號墓_12）

觀察簡文，結合李家浩、[1]董珊諸家的研究，我們形成如下認識：

（1）九店簡中有“稯（稯）”、“來”、“檐（擔）”、“赤”、“篅”、“方”、“麋”、“雁首”、“劏（劀）”等量詞，除“稯（稯）”、“來”可能是計量帶梗的穀類的單位外，其他都是容量單位，用以計量顆粒狀的穀物。[2]

（2）九店簡中，量詞單位遠比新蔡簡多，而各數量間用“又”連接的很少。連詞“又”主要處在“稯（稯）”和“來”之間，如“五稯又六來”。據李家浩説，一“稯（稯）”等於十“來”，則“又”所連接的仍是整十數與零數，但計量單位的級別不同。據李家浩所補釋文，“又”還可以處於“十擔又三擔”結構中，僅此一例。在“十擔一檐”、“四十擔六檐”中，數量間不用“又”，“又”的使用具有隨意性。

（3）在數量表達方式上，更有特殊之處。如董珊所言：“方”、“麋”、“雁首”等量詞為一組，以“量+數”格式表達數量關係；其餘量詞又為一

---

〔1〕 見李家浩九店簡的釋文與考釋，載湖北省文物考古研究所、北京大學中文系《九店楚簡》，中華書局 2000 年。

〔2〕 關於這些量詞，主要看法是：（1）李家浩認為此處所計量之物可能與農作物有關。又説：“敓秱”似是動詞；“奮多少稯（稯）”，敓秱之多少擔”或“奮多少稯（稯）又五來，敓秱之多少擔”，意思是説“奮”有“多少稯（稯）”或“多少稯（稯）又五來”，將它“敓秱”之後則為“多少擔”（《九店楚簡》，57—59 頁）。這樣，“敓秱”之前的農作物可能是未加工的或是半成品，用“稯（稯）”和“來”計量；而“敓秱”之後，用“擔”及“赤”、“劀”、“篅”等量詞來計量。（2）邴尚白認為這一段簡文可能是釀酒方法的記錄，談釀酒之米、酒麴的比例，見《葛陵楚簡研究》，臺灣大學中國文學研究所 2007 年博士論文，29—36 頁。（3）李零認為這一段是講衡制單位“稯（稯）”、“來”同其他量制單位的換算，見《讀九店楚簡》，《考古學報》1999（2），141—142 頁。（4）董珊引黃儒宣（黃儒宣《九店楚簡研究》，臺灣師範大學國文研究所 2003 年碩士論文，193 頁）觀點，認為“稯（稯）”“來”所計量的應是全禾，是帶梗的穀類單位；“擔”是計量“敓秱之”之後的成品或半成品；其他各單位，計量脫粒之後的成品或半成品。所以，我們這裏把“稯（稯）”和“來”之外的量詞都看作容量單位，用以計量顆粒狀穀物。

組,是"數+量"格式;這樣的形式區別,有可能是爲了區別不同的計量物,并且有可能是爲了不與前一條記錄的末端相混。本書調查範圍内,僅九店簡的數量表達有"量+數"形式。

(4)多個數量短語可以連用,以精確表達計量物的數量,中間多數不用"又"分隔,如4號簡"【十】擔又三擔三赤二篇",如"方七,廪一"。數詞"一"基本不省略。

(5)名詞與數量短語的組合,一般采取"名+[數·量$_1$+又+數·量$_2$]"、"名+[數·量$_1$+數·量$_2$+數·量$_3$……]"、"名+[數·量]"等形式,各量詞按從高到低級别出現;"量+數"格式,前後都不出現名詞。

總之,九店簡的數量表達,以"名+[數·量$_1$+數·量$_2$+數·量$_3$……]"爲主要形式,"又"很少使用。

(三)楚簡"又"連接數量關係的結構形式及其文獻分佈

在新蔡和九店簡中,連詞"又"的使用情況比較特殊,在其他楚簡中,它的使用仍有可分析之處,所以,我們將所有相關句子羅列如下,以便分析。

曾侯乙簡中"又"連接數量關係有7例:

25. 一郊(秦)弓,矢二秉又六。(曾侯乙43)

26. 凡輇車十簭(乘)又二簭(乘)。(曾侯乙120)

27. 大凡甼(四十)簭(乘)又三簭(乘)。(曾侯乙121)

28. △囗所貼十真釜(又五)真。大凡卒(六十)真又三(四)真。(曾侯乙140)

29. △囗所貼卅(三十)鵙(匹)之甲。大凡傘(八十)馬甲夅(又六)馬之甲。(曾侯乙141)

30. △車十簭(乘)又五△。(曾侯乙209)

包山簡有2例:

31. 登人所漸(斬)木三(四)百光於邦君之陸(地)襄溁(溪)之

59

中,亓(其)百又伞(八十)兙於罿(畢)陞(地)鄭中。[1]（包山 140、140 反）

32. 仌(小人)㠯(以)八月甲戌之日,舍肉冡之舒人□□賷(歸)客之□金十兩又一兩。（包山 145 反）

郭店簡 2 例:

33. 二十又三。[2]（緇衣 47）

34. 凡君子所㠯(以)立身大灋厽(三),亓(其)罿(繹)之也六,亓(其)籅(衍)十又二。（六德44、45）

長臺關簡有 8 例:

35. □□□□□箕甼(四十)又(有)四。【少(小)箕】十又(有)二。（長臺關_2_06）

36. 樂人【之】器:一【槳】坐(室)前(棧)鐘,少(小)大十又三,柅條,刻(漆)劃,金玓。一槳【坐】(室)□□,【少】(小)大十又九。（長臺關_2_018）

37. □□□之砡。皇脛廿(二十)又五,□脛廿(二十)【又】五,屯【刻】(漆)劃。（長臺關_2_026）

38. 緅與索(素)綸(錦)之紴(縈)襄(囊)廿(二十)又一。（長

---

〔1〕 “兙”。(1) 整理者釋作“先”,疑爲“失”的誤字。(2) 李零以爲可能是量詞,見《包山楚簡研究(文書類)》,《李零自選集》,廣西師範大學出版社 1998 年,143 頁。(3) 白於藍疑釋爲生長之“長”,見《郭店楚墓竹簡考釋(四篇)》,《簡帛研究二〇〇一》,廣西師範大學出版社 2001 年,155—156 頁。(4) 李家浩以爲字即“徵”的中間部分,用爲“徵”,取的意思,見《談包山楚簡“歸鄧人之金”一案及其相關問題》,《出土文獻與古文字研究》1 輯,復旦大學出版社 2006 年,22—23 頁。(5) 陳偉等疑此字讀爲“微”,隱匿之義,《楚地出土戰國簡册(十四種)》,69 頁。綜合看楚簡中的數量表達,此處“兙”爲量詞的可能性不大,似以陳説爲是。

〔2〕 這是《緇衣》篇末的數字,説明簡本《緇衣》全篇爲23章。

臺關_2_012)

39. 少(小)襄(囊)糗(糧)罕(四十)又八。一大襄(囊)糗
(糧)。十又二箕□。(長臺關_2_022)

望山簡 2 例:

40. 組之聲(綴)十又八。(望山_2_7)
41. 箸(席)十又二,皆紡繬(褍)。(望山_2_49)

清華簡《繫年》有 13 例,都是用於紀年,表達方式相同,此處只列
2 例:

42. 晉臧(莊)坪(平)公立十又二年,楚康王立十又四年,命
(令)尹子木會邾(趙)文子武及者(諸)侯之夫=,明(盟)于宋。(清
華_繫年_22_123)

對前文全部 46 例"又"所連接的數量關係,我們分析其結構形式和文
獻分佈,形成下表:

表 2　"又"所連接的數量關係的結構形式及其文獻分佈

	曾侯乙 (6 例[1])	包山 (2 例)	郭店 (2 例)	長臺關 (8 例)	望山 (2 例)	九店 (6 例)	新蔡 (19 例[2])	繫年 (13)
數·量₁ + 又 + 數·量₁ (十乘又二乘)	3+1[3]	1				1[4]	1	

---

〔1〕 另有 1 例"大凡仐(八十)馬甲夵(又六)馬之甲"(曾侯乙 141),是"數·名+又+
數·名"結構,不計入表內。

〔2〕 其中有 3 例簡文殘缺,不作歸類。可參前文新蔡簡部分的例句。

〔3〕 1 例簡文有殘缺,爲"△車十稾(乘)又五△"(曾侯乙 209),依照文例,當歸入此類。

〔4〕 1 例簡文有殘缺,爲"方七,廩一,舊五稡又六來,舊四【檜(擔)。方审,□一,舊
十】檜(擔)又三檜(擔)三赤二篙"(九店_56 號墓_4),依照文例可補足,當歸入此類。

61

（續　表）

	曾侯乙 （6例）	包山 （2例）	郭店 （2例）	長臺關 （8例）	望山 （2例）	九店 （6例）	新蔡 （19例）	繫年 （13）
數·量+又+數 （二秉又六）	1							
數+又+數 （四十又四）		1	2	8	2			13
數·量$_1$+又+ 數·量$_1$ （二稞又五來）						3+1〔1〕	6	
數·量$_1$+又+量$_2$ （一赤，又杓， 又弄🐟，又鳶 （雁）首）							9〔2〕	

由表2可以總結楚簡連詞"又"的使用特點：

（1）"數+又+數"格式使用最普遍，八種楚簡中，有五種基本是全用這種格式。用例也較多，有18例。"又"處於整數和零數之間。

（2）"數·量$_1$+又+數·量$_1$"格式，多數出現在曾侯乙簡中，包山、九店和新蔡簡也各有一例，分佈面較廣而用例不多。前後兩個量詞單位統一，以"又"連接兩個數量短語。這種格式中，前一數字是整十數，後一數字是餘數，如曾侯乙簡中的"六十真又四真"，新蔡簡中的"八十臣又三臣"。

（3）"數·量$_1$+又+數·量$_2$"和"數·量$_1$+又+量$_2$"格式，用例最多，有19例，但只集中於九店簡和新蔡簡中，前後量詞不屬於同一級別。出現這種格式，主要同計量物的性質有關：所計量的物品是顆粒狀物，當大的量器量之不足時，轉而用較小的容器計量，再量之不足，再使用更小級別的

---

〔1〕　1例簡文有殘缺，爲"△□又四來。方四，麇一□△"（九店_56號墓_9），依照文例，當歸入此類。另有"△△六□一△"（九店_56號墓_11），簡文殘缺嚴重，不作歸類。

〔2〕　包括以"又"連續連接多個容量單位的情況，如"△吳殹無受一赤，又杓，又弄🐟，又鳶（雁）首"（新蔡甲三203）。

量器,直到量盡爲止。"又"連接多層級的數量關係,其實質就是連接整數和多層級的零數。

二、影響楚簡連詞"又"使用的多種因素

(一)楚簡連詞"又"的使用受時代因素影響,但又有特殊性

(1)整數與零數間使用"又"與否反映出一定的斷代特徵

在整數和零數之間是否使用連詞"又",它在全部數量表達中所占的比重,隨時代而有變化,反映出一定的斷代特徵。這一點,王力、洪誠、郭錫良、向熹、王暉、錢宗武、劉利、潘玉坤、武振玉諸家都曾論及。王力最先指明,到了春秋、戰國時代,"當時一般口語已經不用'有'字了"。[1] 洪誠進一步指出:"從語法看,文獻中凡春秋以前之文,十數與零數之間皆用'有'字連之,戰國中期之文即不用。"[2] 王暉的觀點是:"殷商時期是計數連詞'又'或'又*'[3]的產生期;'又'的使用是隨便的,不過十位與個位之間使用的較多;周代前期與中期是發展時期,'又'的使用十分頻繁……西周晚期到春秋晚期,記數時必用'又'(或'有')字……戰國前期使用'又'是常見的,到戰國中期前段已以不用'又'爲常見的了;而大約從公元前 340 年之後,就全不用了。"[4]

以出土文獻比照,整數與零數間"又"的使用確實存在著由興起而衰減的過程。甲骨刻辭中"又"連接整數和零數的情況不算少,後文會談及。武振玉對兩周金文連詞"又"做了全面調查,得出的結果是:兩周金文中共有連詞"又"123 例,其中見於西周早期者 30 例,西周中期 36 例,西周晚期 44 例,春秋 6 例,戰國 7 例,可以佐證前人觀點。[5] 在更晚的秦漢簡

---

〔1〕 此處"有"通"又"。王力《漢語史稿》,科學出版社 1958 年,256—257 頁。

〔2〕 洪誠《讀〈周禮正義〉》,載杭州大學語言文學研究室《孫詒讓研究》,1963 年,26 頁。

〔3〕 指用爲"又"的字。

〔4〕 王暉《古文字中記數使用"又"字的演變及其斷代作用考》,《陝西師大學報》1991(2),118 頁。

〔5〕 武振玉《兩周金文虛詞研究》,綫裝書局 2010 年,204—207 頁。本節所引武氏調查皆出此處,不另注。

牘中,整數與零數間幾乎不見使用"又"。

(2)楚簡"又"的使用反映時代因素,但又有特殊情況

戰國時期是連詞"又"使用迅速衰減的階段,本文調查範圍内的楚簡横跨了整個戰國時代,其中"又"的使用是否反映出時代變化因素?

我們將楚簡"又"相關簡文所屬墓葬年代做約略統計,按照墓葬年代排序,形成下表:[1]

表3 連詞"又"所屬墓葬的年代和所屬文獻性質

墓葬名稱	大 致 時 代	"又"的頻次/ 文獻總字數	占比 (%)	所屬文獻性質
曾侯乙墓	墓主下葬年代在公元前433年或稍晚。屬戰國早期	7/6 593	0.11	關於喪葬時所用車馬、兵器、甲胄等的數字統計
新蔡葛陵1M	戰國中期偏早[2]	19/1 881	1.01	簿書。受餉者與所受糧餉數量的記録[3]
長臺關1M	戰國中期[4]	8/1 032	0.78	遣策
包山2M	墓主下葬年代約在公元前316年。戰國中期偏晚	2/8 883	0.022	案件與案情審理情況記録

〔1〕 上博簡和清華簡缺乏有關墓葬信息,不放入表中。據李學勤估計:"上博簡所自出的墓時代爲戰國中期偏晚到晚期偏早,簡的書寫時代也不出此限。"見李學勤《孔孟之間與老莊之間》,《中國思想史研究通訊》6輯,2005年6月。清華簡的年代一般認爲是戰國中晚期。

〔2〕 主要有三種看法:(1)發掘報告:時間在公元前340年左右,屬戰國中期前後。(2)劉信芳、李學勤:簡文中"王徙於鄩郢之歲",是楚肅王四年(公元前377年),墓主平夜君成在這年去世。見劉信芳《新蔡葛陵楚墓的年代以及相關問題》,《長江大學學報》2004(1),6頁;李學勤《論葛陵楚簡的年代》,《文物》2004(7),69頁。(3)宋華强:墓葬年代下限是楚悼王元年(公元前401年)至悼王七年(公元前395年)。見《新蔡葛陵楚簡初探》,134頁。

〔3〕 此爲宋華强意見,《新蔡葛陵楚簡初探》,110—112頁。

〔4〕 發掘報告認爲是戰國早期楚墓,早於望山簡,見河南省文物研究所《信陽楚墓》,文物出版社1986年,121頁。陳偉等認爲時代在戰國中期,見陳偉等《楚地出土戰國簡册(十四種)》,374頁。陳偉等的看法參考了以下兩家意見:中山大學古文字研究室楚簡整理小組《江陵邵固墓若干問題的探討》,《中山大學學報》1977(2),92頁;彭浩《楚墓葬制初論》,《中國考古學會第二次年會論文集》,文物出版社1982年,34—35頁。

墓葬名稱	大　致　時　代	"又"的頻次/ 文獻總字數	占比 (%)	所屬文獻性質
郭店 1M	墓主下葬年代約在公元前 300 年,與包山 2 號墓相去不遠。戰國中期偏晚〔1〕	2/12 101	0.017	儒家和道家典籍
望山 2M	戰國中期晚段	2/951	0.21	遣策
九店 56M	戰國晚期	6/165	3.64	簿書。記穀物數量或量制的換算關係

表注:墓葬年代一般依據發掘報告,〔2〕如有其他家意見,擇要在注解中説明。

通過表格,結合前文例句,可以觀察到:

① 連接整數與零數的"又",總體趨勢是時代往後而數量趨減。如同爲遣策,戰國中期的長臺關簡中,"又"連接整數與零數,使用較多;稍晚的望山 2 號墓簡文中,"又"使用很少;戰國晚期的九店簡,用"又"較多,但整數與零數之間基本不用"又"。

② 特殊之處在於新蔡簡和九店簡。九店簡在戰國晚期,用"又"卻較多;新蔡簡"又"的使用遠多於大致同期的其他楚簡。這兩種楚簡中,"又"主要都不是連接整數與零數,而是連接不同級別的數量關係。它們既不反映連詞"又"的通常用法,也不呈現時代往後而使用遞減的趨勢。

即,楚簡"又"的使用,受時代因素的影響,又存在特殊情況。

---

〔1〕 主要有三種看法:(1) 發掘報告:戰國中期偏晚,墓主下葬年代當在公元前 4 世紀中期至公元前 3 世紀初。(2) 李學勤:墓的年代約爲公元前 4 世紀末,不晚於公元前 300 年,墓中竹書的著作年代應都在《孟子》成書之前。見李學勤《先秦儒家著作的重大發現》,《郭店楚簡研究》(《中國哲學》第 20 輯),遼寧教育出版社 1999 年,13、15 頁;李學勤《郭店楚簡與儒家經籍》,同前書,18 頁。(3) 彭浩:下葬年代約在公元前 300 年,與公元前 316 年的包山 2 號墓相去不遠。見《郭店一號墓的年代及相關的問題》,《本世紀出土思想文獻與中國古典哲學研究論文集》,輔仁大學出版社 1999 年,361 頁。

〔2〕 發掘報告可參:湖北省博物館《曾侯乙墓》,文物出版社 1989 年;河南省文物考古研究所《新蔡葛陵楚墓》,大象出版社 2003 年;湖北省荆沙鐵路考古隊《包山楚墓》,文物出版社 1991 年;荆門市博物館《荆門郭店一號墓》,《文物》1997(7);湖北省文物考古研究所《江陵望山沙塚楚墓》,文物出版社 1996 年;湖北省文物考古研究所、北京大學中文系《九店楚簡》,中華書局 2000 年。

（二）影響楚簡"又"使用的重要因素——文獻性質和計量物性質

連詞"又"的使用,在郭店簡、清華簡《繫年》和上博簡中共 21 例,其中《繫年》使用較多,這是由於紀年的需要。在這些古書類文獻中,"又"的使用完全是相同的格式——"數詞+又+數詞","又"連接整數和零數。其餘連詞"又"全部出自應用類文獻,尤其出自遣策和簿書。這類文獻中,數字統計是必需的。如果説遣策的記錄還包含有莊重、恭謹因而可能復古的因素,簿書的使用,則可以確切反映當時當地的口語,這就説明:① 連詞"又"在戰國中期和晚期的數量表達中仍然使用,且具有一定數量,不像以往認爲的幾乎絶跡。② 這種用法能得到體現,主要歸因於該出土材料的性質——需要計數的簿書和遣策。以往戰國文獻中少見連詞"又",亦由文獻性質不同所致。

另一方面,是計量物性質決定了楚簡中"又"的使用較多且集中。在使用"又"最多的新蔡簡中,計量物是顆粒狀的穀物,必須用大小不等的量器(不同的容量單位)分級計量,這些不同等級的容量單位之間多數用"又"加以連接和分隔,尤其新蔡簡中數詞"一"經常省略,用"又"加以分隔,數量表達纔更加清楚。

九店簡也計量穀物,但它經常是多個數量短語連用,中間不用"又",尤其在容量單位之間不再用"又",原因可能是:① 戰國晚期連詞"又"本已少用。② 數詞"一"基本不省略,如"三䓐(剆)一篃",這樣數量分隔比較清楚,不用"又"亦可。③ 使用了"數+名"和"名+數"兩種表達方式,來區分不同的計量物,也使得數量表達更加清楚。但九店簡的特別之處是,在"秅(稑)"和"來"這兩組量詞間,必定用"又"連接,它們都是計量梗類穀物的量詞。

所以,楚簡中連詞"又"的使用,是時代因素、文獻性質、計量物性質共同作用的結果。

（三）影響楚簡"又"使用的另一重要因素——"又"的功能有所擴展

到戰國中晚期,傳世文獻中"又"已極少使用,楚簡中,它之所以能在逐步衰減的趨勢下維持存在,還因爲它的功能有所擴展——由連接數詞與數詞爲主,發展爲以連接數量短語爲主。

據張玉金《甲骨文虛詞詞典》和《甲骨文語法學》,甲骨刻辭中"又"前後的數、量、名組合有十餘種。[1]　觀察下來,最基本的是"數+又+數"格式,名詞在前或在後。其餘绝大多數是"又"同數、名複合結構的組合,包括"又"連接多個"數+名"結構,或連接多個"名+數"結構,或者二者混搭。其中的名詞可以相同,如"百乇又十乇(鐵 141.4)";多數不同,如"三牢又�二(合集 21538)"、"宰一又一牛(合集 324)"。偶爾還有"數·量₁+又+數·量₁"格式,如"十卣又五卣(屯南 110)",是在"數·名₁+又+數·名₁"基礎上發展而來的。

兩周金文中,常用的數量表達方式還是"數+又+數"格式與名詞的組合,極少數"又"可以連接不同類的事物,如"賜貝十朋,又丹一枡(管)(2828 庚嬴卣)"、"廼或即舀用田二,又臣一夫(舀鼎)"。

也就是説,甲骨刻辭和兩周金文中,"又"主要是連接數詞,或是連接數、名複合結構。而楚簡中,"又"較多是用來連接數量短語,且可以在多個數量短語間連用,如"二秭又五宷"、"二匜,又二赤,又 𣃍 ,又籿",它發展出了新的"數·量₁+又+數·量₂"、"數·量₁+又+量₂+又+量₃+……"格式,其中的量詞彼此不同,這種情況在此前的文獻中幾乎見不到。

可見,"又"的繼續使用,同它功能的擴展密切相關。

三、楚簡連詞"又"的語體偏向

連詞"又"的功能非常單純,就是連接整數和零數,在楚簡中,又發現它還可以連接不同等級的數量關係。"又"語義語法功能的單一純粹,決定了它主要滿足準確計數的需要其具體文獻分佈可見表 3。其中,楚簡應用類文獻總字數約 33 200 字,使用連詞"又"44 次,集中於簿書(25 次)和遣策(17 次);清華簡《繫年》總字數 3 790 字,使用"又"13 次,用於紀年;論説體的郭店簡文獻總字數 12 101 字,只使用"又"2 例;另外,上博簡 1—7 冊文獻總字數約 24 356 字,使用連詞"又"6 例,其中 5 例集中於《容成

---

〔1〕　張玉金《甲骨文虚詞詞典》,中華書局 1994 年,258—266 頁;張玉金《甲骨文語法學》,學林出版社 2001 年,90—92 頁。以下所有甲骨文例證皆取自這兩部著作。

氏》一篇,跟這一篇客觀記述性質的内容、紀年的需要密切相關:

43. 坒(匡)天下之正(政)十又九年而王天下,卅(三十)又七年而民(泯)冬(終)。(上博二_容成氏_5、6)

44. 尢(堯)於是虖(乎)爲車十又五鑾(乘),昌(以)三从坴(舜)于旬(畎)替(畝)之中。(上博二_容成氏_14)

45. 王天下十又六年而傑(桀)复(作)。(上博二_容成氏_35)

46. 湯王天下卅(三十)又一傑(世)而爰(紂)复(作)。(上博二_容成氏_42)

47. 旬又五,公乃出見斦(折)。(上博六_競公瘧_13)

可見,楚簡連詞"又"因其語義語法功能而具有明顯的語體偏向,主要使用於需要準確計數的簿書和遣策;其次用於客觀記述性質的史書中,用來紀年;在論説體文獻中,它極少使用,且反映出隨時代變化而使用減少的趨勢。

II　連詞"又"的意義源流

一、先秦出土文獻中,"又"主要是連接數量關係,其他副詞用法極少

"又"基本是作副詞,唯有在連接數量關係時,绝大多數語法著作和詞典把它處理爲連詞。

本文調查範圍内的楚簡,在連接數量關係以外,"又"作副詞的僅2例:[1]

---

〔1〕　下面一句:君子昌(以)叚(賢)爰(稱)而遊(失)之,天仚(命);昌(以)亡(無)道爰(稱)而叟(没)身遑(就)死(瘥),亦天命。不猒(然),君子昌(以)叚(賢)爰(稱),害(曷)又(有)弗戛(得)? 昌(以)亡(無)道爰(稱),害(曷)又(有)弗遊(失)(上博四_曹沫之陳_8、9、10),整理者"又"讀"有",陳劍認爲讀其本字,我們認爲讀"有",不是副詞。見陳劍《上博竹書〈曹沫之陳〉新編釋文(稿)》,簡帛研究網 2005 年 2 月 12 日(http://www.jianbo.org/admin3/2005/chenjian001.htm)。

48. 一帚（寢）笑（莞），一帚（寢）簦（筵），屯結芒之純。六簡（篋）簦（筵），屯絵（錦）純，一柿枳，絵（錦）【純】，組績（繢）。又獻、紕、楷（枕）、枳，皆（長臺關_2_023）

49. 中坦，中口，又汙（容）安（沒），尻（居）之不溫（盈）志。（九店_56 號墓_47）

這兩句，"又"的後項都是對前項內容的追加和補充，[1]"又"是副詞。

甲骨文中，"又"用爲動詞"有"，或連接數量關係，不見其他副詞用法。認爲它可以作副詞的僅有管燮初和向熹兩家，所舉例子，去重複後共 2 例。[2] 但這兩例"又"，現在一般認爲通"有"，是動詞。

兩周金文中，據武振玉的全面調查，"又"基本是連接數量關係，可以確定爲副詞的僅 1 例：

50. 余令汝使小大邦，厥又舍汝芻量，至于女廄。（3·949 中甗）

再觀察稍晚的秦簡。據胡波的調查，秦簡中寫作"又"的詞有 13 例，11 例用作動詞"有"，1 例意義不明，僅 1 例爲副詞。[3]

可見，整個先秦出土文獻中，"又"主要的功能就是連接數量關係，其他副詞用法極少。

---

〔1〕 例 42 是長臺關簡遣策中的內容，其中的"又"，整理者讀"有"，此從李家浩改讀，見《信陽楚簡中的"柿枳"》，《簡帛研究》第 2 輯，法律出版社 1996 年，5 頁。"又"前內容是談各種席子和席上的裝飾，"又"後追加説明其他寢具的情況。例 43 是九店簡《相宅》篇中的內容，"汙安"從李家浩讀爲"容沒"，是低下潮濕貌，這是承接前文追加説明居宅不利的情況。見《九店楚簡》，114 頁。

〔2〕 這 2 例是：（1）日又戠（熾），夕告于上甲，九牛。（甲 755）；（2）庚辰貞，日又戠（熾），其告于父丁，用九牛？（粹 55）。見管燮初《殷墟甲骨刻辭的語法研究》，中國科學院，1953 年，37 頁；向熹《簡明漢語史》（修訂本下），商務印書館 2010 年，15 頁。

〔3〕 胡波《秦簡副詞研究》，西南大學 2010 年碩士論文，45 頁。

二、"又"的詞義系統

前文的情況,使我們産生一個疑問:如果説連接數量關係的"又"是連詞,相比其後世大量的、占主體的副詞用法,連詞用法應該産生較晚,是由副詞虛化的結果,爲什麽從出土材料一系觀察下來,似乎是先有連詞用法,後有副詞用法?

這使我們轉過來關注"又"後世大量作副詞的情況。史錫堯全面總結了現代漢語中副詞"又"的意義和使用,他認爲:副詞"又"的用法可以分爲表重複、表添加、表否定性的添加和表並存四類,而這些,其實是分別以各種形式表示增益,所以副詞"又"的語義可以概括爲表示增益(添加)。其中,連接整數和零數的"又",就是在整數的基礎上有所添加,屬於表添加一類。[1] 邵敬敏也認爲:"又"的基本語法意義是表示"同類動作、狀態或性質的加合關係",[2] 連接數量的"又"即屬此類。《現代漢語八百詞》將副詞"又"分作三類:① 表示相繼,與時間有關;② 表示累積,與時間無關;③ 表示某些語氣。[3] 其中的第一類,大致相當於史錫堯所説的表重複;第二類,相當於表添加和表並存;第三類相當於表否定性添加。對副詞"又"詞義系統的總結基本不出乎上述看法。

三、從漢語史和詞義系統性角度,處於數量 關係中的"又"是表追加的副詞

我們藉上述詞義系統,分析出土材料中的"又"。

---

〔1〕 根據史錫堯的觀點:表添加是指有了前項某事物後,再添加或追加後項某同類事物,如"一幢又一幢高樓"。表否定性添加時,只有"又"帶出的後項,前項沒有,如"考又考不上",後項是否定性的添加。表並存時,無論是一般的並存,如"葦眉子又薄又細";還是對立的並存,如"老者像是樂,又像是哭","又"帶出的後項都是對前項的增益。而在"又……又……"式中,前後項是互爲增益。見史錫堯《副詞"又"的語義及其網絡系統》,《語言教學與研究》1990(4),101—111 頁。

〔2〕 邵敬敏《説"又"——兼論副詞研究的方法》,《漢語語法的立體研究》,商務印書館 2000 年,278 頁。

〔3〕 吕叔湘《現代漢語八百詞》(增訂本),商務印書館 1999 年,633 頁。

甲骨文中,"三百又四十又八(屯南663)"、"百图又十图(鐵141.4)"、
"牢又一牛又豕(合集25)"、"羊又豚(合集14395)"等,"又"都是表添加
義,主要是表在整數之外追加零數,少數是表同類且相關的事物的追加。
楊逢彬認爲甲骨文中的"又"存在詞彙義"另有",他引李景源《史前認識
研究》中的一段話:世界上許多語言,"10以上的數是以10爲基底用組合
原則構成的。在古英語中,10以上是用10以内的數字組合來表示的(即
用'10加上幾'來表示)⋯⋯在俄語中,從11到19的數詞就讀作1加
(Ha)10,2加(Ha)10⋯⋯"[1],這段話可以説是"又"表"添加"義的最好
説明。

在金文中,"又"表添加的情況稍複雜,除了在整數之後添加零數,除
了"廼或即图用田二,又臣一夫(图鼎)"這種數、量、名關係上的添加,還
有極少數情況是同類性質的添加,如"余非章(庸)又酈(昏),女(汝)母
(毋)敢妄(荒)寧(4027毛公鼎)",這時"又"處在兩個形容詞中間,看上
去更像連詞。再如例50,"又"修飾動賓結構,表同類行爲的添加。

楚簡中,如"一赤,又粝,又弁图,又鳶(雁)首"、"二秅又五來",後項
明顯是對前項的添加,前後項的結合比"三百又四十又八"之類要鬆散。
例48、例49,"又"也是表添加。

到漢簡中,情況變得複雜。據張國豔[2]的調查,居延漢簡中"又"作
副詞的有132例,數量上劇增,"又"的功能也增加了。

此時"又"的主要用法還是表添加,但相比以前,"又"開始較多修飾
動詞性成分,甚至可以修飾整個句子,如:

51. 伐胡卒高武錢五百,又粟十石,皆發所貸。(110.37)

52. 第四燧長□之菜錢二百一十六,又肉錢七十,凡二百八十
六。(159.4)

---

[1]　《殷墟甲骨刻辭詞類研究》,413頁。
[2]　張國豔《居延漢簡虛詞研究》,華東師範大學2005年博士論文,156—159頁。

53. 正月廿一日食馬盡廿四日□二石三斗；廿三日食馬凡四斗，又四斗，又三斗；二月二日食馬一斗；二月十二日食馬二斗。（142.29A）

54. 萬卿初炊糜米二斗，又梁米一斗，又△。（EPT26.5）

55. △百，又七十五，又卌八，又入八□。（876）

56. 馬食一石，又二月廿日取官馬食六斗。（EPT59.170）

漢簡中"又"已完全不用來表整數之外追加零數。例51、例52"又"是表名、數、量的追加；例53、54、55 多個"又"連用，表數、量的連續追加。上述情況，"又"的前後項都是名詞性成分。例55 最後一"又"，用在動詞性成分前，它是在前文連續追加的基礎上又做一次添加，前文也可以看作是省略了動詞"入"；例56，"又"其實是修飾一個完整的句子。

另外，漢簡中"又"開始有表重複的功能，這是其表添加功能的發展，如：

57. 迺六月十九日丙戌萬歲士吏居延關都里□長△乘卅井，五月豐自乘卅井。隊長李意代豐乘甲渠△得豐代，豐代意。今豐又代意，不當歸卅井。（EPT68.125—EPT68.126）

58. 其晨時孝護桃下燧奏候官言，虜卌餘騎皆衣鎧負魯攻燧，又攻壞燔燒。（EPF16.42—EPF16.43）

這兩句"又"都是用在動詞前，表示前一行爲、事件再一次發生。實際，例55 最後一"又"、例56 的"又"，在表追加的同時已蘊含表重複義。

漢簡中，"又"前後項的關係變得鬆散了，和以往不同。以往，"又"前後項所指內容偏向爲一個整體，如"三百又四十又八（屯南663）"、"百卷又十卷（鐵141.4）"即是，即便如"一赤，又豹，又弇 奌，又鳶（雁）首"，也是一個分級計量的數量整體——而漢簡中，如"菜錢二百一十六，又肉錢七十"，雖然仍是名、數、量的添加，但前後項的聯繫相對鬆散；當它修飾動詞性成分或句子時,如例 55、56,更多是表示一次次追加,前後項的關係更加鬆散了。由數的添加到數、名組合的添加,再到名、數、量組合的添加,發展到修飾句子表進一步追加,"又"作爲副詞的功能逐步擴展,而其前後項的關係日漸鬆散。

綜上,就現有出土材料看,"又"最初除了借用爲動詞,另一重要的用法就是作副詞表添加(或說表"增益"、表"追加")。其詞義發展線索大致是:在整數之外添加零數/數量的添加——同類事物/性質/動作的添加——修飾動詞性成分,表示一次次添加——表重複——……整數之外追加零數,是"又"所有意義的出發點。先秦時期,"又"作副詞基本都是表數量關係的添加。"又"作爲副詞的全面發展,經歷了相當長的時間。

所以,從最初的性質,從漢語史的角度,從詞義系統性角度看,"又"是副詞。但靜態地觀察,"又"在整個先秦時期最主要的用法就是連接整數和零數、連接數量關係,其前後基本是名詞性成分,前後項關係平列對等,"又"起連接、補充和分隔作用,同時"又"可以省略而不影響表義,這些都使它顯示出連詞的某些特點,這就是多數語法著作把它看作連詞的原因。

實際上,副詞和連詞之間的糾葛一直存在,觀察的不同角度,對虛化程度的不同認識等,使得"又"、"既"等詞在處於並列關係中時,各語法著作總是在副詞和連詞間糾纏。

另需說明的是:本章討論的僅是書寫形式爲"又"的詞,在先秦時期,它作爲副詞的意義和功能比較單純,詞義發展脈絡清晰;與"又"意義相關,功能上相互補充的還有"複"、"再"等詞,而"有"、"或"等詞也常用如"又"。尤其是"有"這個詞,先秦時期已基本涵括了"又"後世所有的用法。在表數量的添加時,"有"可以連接整數與分數,這是楚簡"又"用法的發展,如:"甲〈田〉廣三步四分步三,從(縱)五步三分步二,成田廿一步有(又)四分步之一(岳麓秦簡_數_0764)","長者受廿五尺,中者受十六尺有(又)十八分尺之十二,少者受八尺有(又)十八分尺之六(張家山漢簡_算數書_54、55）"。[1] 這種表達方式，其實質還是連接多層級的數量關係，與新蔡楚簡、九店楚簡中的"又"相通。

第五節　幾個複音連詞

"而後"、"然後"、"此以"、"是以"、"是故"五个複音連詞（固定結構），使用頻次較高，集中於順承和因果語義關係。基本只使用於論說體的郭店簡，具有明確的語體偏向，所以放在此處一併討論。

一、表順承關係的"而後"和"然後"

"然後"的語法功能比"而後"要複雜。

（一）"而後"

"而後"在郭店簡出現了 18 次，具有較爲成熟的連詞性質。它表示前後兩項在時間上、事理上的承接。"而後"可以單用、對用和連用，可以用於緊縮句。

"而後"可以單用，但比較少，如：

    1. 善里（理）而句（後）樂生。（語叢一 32）

可以對用，如：

    2. 桀不易重（禹）民而句（後）盟（亂）之，湯不易桀民而句（後）訇（治）之。（尊德義 5、6）

可以排比連用，如：

---

〔1〕 例句出自許道勝、李薇《岳麓書院所藏秦簡〈數〉書釋文校補》，《江漢考古》2010（4），114 頁；彭浩《張家山漢簡〈算數書〉注釋》，科學出版社 2001 年，64 頁。

3. 智（知）忌（己）而句（後）智（知）人，智（知）人而句（後）智（知）豊（禮），智（知）豊（禮）而句（後）智（知）行。（語叢一 26）

4. 凡人唯（雖）又（有）眚（性），心亡奠志，㞢（待）勿（物）而句（後）复（作），㞢（待）兑（悅）而句（後）行，㞢（待）習而句（後）奠。（性自命出 1、2）

5. 又（有）命又（有）夏（文）又（有）名，而句（後）又（有）緜（倫）。又（有）迖（地）又（有）型（形）又（有）聿（盡），而句（後）又（有）厚。又（有）生又（有）智（知），而句（後）好亞（惡）生。又（有）勿（物）又（有）繇（由）又（有）縹（續），而句（後）善（教）生。（語叢一 4、5、6、7、8、9、10、11）

“而後”的功能單純，就是連接句子或動詞性結構，表時間或事理的先後。

（二）“然後”

“然後”有 13 例，是凝固化程度較高的複音連詞，表語義的順承，可連接兩個動詞語，也可連接分句和複句，如：

6. 智（知）豊（禮）廎（然）句（後）智（知）型（刑）。（語叢一 63）

7. 孛（君子）明虗（乎）此六者，肰（然）句（後）可昌（以）剸（斷）峉（獄）。（六德 42、43）

8. 聖人比元（其）頪（類）而侖（論）會之，蓳（觀）元（其）之〈先〉迻（後）而逆訓（順）之，體元（其）宜（義）而即（節）夏（文）之，里（理）元（其）青（情）而出内（入）之，肰（然）句（後）返（復）昌（以）善（教）。（性自命出 16、17、18）

例 6，“然後”連接兩個動詞語；例 7，“然後”前後各有一個分句；例 8，“然後”前有四個並列分句，後面以一個分句作結。

同樣是表順承語義，“然後”的語法功能比“而後”要複雜。

二、表因果關係的"是以"、
"是故"和"此以"

"是以"、"此以"、"是故"表因果關係。其中"是以"、"是故"使用頻率高,連接功能強大,"此以"凝固化程度和虛化程度不夠高。

（一）"是以"

代詞"此"、"是"作介詞"以"的賓語而前置,形成固定結構"此以"、"是以"。"此以"、"是以"用於複句的結果分句中,把結果句與前面的句子連接起來,"此"、"是"復指前文有關內容。

"是以"有31例,29例見於郭店簡。它的凝固化程度較高,可連接分句、複句和句群,可以連用,表達非常複雜的因果關係,如:

9. 孚（君子）娩（美）亓（其）青（情），【貴亓（其）宜（義）】，善亓（其）卲（節），好亓（其）頌（容），樂亓（其）衍（道），兌（悅）亓（其）香（教），是目（以）敬安（焉）。（性自命出 20、21）

10. 爲之者敗（敗）之，蚙（執）之者遠之。是目（以）聖人亡爲古（故）亡敗（敗），亡蚙（執）古（故）亡遼（失）。（老子甲 10、11）

11. 古之善爲士者，必非（微）黎（妙）玄達深不可志（識），是目（以）爲之頌（容）：夌（夜）啻（乎）奴（如）目（冬）涉川，猷（猶）啻（乎）亓（其）奴（如）愄（畏）四殴（鄰），敢（嚴）啻（乎）亓（其）奴（如）客，鬶（渙）啻（乎）亓（其）奴（如）凊（釋），屯啻（乎）亓（其）奴（如）樸（樸），坉（沌）啻（乎）亓（其）奴（如）濁。（老子甲 8）

12. 爲之者敗（敗）之，蚙（執）之者遼（失）之。聖人無爲，古（故）無敗（敗）也；無蚙（執），古（故）□□□。斳（慎）丹（終）若訇（始），則無敗（敗）事壴（矣）。人之敗（敗）也，亙（恆）於亓（其）虙（且）城（成）也敗（敗）之。是目（以）□人欲不欲，不貴戁（難）旻（得）之貨；學（學）不學（學），返（復）眾斎（之所）迆（過）。（老子丙 11、12、13、14）

13. 大(太)一生水,水反補(輔)大(太)一,是旦(以)城(成)天。天反補(輔)大(太)一,是旦(以)城(成)陞(地)。天陞(地)【返(復)相補(輔)】也,是旦(以)城(成)神明。神明返(復)相補(輔)也,是旦(以)城(成)会(陰)易(陽)。会(陰)易(陽)返(復)相補(輔)也,是旦(以)城(成)四時。四時返(復)補(輔)也,四時返(復)補(輔)也,是旦(以)城(成)倉(寒)然(熱)。倉(寒)然(熱)返(復)相補(輔)也,是旦(以)城(成)溼澡(燥)。溼澡(燥)返(復)相補(輔)也,城(成)戢(歲)而出(止)。古(故)戢(歲)者,溼澡(燥)斋(之所)生也。溼澡(燥)者,倉(寒)然(熱)斋(之所)生也……天陞(地)者,大(太)一斋(之所)生也。是古(故)大(太)一贊(藏)於水,行於時,逡(周)而或(又)囗,囗囗囗蘴(萬)勿(物)母。(太一生水1、2、3、4、5、6、7)

"是以"前後的因果關係有時很複雜。例9,"是以"前可以看成一個複雜單句,"是以"連接前後各一個分句;例10,"是以"前後都可看作是複句;例11,"是以"前是一個單句,後面是句群;例12,"是以"前是句群,後是多重複句,因果關係更爲複雜。例13,"是以"連用,表層層推進、一環套一環的因果關係。由上面例子,可以看出"是以"的連接功能强大。

(二)"此以"

"此以"有7例,它具有連詞性質,但是比"是以"、"是故"的虛化程度和凝固化程度低,可見下面的例子:

14. 大人不斈(親)亓(其)所毆(賢),而訐(信)亓(其)所戋(賤),喬(教)此旦(以)遳(失),民此旦(以)緶(變)。(緇衣17、18)

15. 君子言又(有)勿(物),行又(有)迖(格),此旦(以)生不可敓(奪)志,死不可敓(奪)名。(緇衣37、38)

16. 大臣之不斈(親)也,則忠敬不足,而賵(富)貴巳(已)迌(過)也。邦豪(家)之不盇(寧)也,則大臣不台(治),而褻(褻)臣忬

（託）也。此吕（以）大臣不可不敬，民之蓝（藴）也。（緇衣20、21）

    17. 聖人之眚（性）與中人之眚（性），丌（其）生而未又（有）非之。節（即）於而也，則猷（猶）是也。唯（雖）丌（其）於善道也，亦非又（有）譯夒吕（以）多也。及丌（其）專（博）長而厚大也，則聖人不可由與埤之。此吕（以）民皆又（有）眚（性）而聖人不可莫（慕）也。（成之聞之26、27、28）

"此以"共7例，從這些用例可以看到三種情況：①"此以"處於複句中，在結果分句的主謂之間，具有介詞結構的性質，如例14。②"此以"處於複句中，在結果分句之首，小句主語省略，如例15。③"此以"連接的是複句與結果句，如例16，或連接句群與結果句，如例17。

    由上面例子看，"是以"和"此以"的功能差別是：①"此以"所在的結果句一般都是單句，只有原因部分比較複雜；而"是以"前因後果有時都複雜，"是以"後面常連接複句。②"是以"可以在句中連用，層層推進，説明前後的因果推理關係，"此以"不見這種用法。"此以"有時處在結果分句的主謂之間，仍保留介賓結構的性質，凝固化程度不夠，它作爲連接詞的功能被"是以"等覆蓋，没有發展爲成熟的連詞。

    （三）"是故"

    "是故"有21例，18例見於郭店簡。它是成熟的複音連詞，功能强大。"是故"的特點是：其前常常是複句、句群或語段，其後以單句或複句（包括多重複句）作結，前面的原因部分往往比較複雜；另外，多個"是故"句可以連用，因果關係複雜。"是故"前後句子間的結合比較鬆散。

    （1）連接句子的情況

    ①"是故"前後各有一個分句

    "是故"已極少作兩個分句間的連詞，十四種楚簡範圍内，只有1例：

    18. 凡至樂必悲，哭亦悲，皆至（致）丌（其）情也。忞（哀）、樂，

丌（其）眚（性）相近也，是古（故）丌（其）心不遠。（性自命出 29、30）

②“是故”前後是一個或多個複句，但不是句群

“是故”連接複句的情況也不多，如：

19. 能（一）与（與）之齊，丹（終）身弗改（改）之壴（矣）。是古（故）夫死又（有）宝（主），丹（終）身不㝵（嫁）。（六德 19、20）

20.《大壴（禹）》曰“余（余）才（茲）氒（宅）天心”，害（蓋）此言也，言宙（余）之此而氒（宅）於天心也。是古（故）㝵（君子）敓（簟）笿（席）之上，殹（讓）而受（授）學（幼）；朝廷之立（位），殹（讓）而尻（處）戔（賤），所氒（宅）不㝵忢（矣）。（成之聞之 33、34）

例 19，“是故”前後各有一個複句。例 20，“是故”前後是多重複句。

③“是故”前是句群或語段，後面句子得出結論

這種情況最多，下文例 21 是典型的例子，它們體現出“是故”的特點：前文爲句群或語段，“是故”後多以單句或複句（包括多重複句）作結。

（2）“是故”的連用

和“故”相比，“是故”的連用所占篇幅更長，因果關係更爲複雜糾纏，主要是表達層層推進的因果推理。如：

21. 男女卞（辨）生言（焉），㪅（親）生言（焉），君臣宜（義）生言（焉）。父聖，子慰（仁），夫智，婦訐（信），君宜（義），臣宜〈忠〉。聖生慰（仁），智衛（率）訐（信），宜（義）叟［使］悳（忠）。古（故）夫夫，婦婦，父父，子子，君君，臣臣，此六者客（各）行亓（其）戠（職），而岙（獄）奓（訟）葰緐（由）亡〈乍（作）〉也。君子言訐（信）言尔（爾），言煬言尔（爾），斀（設）外内皆㝵（得）也。丌（其）返（反），夫不夫，婦不婦，父不父，子不子，君不君，臣不臣，緍（昏）所緐（由）生（作）也。

孝(君子)不帝(啻)明虞(乎)民敚(微)而巳(已),或(又)吕(以)智(知)亓(其)弌(一)壴(矣)。男女不卞(辨),父子不柗(親),父子不𣂪(親),君臣亡宜(義)。是古(故)先王之蓍(教)民也,𠢦(始)於孝弟(悌)。君子於此弌𦣻(偏)者亡所瀍(廢)。是古(故)先王之㝈(教)民也,不叀【使】此民也惪(憂)亓(其)身,遳(失)亓(其)𦣻(偏)。(六德33、34、35、36、37、38、39、40、41)

22. 君子之於蓍(教)也,亓(其)道(導)民也不憲(浸),則亓(其)淳也弗深惢(矣)。是古(故)亡虞(乎)亓(其)身而䳈(存)虞(乎)亓(其)𧮫(詞),唯(雖)厚亓(其)命,民弗從之惢(矣)。是古(故)畏(威)備(服)型(刑)罰之䙷(屢)行也,繇(由)丄(上)之弗身也。昔者君子有言曰:戰與型(刑)人,君子之述(墜)惪(德)也。是古(故)丄(上)句(苟)身備(服)之,則民必有甚安(焉)者。君黔(袀)褣(冕)而立於发(阼),一宮之人不剩(勝)亓(其)敬;君衰螺(絰)而尻(處)立(位),一宮之人不剩(勝)【其】△一軍之人不剩(勝)亓(其)戩(勇)。丄(上)句(苟)昌(倡)之,則民鮮不從惢(矣)。唯(雖)狀(然),亓(其)䳈(存)也不厚,亓(其)重也弗多惢(矣)。是古(故)君子之求者(諸)吕(己)也深。不求者(諸)亓(其)杏(本)而攻(攻)者(諸)亓(其)末,弗旻(得)惢(矣)。是[1]君子之於言也,非從末流者之貴,窅〈窮(窮)〉藻(源)反杏(本)者之貴。句(苟)不從亓(其)繇(由),不反亓(其)杏(本),未有可旻(得)也者。君上鄉(享)城(成)不唯杏(本),工(功)□□□□。戎(農)夫芣(務)䭂(食)不㧓(強)𦔻(耕),糧(粮)弗足惢(矣)。士城(成)言不行,名弗旻(得)惢(矣)。是古(故)孝(君子)之於言也,非從末流者之貴,窅(窮)淲(源)反杏(本)者之貴。句(苟)不從亓(其)繇(由),不反亓(其)杏(本),唯(雖)㧓(強)之弗內(入)惢(矣)。(成之聞之

---

〔1〕 此"是"下脱一"故"字,從裘按。荆門市博物館《郭店楚墓竹簡》,文物出版社1998年,169頁。

4、5、6、7、8、9、10、11、12、13、14、15）

　　例21,在前文大段論述的基礎上,以並列的兩個"是故"句推出並列的兩個結果。初看這段話,感覺"是故"句是和前面"男女不辨,父子不親。父子不親,君臣亡義"兩句關聯,跟更前面的句子關係甚遠,但實際上,"是故"句是在前文層層論述基礎上得出的結論。例22,是六個"是故"連用,前後語義層層推進,有了前一個因,推出後一個果,果又爲因,推出進一步的結果。

　　在"是故"連用的語段中,前後句子間關係已比較鬆散,有時,"是故"所聯繫的内容,界限不甚分明,需要觀察、推敲前後文的邏輯關係以及語義的起止方能確定,所以,有的詞典將"是故"看作他轉連詞,我們從詞義系統性角度考慮,仍處理爲結果連詞。

第三章 具有語義、語法與語體分工對應關係的連詞

本章摘要：

　　這一章討論的"以"、"而"、"既"、"且"、"焉"五個連詞，清晰呈現出連詞、語法功能同語體類型（文獻類型）的對應關係。

　　連詞"以"大量用於應用類文獻和史書《繫年》。連詞"以"在應用類文獻中的功能非常單純：連接兩個動詞語，或連接並列的分句。連接動詞語時，表修飾關係見於文書和卜筮祭禱記錄，表目的關係見於文書；連接分句時，全部用於卜筮記錄。"以"在史書《繫年》中，主要是連接動詞語，表承接、目的和修飾語義關係。連詞"以"在論説體中功能稍顯散亂，以連接謂詞語爲主，主要表並列和因果關係。表並列關係時，多具有描述性，與應用類文獻連接分句的用法完全不同。

　　連詞"而"絶大部分用於論説體文獻，反映出强烈的語體特徵：連接謂詞語或關聯緊縮句，以四字格、五字格爲主，形成豐富而典型的"而"字結構；多個平列對等的"而"字結構排比連用，它們在語音、語法和語義形式上都非常整齊，具有形式簡潔，

節奏整齊,表意豐富而濃縮的效果,並具有展開描述、增強語勢、渲染情感的修辭效果,這是"而"最突出的特點,不見於其他類型文獻。應用類文獻和史書《繫年》中連詞"而"只體現出它作爲順承連詞的特徵,只連接動詞性成分,連接分句很少。

連詞"既"全部連接並列句式,用於"既……以……以(且)……"等格式時,只見於卜筮祭禱文獻;用於"既……又……"式、"既……既……"式時,見於論説體。

"且"表並列和遞進語義,可以連接謂詞性成分,也可以連接分句、複句和句群。連接並列分句和連接兩個動詞語時,一般用於應用類文獻;連接複句和句群、連接兩個形容詞性成分時,用於論説體。

"焉"的基本功能是表事件發生的時間先後,適用於史書和文書;當它表比較抽象的條件—結果關係時,用於論説體文獻。

第一節　連 詞 "以"

楚簡中的"以"一般寫作"㠯"、"台"、"怠"。楚簡"以"的使用量很大,但基本只有介詞和連詞用法,包括與介詞、連詞用法相關的固定結構。

I　相關問題的討論與説明

這一部分,討論"以"的連介區分問題,本書對介詞"以"的分類,以及楚簡介詞"以"的使用情況。之所以對介詞"以"的使用情況也加以説明,是因爲"以"的連詞、介詞用法頗多聯繫,有些連、介用法並不典型、純粹,如因果關係中"以"的使用;另如介詞"以"引介時間的用法在楚簡中頗具特點,有時會被誤作連詞用法,也有必要結合文例具體分析。

關於連詞"以"和介詞"以"的判別,各家討論很多。我們主要吸取何樂士、潘玉坤、趙大明三家看法。[1]

一、介詞"以"和連詞"以"的判別

連詞"以"是由引進方式或引進原因的介詞"以"經常性地省略其引進成分而演變來的,而介詞"以"常常存在將引進成分前置或省略的情況,這樣,就會產生介詞"以"和連詞"以"的判別問題。二者的判別,存在一些形式上的標誌,如"以"處在句首,它一般是介詞而非連詞;"以"前有助動詞、副詞、連詞時,它一般爲介詞。但還有一些複雜的情況,我們採用下面的標準來判別。

（一）看"以"兩側詞語的性質

因爲連詞"以"所連接的多數是謂詞性詞語,所以,處在兩個謂詞語之間的"以"往往被認爲是連詞,但其實要看"以"兩側的謂詞語是否處於同一層次。

如果"以"前後的謂詞是同一個主語發出的動作行爲,或是對同一主語的陳述,雙方屬於同一層次,這時"以"是連詞。如:

    1. 郕（越）涌君嬴遅（將）其眾以逗（歸）楚之戠（歲）型（荊）尿之月己丑之日,王尻（處）於蔵郢之遊（游）宮……（夕陽坡 1、2）

    2. 九月己亥𩵋君之右司馬均臧（臧）受旨（幾）,古（十月）辛巳之日不逗（歸）板於登（鄧）人昌（以）至（致）命於郢,阩門又（有）敗（敗）。（包山 43）

    3. 古（故）君民者章好昌（以）貝（示）民愆（欲）,懂（謹）亞（惡）昌（以）渫（遏）民淫〈淫〉,則民不賦（惑）。（緇衣 6）

例2,當事者被要求必須先後完成"歸板於鄧人"和"致命於郢"兩種行爲,

〔1〕 何樂士《〈左傳〉的連詞"以"》,何樂士《〈左傳〉虛詞研究（修訂本）》,商務印書館2004 年,189—191 頁;潘玉坤《古漢語中"以"的賓語前置問題》,《殷都學刊》2000（4）,80頁;趙大明《〈左傳〉介詞研究》,首都師範大學出版社 2007 年,292—300 頁。

"以"是連詞。例1—3各句,都是由同一主語發出動作,"以"前後的謂詞都屬於同一層次。

如果前一謂詞與"以"結合,對後一謂詞做出修飾限制,雙方主次有別,則"以"是介詞。如:

4. 古(故)孳(慈)呂(以)惡(愛)之,則民又(有)斬(親);訏(信)呂(以)結之,則民不怀(背);共(恭)呂(以)位(莅)之,則民又(有)愻(遜)心。(緇衣 25、26)

5. 古者堥(堯)生於天子而又(有)天下,聖呂(以)堣(遇)命,怹(仁)呂(以)逪(逢)旹(時)。(唐虞之道 14)

(二) 看"以"後隱含的内容

根據上下文找出"以"後隱含的内容,如果"以"後隱含的是名詞性成分,這個"以"是介詞;"以"後隱含的是動詞性成分,表示動作行爲,這個"以"可能是連詞。

6. 子司馬呂(以)王命命冀陸(陵)公齲、宜易(陽)司馬弴(强)賁郂(越)異之黃金,呂(以)賁(貸)鄙㑇(鄅)呂(以)糴糧(種)。(包山 103)

7. 鄅(郢)陸(陵)攻尹産、少攻尹愍(惑)爲鄅(郢)陸(陵)賁(貸)郂(越)異之黃金七益(鎰)呂(以)翟(糴)糧(種)。(包山 106)

8. 君命遬(速)爲之剞(斷),頤(夏)柰之月,命一鞍(執)事人呂(以)至(致)命於郢。(包山 135 反)

例 7 中的"以"連接同一主語發出的兩個平行的行爲,可以確定是連詞。與例 7 比照,例 6 是説:"冀陵公齲"和"宜陽司馬强"按照王命借入"越異之黃金",再把它貸給"鄙鄅",以便幫助該地購買糧種,其中加點的"以"後省略的是"越異之黃金",因而"以"是介詞;例 8,"以"後隱含的是名詞,"以"也是介詞。

(三)重視參考比對相關文例

(1)簡文殘缺的情況下,比照文義、文例,多數"以"的性質可以判定

像包山、新蔡等應用類簡文中,文書和卜筮祭禱內容都有固定程式,有大量文例可循,可據以判斷一部分殘斷簡文中"以"的性質。以新蔡簡舉例,先看一組簡文:

9. △毋又(有)咎。㐁㐁。占之曰吉,宜,少(小)迻(遲)瘕(瘥)。 吕(以)亓(其)△(新蔡乙二 2)

10. 吉,△少(小)迻(遲)瘕(瘥)。吕(以)亓(其)△(新蔡零 179)

11. △亙(恆)貞(貞)無咎,迻(遲)瘕(瘥)。吕(以)亓(其) △(新蔡零 330)

例 9—11 簡文殘缺,其中"以"的性質無法判斷,但下面的例 12—14 文例相同,可供對照:

12. △吉。疾趚(速)戝(損),少(小)迻(遲)耑瘕(瘥)。吕 (以)亓(其)古(故)敓(說)△(新蔡乙二 3、4)

13. △迻(遲)耑瘕(瘥),又(有)祱(祟),吕(以)亓(其)古(故) 敓(說)之。毘(趣)禱△(新蔡甲三 265)

14. △瘕(瘥)。吕(以)亓(其)古(故)敓(說)之。亯(享)薦 △(新蔡甲三 256)

比照相關的例 12—14,可以確定殘缺的部分都是"以其故敓(說)之",全句是指將"疾迻瘕"等不利之事向鬼神祈說以求福(可參本節"以"的介詞用法部分)。因此,"以"的介詞性質可以判明。

再如下面一例:

12. △疾,尚遬(速)瘥(瘥)。定占之:亙(恆)貞(貞)無咎,疾
逞(遲)瘥(瘥),又(有)瘇(續)。[1] 悬(以)(新蔡甲一24)疾髀、痕
(脹)腹、瘙(膚)疾。自題(夏)禜(柰)肓(之月)曼(以)至冬禜(柰)
肓(之月),聿(盡)七月尚毋又(有)大△(新蔡乙一31、25)

此句簡文的拼合出自《楚地出土戰國簡册合集》等的釋文整理。[2] 其中
的"以"是連詞,出現於卜筮祭禱文獻的疾病貞内容,按照文例當連接諸病
症。但這類"以",或組成"既……以……","既……以……以……","既……
以……且"等句式,或單獨居中連接,一般前後都有照應,如"既背、膚疾,
以胖脹,膚疾","背、膚疾,以胖脹、心念",此處的使用與文例不合。[3]
這讓我們對簡文的拼合產生了懷疑。我們篩選出所有與"恒貞無咎,疾遲
瘥,有續"有關的例句,發現多見於新蔡簡中,舉例如下:

13. △無咎。疾逞(遲)疟(瘥),又(有)瘇(續)。曼(以)亓
(其)古(故)敚(説)△(新蔡乙三39)

14. △瘇(續)。曼(以)亓(其)古(故)敚(説)之,寇(賽)禱北
方△(新蔡乙三61)

15. △瘇(續),曼(以)亓(其)古(故)敚(説)△(新蔡乙二41)

"有瘇(續)"後面都是接"以其故敚(説)之"一句。包山簡也是:

----

〔1〕 瘇,董珊從劉釗説讀爲"篤",病篤之義,見董珊《新蔡楚簡所見的"顓頊"和"隹
漳"》,簡帛研究網2003年12月7日(http://www.bamboosilk.org/admin3/html/dongshan01.
htm)。陳偉讀"續",延續之義,見陳偉《讀新蔡簡札記(三則)》,簡帛研究網2004年1月30
日(http://www.jianbo.org/admin3/list.asp?id=1096)。我們從陳偉讀爲"續"。
〔2〕 此處拼合可見陳偉《楚地出土戰國簡(十四種)》,經濟科學出版社2009年,414
頁;武漢大學簡帛研究中心、河南省文物考古研究所《楚地出土戰國簡册合集》(二),文物出
版社2013年,35頁。
〔3〕 對"既……以……以(且)……"類並列句式的分析,可見本節"以"的并列連詞用
法部分。

16. 占之：惡(恆)貞(貞)吉,疾夏(弇),又(有)瘭,遞瘲(瘥)。
呂(以)亓(其)古(故)縈(説)之。嬰(與)禱五山,各一牂。嬰(與)
禱卲(昭)王,戠(特)牛,饋之……(包山239、240)

楚簡中,在討論疾病"遲瘥"、"有續"以後,都是出現"以其故説之"的
固定表達,謂就疾病纏綿不已一事向鬼神祈説,後面不可能再接敘
病症。[1]

所以,根據文義、文例的比照,我們認爲新蔡甲一24簡後面殘缺的内
容當是"以其故敓(説)之",不當與乙一31、25簡拼合：

17. △疾,尚遫(速)瘲(瘥)。定占之：亙(恆)貞(貞)無咎,疾
逞(遲)瘲(瘥),又(有)瘭(續)。息(以)【亓(其)古(故)敓(説)之】
(新蔡甲一24)

宋華強的新蔡釋文分類整理中,新蔡甲一24簡同乙一31、25簡分在
兩處,[2]也是認爲兩簡不相干涉。

所以,根據文義、文例的比照,我們認爲新蔡甲一24簡後面殘缺的内
容包含"以其故敓(説)之",從而將"以"判斷爲介詞。

(2)其他情況下文例的輔助作用

其他很多情況下,文例都可以起到參考作用,幫助判斷"以"的性質,
這裏略舉幾例：

18. 八月辛巳之日,邯嬰(舉)之闌(關)戠公周童耳受舍(幾),
己丑之日不遲(將)邯之闌(關)人周敓、周璪(瑤)呂(以)廷,阩門又
(有)敗(敗)。(包山34)

---

〔1〕 關於"以其故敓(説)之",可參本節"以"的介詞用法部分。
〔2〕 宋華強《新蔡葛陵楚簡初探》中,此二簡分別見於384頁、389頁。武漢大學出版
社2010年。

19. 九月癸亥之日,鄅(䣅)之市里人鄖(殷)阿受亓(其)廸(兄)鄖(殷)朔。鞁(執)事人早蓐(暮)求朔,阿不昌(以)朔廷,阩門又(有)敗(敗)。(包山 63)

20. 九月戊午之日,長墨(沙)正䩾懌受旮(幾),肎(十月)壬午之日不昌(以)廷,阩門又(有)敗(敗)。(包山 59)

例 18,同樣的句式有 39 例。這是包山"受幾"簡中的内容,其表達程式爲"某月某日,某人受幾,(某月)某日不將某人以廷,阩門有敗",這是以文書告知有關官吏,如果不按照文件指示帶著某某到廷受審,將以上聞有敗論處。其中"廷"用爲動詞"出庭"、"到庭",這裏的"以"連接修飾語"將某某"和中心詞"廷"。拿例 18 比照,可知例 19、20 中的"廷"爲動詞,"以"後是帶領的對象,則此時的"以"是介詞。再如下面一組句子:

21. 頯(夏)尿之月癸卯之日,敳言市昌(以)至,既涉於喬與,喬差(佐)僅(僕)受之。亓(其)🦮(察),敳言市既昌(以)迊郢。(包山 128 反)

22. 晢(許)經之膏(享月)甲午之日,喬尹傑駐(馹)從郢昌(以)此等(志)坕(來)。(包山 132 反)

例 21 簡文意義難以理解。整理者釋文的斷句是"其謹敳(識)言市,既,以迊郢",例句中是陳偉的釋文和斷句。這裏,可比照例 22 的内容——例 22 説的是"傑馹"帶著文書從郢都來——可知陳偉的斷句和理解更爲合理:例 21 是説"敳言(敳獄之主)市"帶著案卷來到,移交公文給喬與(即"少里喬與尹",職官名),後"敳言市"又帶著公文到郢都。[1] 這樣,兩句中"以"的性質通過比對都可以明確:是介詞,引進攜帶的對象。

對文例更加典型的利用,可參看下文關於並列連詞"以"的討論。

───────────

〔1〕 見陳偉《包山楚簡初探》,武漢大學出版社 1996 年,62 頁。

二、楚簡介詞"以"的分類

對楚簡連詞"以"的討論會牽涉介詞"以",所以下面對楚簡介詞"以"的分類和使用略作説明。

趙大明《〈左傳〉介詞研究》對介詞"以"的分類和分析比較科學,符合《左傳》語言實際。戰國楚簡介詞"以"的使用情況同《左傳》多有相似之處,所以我們參照該書介詞"以"的分類標準[1]。實際上,這些研究充分吸收了現代漢語介詞研究成果,如范曉所構建的語義成分系統,陳昌來以句子的語義結構和語義成分系統作爲現代漢語介詞系統分類的依據[2],本書吸收上述研究思想,并保證分類的系統、不交叉、不遺漏,而不使用該分類體系的術語。本書對介詞的分類是:① 引進動作行爲的憑藉,包括引進工具、方式或依據;② 引進動作行爲的原因;③ 引進動作行爲的對象,包括引進施事所帶領或攜帶的對象,以及引進動作行爲直接涉及的對象;④ 引進動作行爲的時間。

三、楚簡介詞"以"的使用情況

楚簡介詞"以"的使用情況可見表1:

表1　楚簡介詞"以"的使用情況和相關固定結構

介詞"以"400										
引進憑藉197			引進對象100				引進原因56		引進時間47	
由介詞"以"組成的固定結構154										
是以	可以	利以	所以	足以	此以	以……爲	以爲	何以	無以	有以
31	31	30	25	11	7	9	6	2	1	1

---

〔1〕 趙大明《〈左傳〉介詞研究》,首都師範大學出版社2007年,205—260頁。

〔2〕 參見范曉《説語義成分》,《漢語學習》2003(1),1—9頁;陳昌來把現代漢語介詞分爲主事介詞、客事介詞、與事介詞、憑事介詞、境事介詞、因事介詞、關事介詞、比事介詞等,見陳昌來《介詞與介引功能》,安徽教育出版社2002年,70—78頁。

（一）引進動作行爲的憑藉，197 例

引進動作行爲的工具、方式或依據，是楚簡介詞"以"最主要的功能。根據"以"引進成分同謂詞性中心語之間的語義關係，可將其細分爲三小類：一是引進施事發出動作行爲時所採用的工具、材料；二是引進手段、方式；三是引進依據的條件、標準。這一功能下的"以"賓結構可以出現在它所修飾的謂詞性中心語之前，作狀語；也可以在謂詞性中心語之後，作補語；還有特殊的情況，就是謂詞性中心語省略，只有"以"賓結構出現。下面按"以"賓結構出現的位置，分三類介紹。

（1）"以"用在謂詞性中心語之前，144 例

① 引進動作行爲的工具或材料

23. 坪夜君之兩騯（驪）馼，朱夜宴以竈（乘）遟（復）尹之肇（畋車）。（曾侯乙 160）

24. 尖（小人）逃至州逜（巷），州人牁（將）敊（捕）尖（小人），尖（小人）信吕（以）刀自戨（傷）。（包山 144）

25. 宋客盛公䳋咠（聘）於楚之戠（歲）翌（荆）屄肎（之月）乙未之日，鹽（鹽）吉吕（以）保豙（家）爲左尹㲃肎（貞）。（包山 197）

例 23 中"以"的賓語省略，作爲工具主語的"坪夜君之兩驪馼"實際就是"以"的賓語。例 25，"以"的賓語保豙（家）都是占卜的工具。

② 引進動作行爲的手段或方式

26. 僅（僕）吕（以）誥告子郹（宛）公。（包山 133）

27. 吕（以）衍（道）差（佐）人宔（主）者，不谷（欲）吕（以）兵㧎（强）於天下。（老子甲 6、7）

28. 吕（以）正之邦，吕（以）戠（奇）甬（用）兵，吕（以）亡事取（取）天下。（老子甲 29、30）

表示手段或方式的詞語多是名詞或名詞性短語,也可以是謂詞性詞語,如例28"奇"、"亡事"。

③ 引進動作行爲的依據或前提

29. 甘厎之戠(歲),左司馬迪昌(以)王命命互(亞)思舍枼(葉)繠王之臭(虁)一青義(犧)之賚足金六匀(鈞)。(包山129)

30. 昌(以)向(鄉)觀向(鄉),昌(以)邦觀邦,昌(以)天下觀天下。(老子乙18)

31. 埜(禹)昌(以)人道訋(治)亓(其)民,桀昌(以)人道躙(亂)亓(其)民。(尊德義5)

表示依據或前提條件的詞語基本爲抽象名詞或名詞性詞語,如例29,行爲的依據是"王命"。

(2)"以"用在謂詞性中心語之後,35 例

楚簡中,"以"賓結構出現在謂詞性中心語之後時,所對應的謂詞非常集中,有"纓、習、割、禱、飤、刉"等與祭禱有關的動詞,集中於新蔡簡;還有"鎮、齊、制、道(導)、恒、攝、先、復、文"等少量動詞,集中於郭店簡中。下面分別舉例。

① 引進動作行爲的工具或材料

32. 愳(化)而雖(欲)复,牆(將)貞(鎮)之昌(以)亡名之懟(樸)。(老子甲13)

33. 犠(犧)馬,先之昌(以)一璧,迊(乃)而逞(歸)之。(新蔡甲三99)

34. △脊(之日)臇(薦)犬一牅,綏(纓)之昌(以)瑁玉,旆(祈)之。(新蔡甲三111)

35. 壨(鹽)痟習之昌(以)駝蠶,占之吉,不瘝(續)△(新蔡甲三192、199-1)

36. △□虛，聿（盡）割昌（以）九豻（豭），禱昌（以）九△（新蔡甲
三 282）

37. △䝁，䝺（刉）昌（以）二豻（豭）△（新蔡零 333）

“以”賓結構用在謂詞性中心語之後時，新蔡簡中一般形成固定格式：
“先/纓/習[1]/割/禱/食/刉[2]＋以＋賓語（祭禱之物）”，如上述例 33—
37，“以”的賓語是祭禱所用的工具材料。

② 引進動作行爲的手段或方式

38. 倀（長）民者耆（教）之昌（以）悳（德），齊之昌（以）豊（禮），
則民又（有）懽（勸）心；耆（教）之昌（以）正（政），齊之昌（以）䯧
（刑），則民又（有）孚（遯）心。（緇衣 23、24）

39. 君子道人昌（以）言，而坙（恒）昌（以）行。（緇衣 32）

40. 先（先之）昌（以）悳（德），則民進善安（焉）。（尊德義 16）

41. 聖人……里（理）亓（其）青（情）而出內（入）之，肰（然）句
（後）返（復）昌（以）耆（教）。（性自命出 17、18）

42. 銘之而不可，必夏（文）昌（以）訛，母（毋）命（令）智（知）我。
（語叢四 6）

“以”引進動作行爲的手段、方式並處於謂詞性中心語之後時，其賓語
一般爲抽象的名詞性成分，對應的謂詞有“齊、制、道、恒、先、復、文”等，集
中於郭店簡。

③ 引進動作行爲的依據或前提

43. 寺（詩）員（云）：“偋（朋）备（友）卣（攸）巽（攝），巽（攝）昌

---

〔1〕 習，用同一方法貞問一事超過三次，第四次就叫作“習”，包山 223 等簡也有此法。
〔2〕 刉，與前文“割”，皆指刺割犧牲以血祭。

（以）恨（威）義（儀）。"（緇衣45）

此句爲引文,《詩·大雅·既醉》孔疏:"其所以相攝佐者,以威儀之事也。由祭饌則潔清而美,助者又善於威儀,當神之意……"此言以威儀之事爲相攝佐的條件和準則。

（3）"以"賓結構單獨出現,句中不見謂詞性中心語,18例

"以"賓結構處於謂詞性中心語之前,起修飾限制作用;或居後,起補充說明作用。有時,謂詞性中心語因前後文意已明,可以省略;還有的情況是簡文殘缺,謂詞性中心語不見。這兩種情況下,"以"賓結構單獨出現在句中,如:

44. 句（苟）弖（以）亓（其）青（情）,唯（雖）怣（過）不亞（惡）;不吕（以）亓（其）青（情）,唯（雖）難（戁）不貴。（性自命出50）

45. 同兑（悦）而交,弖（以）惪（德）者也。（性自命出58）

46. 言弖（以）訇（詞）,寊（情）弖（以）舊。（語叢四1）

47. △大邑弖（以）牛,中邑弖（以）桼,少（小）△（新蔡甲三275）

以上例44—47,都是簡省了謂詞中心語。

（二）引進動作行爲的對象,100例

趙大明根據"以"所引進的對象同動作行爲之間的語義關係,把引進對象的"以"分成三類:一是引進動作行爲的施事所帶領或攜帶的對象;二是引進動作行爲直接涉及的對象,即受事;三是引進動作行爲參與的對象。下面分別説明。

（1）引進動作行爲的施事所帶領或攜帶的對象,9例

48. 遮（魯）易（陽）公弖（以）楚帀（師）迻（後）轤（城）奠（鄭）之戢（歲）屈柰酉（之月）丁巳酓（之日）……（包山4、5）

49. 九月癸亥之日，鄹之市里人郶（殷）㪿受亓（其）赾（兄）郶
（殷）朔。鞪（執）事人早夢（暮）求朔，㪿不㠯（以）朔廷，阩門又（有）
敗（敗）。（包山 63）

50. 顋（夏）层之月癸卯之日，戠言市㠯（以）至，既涉於喬與，喬
差（佐）僅（僕）受之。亓（其）𢦏（察），戠言市既㠯（以）䢼郚。（包
山 128 反）

51. 曆（許）䋝之膏（享月）甲午之日，喬尹傑駷（駟）從䢼㠯（以）
此等（志）来（來）。（包山 132 反）

例 48、49，"以"引進所帶領的人。例 50、51，"以"引進所攜帶的物。例 50
簡文意義難解，如前文所言，通過與例 51 對照，可知陳偉説可從，大意是
説"戠言市"攜帶案卷來到，移交公文給喬與（即"少里喬與尹"，職官名），
後又帶著公文到䢼都。[1] 周守晉認爲例 50 前一"以"引介時間，其釋文、
斷句有不妥，[2] 不從周説。

"以"引進帶領或攜帶的對象時，只用於謂詞中心語之前。

（2）"以"引進動作行爲直接涉及的對象，83 例

有一些動詞是"三價"的，它們涉及三個對象，施事之外，後面通常跟
雙賓語，直接賓語是動詞直接涉及的對象，即受事，間接賓語是與事。這
類動詞按語義可分爲兩類：告知類和給予類。如"公賜之食"（《左傳·隱
公元年》），其中"食"是受事。如果出於表達的需要，不再將受事放在直
接賓語位置時，就需要用"以"引介受事。"以+受事"可以放在謂詞中心
語之前作狀語，則改爲"公以食賜之"；或放在謂詞後面作補語，改爲"公
賜之以食"。

楚簡中"以+受事"出現在謂詞性中心語前後的情況都有。

_____

〔1〕 原釋文斷句作"其謹戠（識）言市，既，以䢼郚"，此處釋文從陳偉改讀。見陳偉
《包山楚簡初探》，62 頁。"戠言"應如劉信芳所言，爲"戠獄"、"戠獄之主"，見劉信芳《包山
楚簡解詁》，（臺北）藝文印書館 2003 年，118 頁。"市"爲人名。
〔2〕 周守晉《出土戰國文獻語法研究》，北京大學出版社 2005 年，64 頁。

① "以+受事"用在謂詞性中心語之前

其中,"以+受事"所修飾的謂詞中心語,屬給予類動詞的爲極少數,僅例 52—55"貣(貸出)"、"舍(給予)"、"妻(嫁)"、"禪"等。有的受事賓語省略,如例 52:

52. 子司馬㠯(以)王命命虡陸(陵)公䡼、宜昜(陽)司馬㢴(强)貣郕(越)異之黄金,㠯(以)貣(貸)鄗郍(鄗)㠯(以)糴穜(種)。(包山 103)

53. 鍼公䮷之散(歲),亙(亟)思少司馬[illegible]勅(勝)或(又)㠯(以)足金六匀(鈞)舍枼(葉),枼(葉)宫大夫集昜(陽)公郗(蔡)逯[illegible]受。(包山 130)

54. 尔居逿(復)山之阯,不周之埜(野),帝胃(謂)尔無事,命尔司兵死者。含(今)日某𨡓(將)欲飤(食),某敢以亓(其)妻□妻女(汝)。(九店_56 號墓_43)

55. △之正(政)者,能㠯(以)天下禮(禪)歖(矣)。(唐虞之道 22)

"以+受事"所修飾的謂詞中心語是告知類動詞的占绝大多數,包括"致命"、"問"、"告"、"囑"、"敓(説)"、"趣禱"等。如:

56. 八月戊寅之日,邸昜君之州里公登(鄧)綏(纓)受旮(幾),辛巳之日不㠯(以)所死於亓(其)州者之居凥(處)名族至(致)命,阩門又(有)敗(敗)。(包山 32)

57. 㠯(以)至(致)命於子左尹。(包山 137 反)

58. 左尹㠯(以)王命告子郙(宛)公。(包山 139 反)

59. 成昜(陽)辻尹成㠯(以)告子司馬。(包山 145)

60. 須左司馬之畀行,𨡓(將)㠯(以)餌(問)之。(包山 130 反)

61. 殹仿司馬婁臣、殹仿叟（史）婁佗靜事命，㠯（以）王命䛱（囑）之正。（包山 161）

62. 自聜（荆）层甬（之月）㠯（以）臺（就）聜（荆）层甬（之月），出內（入）事王，聿（盡）䢋（卒）戠（歲），宭（躬身）惝（尚）毋又（有）咎。占之，死（恆）貞（貞）吉，少又（有）慼（慼）於宭（躬身），虘（且）志事少延（遲）旻（得）。㠯（以）亓（其）古（故）敚（說）之。（包山 197、198）

63. △□㠯（以）亓（其）古（故）䢋（趣）禱厁（文）△（新蔡乙三 8）

例 56、例 57 中的"致命"，如李家浩所言，是"報命"、"報告"義，[1] 與"告"意義相近，對比例 56—59，可知"致命"與"告"的用法完全對應，所以，我們把"致命"處理爲告知類動詞。例 63，"趣禱"是一種祈禱名稱，其具體形式、同其他祭禱名稱的區別各家有爭議，但向神祝告求福之義是明確的，"趣禱"也屬於告知類動詞。

例 62 中，"以其故敚（說）之"，是楚簡中的程式化表達，見於包山、望山、新蔡多種卜筮祭禱簡中，多達 42 例。關於"敚"（簡文或作"䜝"）的意義，各家看法有分歧，但多數認爲讀"說"，或直接解作"說"，只是對"說"的含義和內容看法不一。可參李學勤、彭浩、李家浩、邴尚白、馬承源、劉信芳、沈培諸家討論。[2] 本書結合簡文，綜合各家看法，認爲這裏的"說"，是指由占卜得知有鬼神作祟後，以"祈說"的方式請求鬼神降福免

---

〔1〕 李家浩《談包山楚簡"歸鄂人之金"一案及其相關問題》，《出土文獻與古文字研究》第 1 輯，復旦大學出版社 2006 年，19 頁。

〔2〕 見李學勤《竹簡卜辭與商周甲骨》，《鄭州大學學報》1989（2），81 頁。彭浩《包山二號楚墓卜筮和祭禱竹簡的初步研究》，《包山楚墓》附錄二十三，文物出版社 1991 年，560 頁。李家浩《包山竹簡"箴"字及其相關之字》，《著名中年語言學家自選集·李家浩卷》，安徽教育出版社 2002 年，279—282 頁。邴尚白《楚國卜筮祭禱簡研究》，暨南國際大學中國語文學繫碩士論文，1999 年，75 頁。馬承源《上海博物館藏戰國楚竹書（二）》，上海古籍出版社 2002 年，206 頁。劉信芳《包山楚簡解詁》，（臺北）藝文印書館 2003 年，212 頁。沈培《從戰國簡看古人占卜的"蔽志"——兼論"移祟"說》，"第一屆古文字與古代史學術研討會"論文，（臺北）中研院歷史語言研究所，2006 年，16 頁。

災;"故",如李學勤、曾憲通、邴尚白等所説,是"事",即占辭中所言災禍、憂患之事;[1]"之"指鬼神。"以其故攸(説)之",就是向鬼神説災異,請求賜福免災。故而,本書把 42 例"以其故攸(説)之"中的"以"都統一處理作介詞,引介受事"其故"。

② "以"用在謂詞性中心語之後

謂詞性中心語是給予類動詞的,如"舍"、"祭"等:

64. 王所舍斦(新)大厩邑(以)啻蒦(且)之田,南與郚君轅(執)疆,東與莜(陵)君轅(執)疆,北與鄴昜(陽)轅(執)疆,西與鄐君轅(執)疆。(包山 154)

65. 珥、衣常(裳),虞(且)祭之邑(以)一猎於東陵。占之吉△(新蔡甲三 207)

謂詞性中心語是告知類動詞的,如"告"、"教":

66. 枲膗尹之人盬(鹽)惡(强)告絧多命邑(以)嬰賢。(包山 278 反)

67. 倀(長)民者耆(教)之邑(以)悳(德),齊之邑(以)豊(禮),則民又(有)懽(勸)心;耆(教)之邑(以)正(政),齊之邑(以)垫(刑),則民又(有)孚(謾)心。(緇衣 23、24)

(3) "以"引進動作行爲參與的對象,8 例

此處所説的動作行爲的參與對象,是指該對象跟施事一起進行某一動作行爲,這一動作行爲必得有雙方或多方共同參與方能完成,而且參與

---

〔1〕 參李學勤《周易經傳溯源》,長春出版社 1992 年,193 頁。曾憲通《包山卜筮簡考釋(七篇)》,《第二届國際中國古文字學研討會論文集》,香港中文大學中文系,1993 年,407 頁。朱德熙、裘錫圭、李家浩《一、二號墓竹簡釋文與考釋》,《望山楚簡》,中華書局 1995 年,95 頁。

各方的地位基本是對等的,不存在從屬關係,因而"以"不能理解爲"率領"義,而只能理解爲"與"、"跟"義。"以"的這一功能下,典型的是使用宴飲類動詞。如:

68. 文王爲客於賽(息),郐(蔡)侯與從,賽(息)侯邑(以)文王歆(歆酒)。(繫年26、27)

69. 晉公獻齊俘馘於周王,述(遂)邑(以)齊侯貪(貸)、魯侯羴(顯)、宋公畋(田)、衛侯虔、奠(鄭)白(伯)匐(駘)朝周王于周。(繫年 124、125)

(三) 引進動作行爲的原因,56 例

"以"引進原因時,與"以"引進憑藉有意義相通之處,這是因爲引進原因的"以"是它進一步虛化的結果。當"以"賓結構修飾的是消極負面的謂詞中心語時,只能理解作"以"引進原因,而非"憑藉",如下面例句70、72:

70. 不邑(以)旨(嗜)谷(欲)禹(害)元(其)義(儀)匐(軌)。(尊德義 26)

談到引進原因的介詞"以",就存在原因介詞"以"和因果連詞"以"的判別問題。一般認爲,表原因時,"以"後面如果是詞或短語,這個詞或短語又在單句中作句法成分,"以"就是原因介詞;"以"後面如果跟一個句子,這個句子屬於複句裏的一個分句,"以"就是因果連詞。但"以"後是詞組還是分句,在古漢語中有時很難判別,這牽涉到聚訟紛紜的單句與複句的判別問題,我們就楚簡中具體的句子來分層次討論。

下面這幾個句子中,"以"毫無疑問是原因介詞:

71. 民以君爲心，君以民爲體。心好則體安之，君好則民惫（欲）之。古（故）心旦（以）體瀍（廢），君旦（以）民芒（亡）。（緇衣 8、9）

72. △速痽（瘥），毋以其古（故）又（有）咎。占之（望山_1_44）

73. 穷（窮）達旦（以）旹（時），學（幽）明不再，古（故）君子憚（惇）於恆（反）旦（己）。（窮達以時 15）

這幾例，"以"後跟詞或短語，它們處於單句中，"以"是原因介詞。再看下面這類句子：

74. 顕（夏）籴（柰）斉（之月）己丑【之日】，旦（以）君不瘴（懌）之古（故），邃（就）禱陞（陳）宗一豬。（新蔡乙一 4、10、乙二 12）

75. 左尹晃（冠）旦（以）亓（其）不旻（得）鞪（執）之尻，弗能詣。（包山 156）

76. △貞：走趣事王、大夫，以其未又（有）箞（爵）立（位），尚速得事。占之：吉，矩（將）得事△（望山_1_22）

77. 旦（以）亓（其）不静（爭）也，古（故）天下莫能异（與）之静（爭）。（老子甲 5）

78. 或爲君卣（貞），旦（以）亓（其）不安於氏（是）尻（處）也，亙（恆）遞（徙）去△（新蔡甲三 132、130）

例 74—78，"以"後跟的都是名詞性成分，"以"只能看作介詞。如例 74，"以"後是"……之故"，是一個名詞性短語；例 75、76，"以"後用了"其"，使整個結構名詞化；例 77、78，雖然加了語氣詞"也"，例 77 還有連詞"故"與"以"呼應，但這兩句"以"後都有"其"使整個結構名詞化，與例 75、76並無不同，"以"還是當理解爲原因介詞。

在程式化的包山訴訟文書中，"以"作爲原因介詞的性質更加明顯。以下例 79—84，謂詞中心語都是同一個動詞"訟"：

79. 亯(十月)辛丑之日,醬(許)纏㠯(以)訟邸昜君之人郕公番申㠯(以)責(債)。(包山 98)

80. 九月己栖(酉)之日,苛憂(獲)訟聖蒙之大夫軋(范)豎㠯(以)贅田。(包山 94)

81. 臭(爨)月辛未之日,辻命(令)人周甬受正李剄耴㠯(以)戯田於章彧(國)鄴邑。(包山 77)

82. 遠桼之月甲寅之日,舒快訟邸𤯝(堅)、邸𧻗、邸懌、邸壽、邸翠(卒)、邸瞢,㠯(以)亓(其)不分田之古(故)。(包山 82)

83. 亯(十月)戊戌之日,审(中)昜(陽)𡖖盤邑人都(沈)𦁲㠯(以)訟坪昜(陽)之枸里人文适,㠯(以)亓(其)敓夏(妻)。(包山 97)

84. 九月戊申之日,郤(宛)陸(陳)午之里人藍訟登(鄧)聅尹之里人苛𧷖,㠯(以)亓(其)桑(喪)亓(其)子丹,而旻(得)之於𧷖之室。(包山 92)

這 6 例的簡文格式爲"某月某日,某人訟某某人以某事",即就某事向某某人提起訴訟。例 79,"以"後是名詞;例 80,"以"後跟動賓結構,但這是一個單句;例 81,在動賓結構後增加了補語,仍是單句;例 82,用"……之故"使整個結構名詞化;例 83,用"其"使整個結構名詞化;而例 84,"桑(喪)亓(其)子丹,而旻(得)之於𧷖之室"可以看作一個複句,但由於前面用了"其","以"後面的整個結構仍是名詞化的。所以這 6 例中,"以"都是原因介詞。

本書調查範圍內,處在因果關係中的"以"共有 51 例,除去 3 例,其餘 48 例可以確定爲介詞,情況已如前文分析。需要討論的 3 例,我們藉助相關文例做些説明。第一例是:

85. 八月壬午之日,楚㫃司敗(敗)攸須訟𡐤迮(路)㫃邑郕軍、郕

🦎,㠯(以)反亓(其)官。（包山88）

86. 九月己栖（酉）之日，苛憂（獲）訟聖蒙之大夫軓（范）豎㠯（以）聲田。（包山94）

例85是我們要討論的句子，在"以"前斷句，[1]"以"似可看作連詞。但我們拿例86對比，可以看出二者結構完全一致，只是斷句有不同（例85"以"的賓語稍長），實際例85、例86讀斷或不讀斷皆可，不讀斷則語義更連貫，符合簡文程式。既然例86中的"以"是原因介詞，把例85中的"以"看作連詞就不夠合理。

第二例是：

87. 江海（海）所㠯（以）爲百浴（谷）王，㠯（以）亓（其）能爲百浴（谷）下，是㠯（以）能爲百浴（谷）王。（老子甲2、3）

此例，"所以"的使用使"江海所以爲百谷王"成爲名詞性結構，作主語，"以其能爲百谷下"是判斷句謂語，"其"使它后面的結構名詞化，則"以"後跟的是名詞性成分，故而"以"當是介詞。

第三例是：

88. △㠯（以）坪夜君不瘰（懌），怀（背）、雁（膺）△（新蔡乙二37）

例88，"以"後似爲獨立小句，揭示平夜君的病情，那麼這裏的"以"似可看作因果連詞。由於簡文殘缺，不能十分確定，我們匯總新蔡簡所有與"平夜君不懌"相關的内容和文例，進行比較。相關内容可分成兩類，第一類文例是"以君不懌之故……"，有9例，此處選擇内容完整、具有代表性的

---

〔1〕 見陳偉《楚地出土戰國簡册（十四種）》，經濟科學出版社2009年，37頁。

3 例:〔1〕

89. 顕(夏)禁(柰)育(之月)己丑音(之日),呂(以)君不瘁(懌)之古(故),遝(就)禱三楚先屯一痒(牂),璺(縵)之黹玉。△(新蔡乙一 17)

90. 顕(夏)禁(柰)育(之月)己丑音(之日),呂(以)君不瘁(懌)之古(故),遝(就)禱霝(靈)君子一豻,遝(就)禱門、戶屯一羺(羖),遝(就)禱行一犬。(新蔡乙一 28)

91. △【不】瘁(懌)之古(故),忻(祈)福於司褙(禍)、司禠、司魠各一痒(牂)△(新蔡乙三 5)

第二類文例是"以君之不懌也",有 4 例,〔2〕如:

92. △音(之日),呂(以)君之不瘁(懌)也△(新蔡甲三 283)

從兩類文例可見,與"平夜君不懌"相關的所有内容和文例中,"以"後皆是跟隨名詞性結構,"以"是原因介詞,只有例 88 一句,因"以"後内容殘缺而難定。據文例,我們推測例 88 殘缺的内容可能包含有"……之故"。

綜上,本書調查範圍内,處於因果關係中的 51 例虛詞"以",有 50 例可以確定爲原因介詞,1 例因簡文殘缺不能確定詞性。以上也是説明了

---

〔1〕　其餘 6 例是:顕(夏)禁(柰)育(之月)己丑【之日】,呂(以)君不瘁(懌)之古(故),遝(就)禱陸(陳)宗一豻。壬唇(辰)音(之日)禱之。△(新蔡乙一 4、10,乙二 12)//△不瘁(懌)疠(病)之古(故),祝云△(新蔡零 209)//△□(懌)之古(故),遝(就)禱△(新蔡零 324)//△□(懌)之古(故),遝(就)禱△(新蔡零 324)//△懌(懌)之古(故),爲△(新蔡零 447)//△己未音(之日),呂(以)君不瘁(懌)之古(故)△(新蔡甲三 164)

〔2〕　其餘 3 例是:之不瘁(懌)△(新蔡零 392)//△【之】不瘁(懌)□△(新蔡乙四 120)//△【之】不瘁(懌)□△(新蔡乙四 120)

本書劃分原因介詞"以"和因果連詞"以"的原則。

另外,引進原因的介詞"以"可以處在謂詞性中心語之前和之後。其中,在謂詞前作狀語的有35例,在後作補語的有20例,另有1例作判斷句謂語,見例93。"以"賓結構置於謂詞後作補語的,主要出現在程式化的"某人訟某某以某事"句子中。

(四)引進動作行爲的時間,47例

引進時間的"以"全部用在謂詞性中心語之前。

楚簡中"以"引進時間,有兩種格式。一種是"以·時間名詞·VP",如:

93. 邧昜(陽)之酷佁黃齊、黃黿皆邑(以)甘臣之舅(爨月)死於尖(小人)之敢卻戊之笑邑。(包山125)

94. 鄒(陰)人苛冒、趄(桓)卯邑(以)宋客盛公鸚之戠(歲)酎(荆)尿之月癸己之日,〔艿〕殺僮(僕)之虎(兄)即。(包山132)

95. 陳(陳)〔艿〕、宋獻(獻)爲王煮盧(鹽)於海(海),受屯二儈(儋)之飤(食)、金鋝二鋝。牆(將)邑(以)成收。(包山147)

其中,例93中"以"引進具體的年月,例94是引進具體的年月日,而例95,則是以"成"指大致的時間——完成(任務)之時。

第二種形式是"時間名詞,以VP",如果有主語,則是"時間名詞,主語·以VP",如下:

96.【寅、卯、辱(辰)】、巳、午、未、申、栖(酉)、戌、亥、【子】、丑,是胃(謂)結日,俊(作)事,不果。以祭,娑(齎)。生子,無俤(弟);女(如)又(有)俤(弟),必死。以亡貨,不再(稱)。以鼠田邑,娑(齎)。(九店_56號墓_25)

97. 巳、午、未、申、栖(酉)、戌、亥、子、丑、寅、卯、辱(辰),是胃

(謂)□日,秎(利)以迲(解)兇(凶),敘(除)不羊(祥)。秎(利)以祭門、𧗿(行),敘(除)疾。以祭、大事、聚眾,必或䜌(亂)之。以堣(寓)人,敚(奪)之室。(九店_56號墓_28)

98. 凡五未,朝逃(盜)不旻(得),晝旻(得),夕旻(得)。以內(入),吉。以又(有)疾,子少翏(瘳),卯大翏(瘳),死生才(在)寅。(九店_56號墓_67)

九店簡中所有"以"引進時間的句子,都是"時間詞,以VP"格式,"以"前沒有主語。其程式是:在某日,適宜或不宜做某事。句中"以"後皆省略賓語"之","之"指代前文出現的時間。句中"利以"、"不可以"我們放入固定結構中統計討論,但其實,其中的"以"仍具有引介時間的性質。

本書調查範圍內還有4例"時間名詞,主語·以VP"式,主語不省略,情況比較特殊,下面做些說明:

99. 東周之客譽(許)脭逯(歸)復(胙)於葳郢之戠(歲)九月戊午之日,宣王之埢(坉)州人苛矍、登公[illegible]之州人苛瘢(疽)、苛䞨㠯(以)受宣王之埢市之客苛适。𨌲(執)事人早莫(暮)救适,三受不㠯(以)出,阩門又(有)敗(敗)。(包山58)

100. 肙(十月)戊戌之日,审(中)昜(陽)[illegible]盤邑人鄀(沈)繁㠯(以)訟坪昜(陽)之枸里人文适,㠯(以)亓(其)敚妻(妻)。(包山97)

101. 肙(十月)辛丑之日,譽(許)𩤴㠯(以)訟邸昜君之人𨛫公番申㠯(以)責(債)。(包山98)

102. 齊客陞(陳)豫訋(賀)王之戠(歲)㝔(八月)乙栖(酉)音(之日),王廷於藍郢之遊宮,安(焉)命大莫囂屈昜(陽)爲命邦人內(納)亓(其)㲻(溺)典。臧(藏)王之墨㠯(以)內(納)亓(其)臣之

㳠（溺）典……（包山7）

例99，陳偉等認爲"苟題以"是人名。[1] 周守晉將相關的兩句例100、101中的"以"都看作是引介時間的介詞，[2]我們認同周氏的意見。王穎和朱曉雪對包山簡做了全面研究，[3]據她們的統計，包山簡中除了176號簡"苟狗子"一例，其餘都是兩字的姓名，這裏的姓名是"苟題"。而且，根據例99—101相關文例的對比，再將它們與前面例96—98簡文進行對照，"以"確當是引進時間的介詞。

例102，其中的"臧王之墨以"，陳偉以爲是人名；[4]劉信芳認爲是書寫副本，藏於王室；[5]董珊認爲"墨"是人名，是"臧王"即楚莊王的族人，"以"是引介原因的介詞。[6] 關於"臧王之墨"，董珊之説可信，先秦文獻中常有在氏族和名字中間加"之"的情況，楚簡中還有習見的"某某君之人"、"某某夫人之人"等表達，其旨相同。但這裏的"以"，比照例99—101，當還是引介時間的介詞，言"墨"於此日納其臣之溺典。

楚簡中"以"引進時間的表達頗具特色。據周守晉的研究，"以"賓結構用於時間表達是在戰國中期以後普遍使用起來的，此前並不多見，正因爲此，文獻對這類情況或有誤讀，如周著所舉《離騷》例子："攝提貞於孟陬兮，惟庚寅吾以降"，其中的"以"引介時間，卻被誤解爲"乃（始）"。[7]

與楚簡介詞"以"相關的固定結構，這裏不作討論。

〔1〕 陳偉等《楚地出土戰國簡册（十四種）》，32頁，注73。
〔2〕 周守晉《出土戰國文獻語法研究》，64頁。
〔3〕 王穎《包山楚簡詞彙研究》，廈門大學2004年博士論文，378頁；朱曉雪《包山楚墓文書簡、卜筮祭禱簡集釋及相關問題研究》，吉林大學2011年博士論文，669頁。
〔4〕 陳偉《包山楚簡初探》，113頁。
〔5〕 劉信芳《包山楚簡解詁》，15頁。
〔6〕 董珊《出土文獻所見"以謚爲族"的楚王族——附説〈左傳〉"諸侯以字爲謚因以爲族"的讀法》，復旦大學出土文獻與古文字研究中心網站2008年2月17日（http://www.guwenzi.com/SrcShow.asp?Src_ID=341）
〔7〕 周守晉《出土戰國文獻語法研究》，66、76頁。

II　連詞"以"的語義語法功能

楚簡連詞"以"的使用情況可見表2：

表2　楚簡連詞"以"使用情況及相關固定格式

連詞"以"217						
表目的	表結果	表承接	表並列	連接修飾語與謂詞中心語76		
				動·以·動	形·以·動	介賓·以·動
43	8	35	55	70	5	1
與連詞"以"相關的固定格式（36例）						
"以就"		"以至"	"以會"	"以極"	"以逾"	"以東"
19		5	1	4	5	2

一、連詞"以"前後的語義關係

根據連詞"以"所連接的前後成分間的語義關係，楚簡中的連詞"以"可以分成五類，即表目的關係、結果關係、承接關係、並列關係，以及連接狀語與謂詞性中心語，表修飾限制關係。

（一）目的關係，43例

這裏的目的關係，是指"以"所連接的兩個動詞（動詞短語、分句）所表示的動作行爲，後者是前者的目的。如何認定兩個動作行爲之間是目的關係，趙大明給出了合理的標準：①後一動作行爲一般反映施事者的主觀意圖或良好願望；②兩個動作行爲之間有時間差；③"以"還有一定的表義作用，如果刪去"以"，句子意思發生改變。例如：

103. 鄜（郢）陸（陵）攻尹產、少攻尹惡（惑）爲鄜（郢）陸（陵）貣（貸）邨（越）異之黃金七益（鎰）㠯（以）翟（糴）穜（種）。（包山106）

這是包山"貣金"簡中的一句，這樣的句子有11例。其固定程式爲"某人

（或多個人）爲某地貸越異之黃金若干,以便糴種"。"貸金"的目的是爲了"糴種",這兩個行爲不同步,其中有時間差;"糴種"是主觀意圖,是没有實現的行爲,能否實現在簡文中看不出來;另外,如果不用"以",句子變成"貸越異之黃金七鎰糴種",語義中的目的關係變成了承接或並列關係,這說明"以"具有一定的表義功能。

　　"以"表目的關係的句子再舉幾例:

　　　104. 天道貴㹈（弱）,雀（削）城（成）者㠯（以）㠯（益）生者。（太一生水 9）

　　　105. 息侯求㦹（救）於郘（蔡）,郘（蔡）哀侯衔（率）帀（師）㠯（以）㦹（救）賽（息）。（繫年 25、26）

　　　106. 又（有）邦（國）者章好章亞（惡）,㠯（以）貝（示）民厚,則民青（情）不紈（忒）。（緇衣 2、3）

　　　107. 古（故）君民者章好㠯（以）貝（示）民㤅（欲）,懂（謹）亞（惡）㠯（以）潕（遏）民淫〈淫〉,則民不賦（惑）。（緇衣 6）

　　　108. 古（故）倀（長）民者章志㠯（以）郘（昭）百眚（姓）,則民至（致）行异（己）㠯（以）敓（悦）上。（緇衣 11）

　　　109. 古（故）君子䑛（顧）言而行,㠯（以）成其訐（信）,則民不能大甘（其）娩（美）而少（小）甘（其）亞（惡）。（緇衣 34、35）

　　例 106—109,是郭店《緇衣》篇的一個特殊句式:"……以……,則……"。全句整體是一個假設條件複句,用"則"連接前後的條件—結果關係;條件部分,用"以"揭示施事者前一行爲的目的,在達到這一目的的情況下,條件充分,自然就可以推導出後面的結果。

　　（二）結果關係,8 例

　　這裏的結果關係,是指"以"後的動作行爲是前一動作行爲的結果。楚簡中僅 8 例。結果關係與目的關係的區別是: ① 結果關係中後一動作行爲表示的是客觀事實,並且結果已經呈現出來,不是主觀願望;② 目的關係反映施事的主觀意圖和良好願望,而結果關係往往揭示不好的結果。結果關係強調的是結果,"以"可以理解爲"以致"、"因而",如:

110. 是古(故)尖(小人)蹈(亂)天棠(常)㠯(以)逆大道,君子訇(治)人侖(倫)㠯(以)川(順)天惪(德)。(成之聞之 32、33)

111. 五(伍)員爲吴大翰(宰),是教吴人反楚邦之者(諸)侯,㠯(以)敗楚自(師)于白(柏)舉(舉),述(遂)内(入)郢。(繫年 83)

(三)承接關係,35 例

包括兩種情況:具體的動作行爲先後承接,一前一後發生;事理上有先後。此時"以"含有"而後"義。如:

112. 九月己亥𣪏君之右司馬均臧(臧)受刍(幾),肎(十月)辛巳之日不逞(歸)板於登(鄧)人㠯(以)至(致)命於郢,阩門又(有)敗(敗)。(包山 43)

113. 尖(小人)牆(將)敓(捕)之,夫自剔(傷)。尖(小人)安(焉)獸(守)之㠯(以)告。(包山 142)

114. 天陞(地)相盒(合)也,㠯(以)逾甘雺(露)。(老子甲 19)

115. 旣又(有)夫六立(位)也,㠯(以)賚(任)此【哉(職)】也。六哉(職)旣分,㠯(以)交(裕)六惪(德)。(六德 9、10)

116. 文王敗之於新(莘),䐃(獲)哀侯㠯(以)歸。(繫年 26)

例 112 屬於包山受幾簡,要求有關官吏"歸板於鄧人"而後"致命"於郢都;例 113 是先看守住案犯而後向有關方面報告,這兩例是記述事情發生的先後次序。例 114 和 115,則是說明前後兩事的邏輯順序,例 115 使用"旣……,以……"句式,表示一事爲前提,而後有後面的結果。例 116 叙述歷史事件的發生先後。

（四）並列關係,55 例

這裏的並列關係,是指兩個謂詞性詞語（包括分句）所代表的動作行爲或性狀在意義上平列對等,"以"有"並且"、"又"義。楚簡中有 55 例。可分兩類:

（1）用於連接對稱的謂詞性成分

"以"連接謂詞性成分,前後成分平列對稱,形式整齊,意義相互補充配合,如:

117.【天不足】於西北,兀（其）下高弖（以）弱（强）。（太一生水 13）

118. 喬（教）弖（以）事,則民力罷（嗇）弖（以）面（湎）利。（尊德義 15）

例 118 是説百姓致力耕作且沉湎於小利。

（2）楚簡疾病貞内容特有的並列句式

楚簡中有三類相關聯的句式,都用於疾病類貞問,集中於新蔡、包山和望山簡文中,我們統稱爲"既……以……"類句式,包括:

第一類,"既……以……"/"既……以……以……"式,如:

119. 夐（爨）月丙唇（辰）之日,登（鄧）遣以少（小）敝（籌）爲悼固貞:既瘂,以念（悶）心,不内飤（食）,尚毋爲大蚤。占之:恆【貞吉】△ （望山_1_9）

120. △貞,既肧（背）嶑（膺）疾,弖（以）轆（胛）疾,弖（以）心△（新蔡甲三 100）

第二類,"既……以……且……"/"（既）……且……以……"式,如:

121. △郢少（小）司馬陳（陳）䰡愆弖（以）白靁（靈）爲君坪夜君

110

貞,既心疾,㠯(以)合於仸(背),虘(且)心疠(悶)△(新蔡甲三233、190)

122. △㤓(悶),虘(且)瘠不出,㠯(以)又(有)痕,尚遬(速)出,毋爲忧(憂)。(新蔡甲三198、199－2)

第三類,"……以……"/"……以……以……以……"式:[1]

123. 洰謇㠯(以)陵尹懌之大保(寶)豦(家)爲君卣(貞),仸(背)、膚疾,㠯(以)痒(胖)瘇(脹)、心㤓(悶)。(新蔡零103、甲三219)

124. △以不能歙(食),以心孚(悶),以欯,脑(胸)臘(脅)疾,尚△(望山_1_37)

對"既……以……"類句式中"以"的性質,有不同看法。整理者説:"疑此類句式中的'以'均應訓爲'而'……'既瘁,以□心'是説長了瘡以後,又得了心疾。"[2]李明曉處理爲順承連詞,未加討論。[3]張玉金認爲這類句式同"既見君子,我心則降"一類的"既……則……"式,是表示兩事的先後關係;"既"是時間副詞,"以"是順承連詞。[4]

按照張、李兩家的看法,前後分句間是順承語義關係,我們認爲各分句間是並列關係。上述"既……以……"類句式是楚簡特有的并列句式。下面從兩方面做些分析。

第一步,是借助文例、文意分析連詞"以"的性質,確定它是并列

---

〔1〕 "……以……以……以……"式較少,簡文皆殘,不排除爲"既……以……以……"式的可能性,則可歸入第一類。

〔2〕 湖北省文物考古研究所,北京大學中文系《望山楚簡》注20,中華書局1995年,89頁。

〔3〕 李明曉:《戰國楚簡語法研究》,武漢大學出版社2010年,109頁、189—190頁。

〔4〕 張玉金:《出土戰國文獻虛詞研究》,人民出版社2011年,234—235頁、338—340頁。

連詞。

爲觀察方便,將有關例句放入表格,並將例句前後的日期、占卜者、占卜工具等內容省去,使句式凸顯,形成下表(△表簡文殘缺):

表3　新蔡、望山簡疾病貞相關內容對照

編號	簡　文	出　處
1	既怀(背)、雁(膺)疾,㠯(以)瘂(胖)痕(脹),瘠(膚)【疾】△	新蔡甲三257
2	怀(背)、膺疾,㠯(以)瘂(胖)痕(脹)、心悆(悶)△	新蔡甲一14
3	△【怀(背)】膺疾、瘂(胖)痕(脹)、心悆(悶)△〔1〕	新蔡乙三35,甲一16
4	△【瘂(胖)】痕(脹)、膚疾、悆(悶)心	新蔡甲三291－2
5	瘂(胖)痕(脹)、膚疾,㠯(以)悆(悶)心	新蔡零306
6	怀(背)、雁(膺)瘠(膚)疾、瘂(胖)痕(脹)、心【悆(悶)】△〔2〕	新蔡乙二37、5
7	既心悆(悶)、瘂(胖)痕(脹),㠯(以)百膌體疾	新蔡甲三189
8	△【心】悆(悶),慮(且)㿂不出,㠯(以)又(有)痞〔3〕	新蔡甲三198、199－2
9	既心疾,㠯(以)合於怀(背),慮(且)心瘂(悶)△	新蔡甲三233、190
10	△以不能飤(食),以心厽(悶),以歆,脑(胸)臘(脅)疾	望山_1_37
11	△以心悆(悶),不能飤(食),以聚歆,足骨疾△	望山_1_38

〔1〕　此從陳偉等綴合,見《楚地出土戰國簡册(十四種)》,經濟科學出版社2009年,439頁。

〔2〕　此從宋華强綴合,見《新蔡葛陵楚簡初探》,武漢大學出版社2010年,376—377頁。

〔3〕　"痞":(1)何琳儀疑讀"造","猝也",見《新蔡竹簡選釋》,《安徽大學學報》2004(3),6頁。(2)張光裕、陳偉武讀爲"疛","腹中急也",見《戰國楚簡所見病名輯證》,《中國文字學報》第1輯,商務印書館2006年,90頁。(3)宋華强疑讀爲"搔"或"瘙",見《新蔡葛陵楚簡初探》,79頁。"痞"當是疾病名。

對照表中例 4 與例 5,對照例 1、例 2 與例 3,可以發現,"以"在完全相同的疾病間可用可不用,且位置可以調換,這説明:"以"並非表義所必需;"既……以……"、"……以……"式所連接的更可能是並列關係分句,如果是承接關係,則病症的順序不能這樣前後調換。

對比例 3、例 5 和例 6,對比例 2、例 5 同例 7,可以發現:使用"以"和不使用"以"時,病症的排列都可以調換順序,其排列沒有一定之規。這説明前後疾病之間不存在先後關係或因果關係,只是並列關係。

再對照例 8 和例 9,發現連詞"以"、"且"在句中位置可前後調換,病症排序也可調換。這進一步説明前後分句的地位對等。既然此處的"且"各家都認爲是並列連詞,那麼同"且"地位相當、位置可以互換的"以",其性質也應該是並列連詞而非順承連詞。

更直接的還有例 10 和例 11,這是望山簡中相關聯的兩例,並列的多個"以"連接的病症幾乎完全相同,病症前後順序可以互換,"以"所連接的只可能是並列關係。

以上文例對比可以説明:"既……以……"類相關句式,連接的是並列關係,並非順承、因果關係。

從文意看,簡文是在分述楚國封君平夜君成(望山簡中是指楚公族悼固)的各種病症,而非由前一症狀接着導致後面的症狀。這方面可參見諸家考釋,這裏不詳述。

另有一個旁證:晏昌貴輯校的天星觀卜筮祭禱簡,也有這種句式,我們選擇一例:

125. 既滄(寒)然(熱),㠯(以)感感然不欲食,㠯(以)嗌溓,㠯(以)飲,尚毋有咎。(天星觀 348、406、408、710、771、799、809、812、1089、1129)

例 125,是"既"與三個"以"連用,晏氏認爲"溓"當讀爲"幹",義爲乾枯,"嗌溓"即咽乾。從文義看,前後分句間是並列關係。晏氏也認爲,其中的"以"訓爲"而"或"又"。[1]

以上是從文例和文意看,我們認爲楚簡"既……以……"類句式是並列句,其中的"以"是並列連詞。

② 並列連詞"以"在楚簡中功能的擴展

在文例和文意的證明之外,還需要調查"既……以……"類句式的來源和發展脈絡,纔能確證。

這類句式在傳世文獻中罕見,缺少參照,在楚簡中,有下面的例子,可以直接説明其來源,但這樣的例子極少:

126. 既又(有)夫六立(位)也,㠯(以)責(任)此……也;六戠(職)既分,㠯(以)亥(裕)六惠(德)。(郭店_六德_9、10)

這裏的"既……以……"式,是明顯表語義的先後承接。實際上,從本源看,"既……以/又/且……"式都是説完已發生的一事,再説另一事。但另一方面,在一個共時平面內,當兩個分句先後關係基本消失,並列對等意義得到充分強調,"既"的"已經"義基本脱盡時,順承關係轉化爲並列關係,如前文所舉的"既……以……"並列式即是。

況且,楚簡中還有下面的例子:

127. 五生㠯(以)承惠(德)㠯(以)爲左尹龙卣(貞),既腹心疾,㠯(以)走(上)惥(氣),不甘飲(食),尚遬(速)瘥(瘥),毋又(有)柰。(包山24)

128. 苟光㠯(以)長惻爲右尹邵龙卣(貞),疠(病)腹疾,㠯(以)少惥(氣),尚毋又(有)咎。(包山207)

<hr>

〔1〕 選自晏昌貴《天星觀"卜筮祭禱類"簡釋文輯校》(修訂稿),簡帛網2005年11月2日(http://www.bsm.org.cn/show_article.php?id=31)。

這兩例可做對比：例 127 是"既……以……"並列式,而相似的内容,例 128 用"……,以……"並列式表達,僅用連詞"以"連接並列分句。

例 127、例 128 説明,"……,以……"句式,同"既……以……"句式功能相當,前文我們還分析過"既……以……以/且……"、"……以……以……以……"等並列句式,它們的來源都不是"既……以……"承接式,並列連詞"以"才是句中關鍵。

所以,第二步,爲明確"既……以……"類並列句式的特點,需要調查並列連詞"以"的來源和發展脈絡。

"以"作連詞始於西周時期。此前甲骨刻辭中的"以",學界多數認爲還不是連詞。據武振玉的研究,金文中,"以"作爲並列連詞,連接的都是名詞性成分,充當句子的主語和賓語,且全部見於西周時期,如：[1]

129. 㝬(左)右㝬(于)乃寮(僚)且(以)乃友事。(矢令方尊,西周早)

130. 雁(應)公乍(作)竊(寶)隣(尊)彝。曰叀(奄)且(以)乃弟。用㲋(夙)夕鼐(鬻)言(享)。(应公鼎,西周早)

春秋戰國時期,並列連詞"以"則以連接謂詞性成分爲主,連接名詞性成分很少,相關調查很多,舉典型的幾例：

131. 使民敬、忠以勸,如之何？(《論語·爲政》)

132. 狐偃,其舅也,而惠以有謀;趙衰,其先君之戎御,趙夙之弟,而文以忠貞;賈佗,公族也,而多識以恭敬。(《國語·晉語四》)

133. 使歸而廢其使,怨其君以疾其大夫,而相牽引也,不猶愈乎？(《左傳·襄公十三年》)

---

[1] 武振玉《兩周金文虚詞研究》,線裝書局 2010 年,195—198 頁。

其中,例131"以"連接單音的形容詞,這是文獻中較爲普遍的用法;例132"以"可連接形容詞和動詞結構;例133《左傳》的用例是連接兩個動賓結構。《左傳》中還有下面的句子:

134. 舊不必良,以犯天忌,我必克之。(《左傳·成公十六年》)

此句意爲:舊有的士兵大都不精良,並且觸犯了天時的忌諱,我一定能戰勝他們。"以"由連接動詞結構發展爲連接並列分句,再如:

135. 是以差論爪牙之士,比列其舟車之卒,以攻罰無罪之國,入其溝境,刈其禾稼,斬其樹木,殘其城郭,以汙其溝池,焚燒其祖廟,攘殺其犧牷。(《墨子·天志下》)

此句從"入其溝境"至"攘殺其犧牷",共七個並列小句,在"殘其城郭"與"汙其溝池"間使用"以",它連接的是並列小句。楚簡"既……以……"類句式中的"以"連接的也是並列分句,與例134、135相當,如"以不能飤(食),以心忬(悶),以欽,脑(胸)膉(脅)疾,尚△"(望山_1_37),有時前後成分極其簡單,釋文整理者甚至不將句子斷開,如"既心忬(悶)以癕,善欽△"(望山_1_17)。[1] 楚簡這些並列分句的成分以主謂短語、動詞性結構爲主,也有形容詞性成分,與戰國時期"以"作並列連詞的典型特點——連接謂詞性成分,且前後成分非常簡短,是一脈相承的,可與前文例131—133比照。

但在楚簡中比較特別的是,並列連詞"以"連接分句的情況非常集中,而且發展出了固定的"既……以……以……"、"……以……以……"等並列句式,這種句式在其他文獻中罕見。全部楚簡中,這種連接分句的用法,遠遠超過它常見的、連接謂詞性詞語的用法——如"善(教)吕(以)豊

---

[1] 此處是陳偉等的斷句,見《楚地出土戰國簡册(十四種)》,279頁。

(禮),則民果呂(以)至"(郭店_尊德義_13)。

楚簡以後,從出土材料看,"以"作並列連詞的用法很少。如稍晚的睡虎地秦簡,"以"作並列連詞僅 5 例,其中連接形容詞 4 例,連接名詞 1 例。[1] 居延漢簡中,"以"作並列連詞 2 例,其中連接形容詞 1 例,連接名詞短語 1 例。[2]

可以看出,就現有材料,並列連詞"以"連接分句,在戰國楚簡特定類型的貞卜類文獻中顯示出階段性的膨脹。楊伯峻、何樂士《古漢語語法及其發展》中説:"以"作並列連詞,是上古用之,漢以後一般不再用。[3] 我們這裏還可以補充的是:"以"作並列連詞,產生於西周時期,主要是連接名詞性成分,而春秋戰國時期則以連接謂詞性成分爲主;在戰國楚簡的實用性貞卜記録中,"以"多數用來連接分句,發展出了"既……以……以……"、"……以……以……"等並列句式,這種句式爲傳世文獻所罕見,顯示出它在並列連詞功能上的擴展;秦漢以後,"以"作並列連詞的功能萎縮。

(五)連接狀語與謂詞性中心語,表修飾限制關係,76 例

"以"用來連接修飾語與謂詞中心語,表示其間的偏正關係,"以"前的成分對後面的中心語起修飾限制作用。按照"以"所連接成分的不同,可分成三類:一是"動·以·動"式,前項是動詞或動詞短語;二是"形·以·動"式,前項是形容詞;三是"介賓·以·動"式,前項是介賓短語。

(1)"動·以·動"式,"以"連接兩個動詞性成分,表狀態、方式,70 例

"動·以·動"式集中在包山文書、包山卜筮記録和清華簡《繫年》中,大量用於程式化表達,如:

136. 顕(夏)柰之月乙丑之日,鄠正婁♥號受卣(幾),八月乙亥

---

〔1〕 魏德勝《睡虎地秦簡語法研究》,首都師範大學出版社 2000 年,217 頁。
〔2〕 張國豔《居延漢簡虛詞通釋》,中華書局 2012 年,288—289 頁。
〔3〕 楊伯峻、何樂士《古漢語語法及其發展》,語文出版社 2001 年,459 頁。

之日不遲（將）龏倉昌（以）廷，阩門又（有）敗（敗）。（包山 19）

137. 既發箉，遲（將）昌（以）廷。（包山 85 反）

138. 大司馬悹（悼）骴（愲）迖（將）楚邦之帀（師）徒昌（以）救（救）郙戠＝（歲）習（荆）尿肎（之月）己卯音（之日），䚸（許）吉昌（以）駮需（靈）爲左尹虎卣（貞）……（包山 234）

139. 王命莫囂（敖）昜（陽）爲衙（率）自（師）昌（以）定公室。（繫年 114、115）

140. 萬勿（物）方（並）复（作），居昌（以）鶨（顧）返（復）也。（老子甲 24）

141. 古（故）孚（君子）之立（蒞）民也，身備（服）善昌（以）先之。（成之聞之 3）

例 136，同樣的句式有 39 例。這是包山"受幾"簡中的內容，其表達程式爲"某月某日，某人受幾，（某月）某日不將某人以廷，阩門有敗"，這是以文書告知有關官吏，如果不按照文件指示帶著某某到廷受審，將以上聞有敗論處。其中"將"是"帶領"義，"廷"爲動詞"出庭"、"到庭"，這裏的"以"連接修飾語"將某某"和中心詞"廷（到庭）"。例 137，寫在 85 號簡的背面，可參照例 136 來理解，是事後的補充記錄：已發出有關文書，相關人員也已被帶到出庭。

例 138，相同的文例有 11 例，全部是以事件紀年。例 139，同樣的固定表達有 14 例，與例 138 意義相通，都是表達以率領軍隊這種方式進行了某項重大的活動。

例 136、例 138 和例 139，代表著楚簡中的三種程式化表達，共有 64 例。其中，"以"連接兩個動詞性成分，前面的動作行爲對後面動作行爲起修飾限制作用，在這 64 例中，前一動詞全部用"將"或"率"，都是"帶領"義。這種"動·以·動"式的特點是：前後兩個動作行爲同時進行，且前一動作行爲處於持續不斷狀態，前一動詞的賓語伴隨著主語同時進行後一動作行爲。

例141，"以"前是動詞短語"服善"，表方式，修飾後面的中心語"先之"。

(2)"形·以·動"式，"以"連接形容詞與動詞語，表狀態，5 例

這種"形·以·動"式在表達上更具有描寫性，前項的形容詞表明後面動作行爲的狀態，用例集中，全部 5 處集中在如下兩例中：

142. 古（故）㝊（君子）之立（莅）民也，身備（服）善昌（以）先之，敬斳（慎）昌（以）肘（守）之，民必因此㦟（重）也昌（以）遝（復）之，可不斳（慎）㦜（乎）？（成之聞之 18、19）

143. 哭之㪷（動）心也，㪅（浸）㪻（殺），丌（其）剌（烈）繜（戀）繜（戀）女（如）也，薾（戚）肰（然）昌（以）丹（終）。樂之㪷（動）心也，㵆（濬）深臓（鬱）㲺（陶），丌（其）剌（烈）則流女（如）也昌（以）悲，條（悠）肰（然）昌（以）思。（性自命出 30、31）

(3)"介賓·以·動"式，連接介賓短語與謂詞中心語，表方式，1 例

144. 五生昌（以）丞惪昌（以）爲左尹㐁貞（貞）。（包山 245）

此句的"以"意義很虛，沒有表義作用，更多是起到調節音節、舒緩語氣的作用。這樣的"以"在楚簡中少見。

二、與連詞"以"相關的固定格式

楚簡中，連詞"以"還有一種頗具特色的用法：處於介賓短語（或名詞性成分）與"就"、"會"、"極"、"至"、"逾"等詞之間，表範圍的起訖，有 30例。這種"自……以至（就、會、極）……"式，不再獨立成句，而是作爲全句的狀語，修飾後面的中心詞。這種情況，類似於"以"連接介賓短語與"來"、"往"、"上"、"下"、"東"、"西"等詞，後面的"來"、"往"、"上"、"下"等從動詞性質演變爲方位詞。所以，本書把"（自）……以至（就、會、

119

極、逾）……”等處理爲固定格式，而非“介賓·以·動”式或“名·以·動”式。下面分别詳細説明。

（一）“以就”

全部是“自……以就……”格式，19例，[1]如：

145. 自𦦲（荆）层斉（之月）吕（以）𦤵（就）𦦲（荆）层斉（之月），出内（入）事王，聿（盡）𠦪（卒）戢（歲），𨈟（躳身）尙（尚）毋又（有）咎。（包山197）

146. 舉（與）禱𦦲（荆）王，自酓（熊）鹿（麗）吕（以）𦤵（就）武王，五牛，五豕。（包山246）

147. 册告自吝（文）王吕（以）𦤵（就）聖𧻚王，各束絵（錦）珈（加）璧。（新蔡甲三137）

此處“就”，李零以爲是“到”的意思，[2]對比相關簡文，李説可從。“自……以就……”固定格式，相當於“自……以至……”，作動詞的修飾語，表範圍。例145，表時間起訖；例146，説明祭祀對象是自熊麗至武王的歷代楚君；例147，是説明“册告”的範圍。觀察例145—147，可以清楚看出“自……以就……”不再是獨立小句，而是介詞短語作狀語或補語。

（二）“以至”

表時間範圍時，全部是“自……以至……”式，4例：

148. 亯（栾）斉（之月）吕（以）至𣐺（來）戢（歲）之顕（夏）亯（栾），尙毋又（有）大咎。（新蔡甲三117、120）

---

〔1〕包括簡文殘缺但根據文例可以確定的3例：△以遉（就）集歲之𦦲（荆）△（望山_1_30）//王，自𦦲（荆）层（夷）以△（望山_1_32）//【自】𦦲（荆）层（夷）以△（望山_1_33）

〔2〕見李零《古文字雜識（兩篇）》，《于省吾教授百年誕辰紀念文集》，吉林大學出版社1996年，272—273頁。

149. 自顕(夏)箓(栾)肓(之月)呂(以)至坙(來)戠(歲)顕(夏)箓(栾)尚毋又(有)大咎。(新蔡乙一 19)

150. 自顕(夏)箓(栾)肓(之月)呂(以)至冬箓(栾)肓(之月)，聿(盡)七月尚毋又(有)大△(新蔡乙一 31、25)

以上 3 例都是"自……以至……"組成固定格式，表時間範圍，作"尚毋有大咎"的狀語。楚簡中還有 1 例"以至"，不在此處討論範圍內，它是表示達到某種程度：

151. 毕(學)者日昌(益)，爲道者日員(損)，員(損)之或員(損)，呂(以)至亡爲也。(老子乙 3、4)

(三)"以會"

"時間名詞+"以會"+時間名詞"格式，1 例：

152. 凡是戊唇(辰)呂(以)歛(會)己巳禱之。(新蔡甲一 10)

此處"歛"從楊華讀爲"會"，有"到"、"合"之意。[1] 整個結構作狀語，表時間起訖。

(四)"以極"

"時間名詞+'以極'+時間名詞"格式，4 例，如：

153. 庚申之昏呂(以)起(極)辛酉之日禱之△(新蔡甲三 109)

154. △戊申多(之夕)呂(以)记(極)己【酉禱之】△(新蔡甲三 126、零 95)

---

[1] 楊華《新蔡簡所見楚地祭禱禮儀二則》，丁四新主編《楚地簡帛思想研究(二)》，湖北教育出版社 2005 年，262—263 頁。

155. △戊申吕(以)记(極)已酉禱之△(新蔡乙二 6、31)

此處的"極",整理者釋爲"起";李天虹改釋作"记",認爲是"起"的異體,讀爲"極",至也;楊華認爲"以起"即"以迄",即從前一天開始,到後一天爲止;宋華强同意李天虹説,并做進一步論述。另有何有祖、陳偉兩家,認爲"起"讀如本字,陳偉認爲"起"指病癒。[1] 我們比照相關文例,根據簡文意義,認爲"以记"應理解爲"以至",並從李天虹、宋華强所讀。

例153—155,是"以極"連接兩個時間名詞語,整個結構作狀語,表時間起訖。

例153,張玉金將"起"讀如本字。他認爲:"庚申之昏以起辛酉之日",是指"庚申之昏"結束而"辛酉之日"開始("起")之時,而"庚申"和"辛酉"是緊緊相連的兩個干支,所以"庚申之昏以起辛酉之日"是指"庚申之昏"和"辛酉之日"的交界點,是一個時間點。同樣,前文"以會"前後的"戊辰"和"己巳"也是緊相連接的兩個干支,"戊辰以會己巳"也是指兩天的交界之時。[2] 我們認爲:在程式化的簡文中,相關的"以就"、"以至"、"以極"、"以會"、"以逾至"意義相通,文例相通,句子結構相近都是表時間起訖,"以记(起)"理解爲"以至"更爲合理;而且,將"庚申之昏以起辛酉之日"理解作"庚申之昏"結束而"辛酉之日"將開始("起")之時,不符合楚簡的表達習慣,在文例上缺少支持。

(五)"以逾"

有5例,全部如下:

---

〔1〕 李天虹《新蔡楚簡補釋四則》,簡帛研究網 2003 年 12 月 17 日(http://www. jianbo.org/admin3/html/litianhong02.htm);楊華《新蔡簡所見楚地祭禱禮儀二則》,260 頁;何有祖《楚簡散札六則》,簡帛網 2007 年 7 月 21 日(http://www. bsm. org. cn/show_article. php?id=646);陳偉《也説葛陵楚簡中的"以起"》,簡帛網 2009 年 5 月 9 日(http://www. bsm.org.cn/show_article.php?id=1049);宋華强《新蔡葛陵楚簡初探》,431 頁。

〔2〕 張玉金《出土戰國文獻虛詞研究》,187 頁。

156. 惥（賽）禱於酅（荆）王邑（以）逾，訓（順）至文王邑（以）逾△（新蔡甲三 5）〔1〕

157. △酅（荆）王、文王邑（以）逾至文君（新蔡零 301、150）〔2〕

158. △邑（以）肰玉，酅（荆）王臱（就）禜（禱）酅牢肰，文王邑（以）俞（逾）臱（就）禜（禱）大牢肰△（新蔡乙四 96）

159. 霁（擇）日於夲（八月）脈祭競坪（平）王邑（以）逾至夲（文）君。（新蔡甲三 201）

160. △競坪（平）王邑（以）逾至△（新蔡甲三 280）

這 5 例中的"以逾"，何琳儀認爲"以逾"猶"以降"，"訓至"即"馴至"，猶"順至"；〔3〕宋華強又引李家浩説進一步指明，"某某以逾"即"某某以下"，〔4〕"逾"、"訓"的意義比較明確。斷句方面，也經過多次討論，整理者、何琳儀、陳偉、宋華強等人的意見，可參例 156、例 157 下注釋，本書是從宋華強斷句。晏昌貴輯校的秦家嘴簡中的 3 例，〔5〕可以從文例、文義方面爲新蔡簡提供佐證：

161. □禱□都於五世王父以逾至新（親）父（秦家嘴 M1：2）

162. 乙未之日，賽禱五世以至新（親）父母肥豢（秦家嘴 M13：1）

---

〔1〕　此句整理者斷句："賽禱于荆王，以逾順至文王，以逾。"何琳儀的斷句："賽禱于荆王以逾，順至文王以逾"，見《新蔡竹簡選釋》，《安徽大學學報》2004（3），4 頁。陳偉的斷句："賽禱于荆王以逾順至文王以逾"，見《也説葛陵楚簡中的"以起"》，簡帛網 2009 年 5 月 9 日（http://www.bsm.org.cn/show_article.php?id=1049）。宋華強的斷句："賽禱于荆王以逾，訓至文王以逾"，見《新蔡葛陵楚簡初探》，416—417 頁。

〔2〕　此句整理者斷句："荆王、文王、以逾至文君。"何琳儀斷句："荆王、文王以逾，至文君。"陳偉、宋華強斷句相同："荆王、文王以逾至文君。"

〔3〕　何琳儀《新蔡竹簡選釋》，《安徽大學學報》2004（3），4 頁。

〔4〕　宋華強《新蔡葛陵楚簡初探》，416 頁。

〔5〕　晏昌貴《秦家嘴"卜筮祭禱"簡釋文輯校》，《湖北大學學報（哲社版）》2005（1），10—13 頁。

163. □禱之於五世王父王母訓（順）至新（親）父母（秦家嘴
M99：10）

新蔡簡、秦家嘴簡的所有例句相對照，可以證明宋華強的斷句更加合理，
"以逾"猶"以下"，"以逾至"同"以至"、"順至"意義略同。"……以逾
至……"這裏用來表祭祀對象的範圍。

（六）"以東"

"方位名詞+以東"格式，2 例：

164. 戌以東吉△。（九店_56 號墓_70）

165.【未】以東吉，又（有）旻（得），北兇（凶），西【、南吉】。（九
店_56 號墓_67）

三、連詞"以"的語法功能

"以"的主要功能是連接兩個動詞語。

"以"其次的功能是連接並列分句，即組成本節分析過的"既……
以……"類並列句式，也可單純由"以"連接並列分句。

"以"再次的功能是連接謂詞語，包括連接動詞語和形容詞性成分，或
連接兩個形容詞性成分，且主要出現在並列關係中。

連詞"以"的語法功能，我們在下一部分結合其語義關係和文獻分佈
詳談。

III　連詞"以"的語體屬性

一、連詞"以"明顯偏向應用類文獻

本書調查範圍內，連詞"以"只出現於以下幾種文獻：

表 4　連詞"以"的文獻分佈

	郭店簡	包山文書	包山卜筮祭禱	新蔡卜筮祭禱	望山 M1 卜筮祭禱	史書《繫年》
以 217	37	61	17	32	9	61

可以看出,連詞"以"對應的文獻類型比較純粹,主要是文書、卜筮祭禱記錄和史書,都屬於實用性記錄,有 180 例,占其連詞總數 217 例的 82.9%;"以"用於論説體的郭店簡僅 37 例。"以"明顯偏向實錄體文獻。結合"以"的語法功能分析,會發現:在語體偏向明確的前提下,"以"的不同語法功能對應不同文獻類型。

二、"以"語義語法功能的綜合考察及其文獻類型偏向的原因

我們將連詞"以"的語義語法功能、文獻分佈類型加以綜合,形成表 5,來探尋"以"形成文獻類型偏向的原因。

藉助表 5 可以觀察到連詞"以"一定語義關係同文獻類型的對應,以及一定語法功能同文獻類型的對應。

（一）一定語義關係同一定文獻類型的對應

表 5　楚簡連詞"以"語義關係、語法功能、文獻類型的對應

修飾關係 76			承接關係 35		目的關係 43	
動·以·動 70	形·以·動 5	介賓·以·動 1	動·以·動 32	複句 3	動·以·動 43	
文書 40　史書 18	論説 5	卜筮 1	史書 22　文書 8	論説 3	史書 17　文書 13	
卜筮 10　論説 2			卜筮 1　論説 1		論説 12　卜筮 1	

並列關係 55					因果關係 8	
複句 45	形·以·形 5	形·以·動 2	動·以·形 2	動·以·動 1	動·以·動 8	
卜筮 45	論説 5	論説 2	論説 2	論説 1	論説 4　史書 4	

　　説明:"動·以·動"結構,其中的"動"指的是動詞和動詞性短語,其餘以此類推。動詞性短語和分句的界限有時難以明確,此處判別標準從嚴,凡可視作動詞性短語的,不作分句考慮。

我們發現，連詞"以"集中使用在文書、卜筮記録、史書等實録體文獻中，這同這類文獻的程式化表達密切相關，這樣，連詞"以"自然呈現出一定語義關係同一定文獻類型的整齊對應。

（1）連詞"以"表修飾關係集中於包山文書、卜筮祭禱記録和史書《繫年》

連詞"以"表修飾關係共 76 例，其中 63 例出現在程式化表達中，分別是：

第一，見於包山卜筮記録的 11 例中 10 例是程式化表達。

166. 大司馬悼愲（愲）送楚邦之帀（師）徒㠯（以）救（救）郙戠（之歲）䵞（荆）尿育（之月）己卯音（之日），盬吉以琛豪爲左尹㐵卣（貞）……（包山 226）

這種程式化的表達有 10 例，用於以事紀年，見於卜筮祭禱記録。

第二，見於包山文書的 40 例中，39 例是程式化表達。如：

167. 八月己巳之日，司豊司賍（敗）鄝頎受占（幾），辛未之日不遅（將）䧹（集）猒（獸）黃辱、黃蝨（蚰）㠯（以）廷，阩門又（有）賍（敗）。（包山 21）

這種固定格式的"受幾"簡有 39 例，都屬於文書類。

第三，見於史書《繫年》的 18 例中，有 14 例程式化表達，形成"率師/諸侯+以+動詞語"的固定程式。如：

168. 秦康公衒（率）自（師）㠯（以）𩦠（送）癰（雍）子。（繫年 54）

第四，修飾連詞"以"見於郭店簡僅 7 例，没有固定表達程式。

（2）連詞"以"表並列關係集中於卜筮祭禱記錄

全部 55 例並列連詞"以"，45 例用於固定並列句式，全部見於包山簡、新蔡簡、望山簡的卜筮祭禱記錄；另外 10 例見於郭店簡，沒有固定表達程式。用於固定表達程式的"以"，與"既"、"且"配合，組成"既……以……"、"既……以……以（且）……"類並列句式，也可單純由"以"連接並列分句，已在前面討論過，如：

169. △坪夜君貞（貞），既心念、瘇（胖）痕（脹），且（以）百脂體疾。（新蔡甲三 189）

170. △鄝少（小）司馬陳（陳）鼱愆㠯（以）白霝（靈）爲君坪夜君貞，既心疾，且（以）合於伓（背），虔（且）心痒△（新蔡甲三 233、190）

171. △㠯（以）陵尹懌之大保（寶）豖（家）爲君貞（貞），伓（背）、膺疾，且（以）痒（胖）瘇（脹）、心念。（新蔡甲三 219）

172. △以不能飤（食），以心孛（悶），以歈，脑（胸）臘（脅）疾，尚△（望山_1_37）

（3）"以"表目的關係集中於包山文書、史書《繫年》和郭店簡

"以"表目的關係有 43 例，其中 30 例見於包山文書和史書《繫年》，具有一定的表達程式；郭店簡有 12 例，沒有固定表達程式。

包山文書 13 例目的連詞"以"中，有 11 例是用於程式化表達，如：

173. 株昜（陽）莫囂邵壽君與喬差（佐）瘲爲株昜（陽）貣（貸）郘（越）異之黃金七益（鎰）㠯（以）翟（糴）穜（種）（包山 108）

史書《繫年》中，表目的關係的 17 例中，出現"以救……""以返……之師"等程式化表達 6 例，如：

174. 息侯求救（救）於郄（蔡），郄（蔡）哀侯衞（率）帀（師）㠯

（以）戗（救）賽（息）。（繫年 25、26）

175. 齊臧（莊）公涉河🔲（襲）朝訶（歌），呂（以）返（復）坪（平）
會（陰）之自（師）。（繫年 94）

（4）"以"表承接關係有 35 例，集中於史書《繫年》和文書，僅 1 例見
於郭店簡。其中，《繫年》表承接關係的 22 例中，有"動詞語＋以＋歸/伐"
等程式化表達 14 例，如：

176. 文王敗之於新（莘），朕（獲）哀侯呂（以）歸。（繫年 26）
177. 王命縉（申）公屈晉（巫）迌（適）秦求自（師），㫖（得）自
（師）呂（以）㭟（來）。（繫年 75、76）

（5）"以"僅表結果關係的 8 例，分別見於郭店簡和史書《繫年》。

這五點分析説明，由於"以"多用於程式化表達，它自然呈現出在一定
文獻類型的集中，自然呈現出一定語義關係同一定文獻類型的整齊對應：
"以"表修飾關係見於文書、卜筮記録和史書，表並列關係集中於卜筮記
録，表目的關係集中於文書和史書。"以"只有少數用於論説體的郭店簡，
也存在著一定語義關係同其文獻類型的對應："以"表因果關係多見於郭
店簡；表並列關係且當連接並列的動詞性和形容詞性成分、或連接兩個形
容詞性成分時，它只見於郭店簡（有 10 例）。"以"只有表目的關係時在
實録體和論説體文獻中都常用。

（二）"以"在語法功能上同文獻類型的整齊對應

當"以"用在實録體文獻中時，包括："動・以・動"結構 134 例，"介
賓・以・動"結構 1 例，關聯並列分句 45 例。這説明：連詞"以"在應用
類文獻中的功能非常單純：連接兩個動詞語，或連接並列的分句。

當"以"用在郭店簡中時，包括："動・以・動"結構 20 例，"形・以・
動"結構 7 例，"形・以・形"結構 5 例，"動・以・形"結構 2 例，連接分句
3 例。這説明：連詞"以"在郭店簡中功能偏於複雜，但總量少而分佈零

碎;當"以"前後一爲動詞或形容詞性成分,一爲形容詞性成分時,它基本只處在郭店簡中。

(三)"以"的一定語義語法功能匹配一定文獻類型

將"以"的語法功能加以綜合,就是:"以"的主要功能是連接兩個動詞語(有 154 例,這占其連接詞語的全部用法 169 例的 91.1%);其次的功能是連接並列分句;最爲次要的功能,是連接動詞性成分和形容詞性成分、或連接兩個形容詞性成分(只占其連接詞語用法的 8.28%)。

當"以"用於實錄體文獻中時,它的高頻、集中分佈主要是因爲其程式化表達,這些程式化表達,以表修飾關係、承接關係、目的關係爲主,而這些語義關係的表達,需要借助它最主要的功能——連接動詞語的功能來實現;它高頻分佈的第二個方面,是用於固定句式——"既……以……"類並列句式,這一點是依靠它的第二大功能——連接並列分句的功能來實現。唯有"以"最次要、少用的功能——連接動詞性成分和形容詞性成分、或連接兩個形容詞性成分,在應用類文獻中得不到施展,因爲應用類文獻平實簡潔的表達,並不特別需要這種具有描寫性特點的內容,所以這類功能集中在郭店簡中,如:

178. 竺(孰)能濁且(以)朿(靜)者,牆(將)舍(徐)清。(老子甲 9、10)

179. 耆(教)旦(以)豊(禮),則民果旦(以)巠。耆(教)旦(以)樂,民🔤惪(德)清牆(將)。耆(教)旦(以)攴(辯)兑(説),則民擬(褻)陚(陵)𢓲(長)貴旦(以)忘(妄)。耆(教)旦(以)攡(勢),民埜(野)旦(以)静(爭)。耆(教)旦(以)只(技),則民少(小)旦(以)娺(吝)。耆(教)旦(以)言,則民話(訐)旦(以)祵(寡)訐(信)。耆(教)旦(以)事,則民力瘟(嗇)旦(以)面(湎)利。(尊德義 13、14、15、16)

綜上，當"以"連接兩個動詞語，表修飾、承接、目的等順承語義時，它一般出現在文書、卜筮記錄、史書這些實錄體文獻中；當它連接並列分句時，用於卜筮記錄；當它連接一個動詞性成分和一個形容詞性成分，或連接兩個形容詞性成分時，它出現於論說體文獻，具有一定描述性。所以，我們説，連詞"以"的一定語義語法功能同其所處文獻類型具有對應關係，是連詞"以"的語義語法功能特點決定了其文獻分佈。

另外，我們還可以説，連詞"以"是實錄體文獻的標誌性連詞。上文對其使用頻次、語義語法功能分佈的調查已可以明證。

連詞"以"主要由介詞虛化而來，功能相對單純，它以連接動詞語爲主要功能，缺少描寫性，所以成爲實錄體文獻的標誌性連詞。這一點，在同下一節連詞"而"的對比中可以顯明，後者在調節韻律節奏、增強表達效果等方面功能突出，是論説體的標誌性連詞。

第二節　連　詞　"而"

對虛詞"而"的討論，幾乎遍及各時期的各種材料，分歧很大，内容繁複。這些分歧集中在以下幾個方面：一、傳統語法學方面，關於"而"的詞性、釋義存在很大分歧，突出體現在傳統虛詞專著和各種虛詞詞典中。二、虛詞"而"的主要用法是作連詞，對其連詞意義的分析存在很大分歧，這集中於各類詞典和研究文章中。三、連詞"而"的主要功能是連接謂詞性成分，但它在連接名詞性成分時，尤其是在"名·而·動"結構（或稱"主·而·謂"結構）中的性質和功能，一直討論較多。總體來説，幾乎在所有的斷代、專書語法研究和出土材料的語法研究中都涉及虛詞"而"，但對"而"的分析要麼流於瑣碎，糾纏於語義關係，甚至認爲連詞"而"本身表示假設、順承等意義；要麼是簡單舉例性質，不曾觀察它作爲連詞的語體偏向和語體選擇。

我們先對以往虛詞"而"研究中的分歧作梳理總結，並提出我們的認識和分析標準，然後觀察連詞"而"在楚簡中表現出的語義語法特徵，説明其語體偏向。

I　對虛詞"而"的認識分歧和本書的判斷標準

一、關於"而"的詞性

關於"而"的詞性，以往的分歧集中在有些"而"究竟是作副詞、助詞、介詞還是連詞上，集中於傳統語法學著作和一些影響較大的詞典，[1]當前語法研究中，已將"而"視作典型的連詞，所以這裏只做簡單交待。本章

---

〔1〕　我們調查了一些規模、影響較大的古漢語虛詞詞典，包括：何樂士《古代漢語虛詞通釋》，北京出版社 1985 年；何樂士《古代漢語虛詞詞典》，語文出版社 2006 年；中國社會科學院語言研究所古代漢語研究室《古代漢語虛詞詞典》，商務印書館 1999 年；尹君《文言虛詞通釋》，廣西人民出版社 1984 年；白玉林、遲鐸《古漢語虛詞詞典》，中華書局 2004 年；王海棻《古漢語虛詞詞典》，北京大學出版社 1996 年。另外，《漢語大字典》(四川辭書出版社、湖北辭書出版社 1993 年)和《漢語大詞典》(漢語大詞典出版社 1991 年)收羅宏富、影響深遠，也作爲參考。

各詞典對"而"的詞性分析見下表：

	代詞	副詞	連詞	助詞	助動詞	介詞	語氣詞	詞尾	係詞
《詞詮》	+	+	+	+	+				
《漢語大字典》	+	+	+	+			+		
《漢語大詞典》	+		+	+(其中包括語氣詞)		+			
何樂士《通釋》	+		+				+		
何樂士《詞典》	+		+				+		
中科院《詞典》	+		+						
尹君《通釋》	+	+	+	+	+				+
白、遲《詞典》	+		+				+	+	
王海棻等《詞典》		+	+				+		

結合詞典中的例句，可以看出，分歧集中在有些"而"究竟是作副詞、助詞、介詞還是連詞上。

所引例句,除作爲參照的 13、14、16、17 四句外,其餘都出自注 1 所列各詞典,不再一一注明。

(一) 不是副詞,而是連詞

認爲"而"是副詞的,多是吸收古注或傳統訓釋成果,再按現代漢語語法體系將其對號入座,比較典型的例子如:

1. 吾今取此然後而歸爾。(《公羊傳·宣公十五年》)

2. 如此而成於孝子也。(《大戴禮記·曾子本孝》)

3. 不患寡而患不均,不患貧而患不安。(《論語·季氏》)

4. 不揣其本,而齊其末,方寸之木,可使高於岑樓。(《孟子·告子下》)

5. 千乘之君,求與之友而不可得也,而況可召與?(《孟子·萬章下》)

6. 年四十而見惡焉,其終也已。(《論語·陽貨》)

7. 得百里之地,大利也,臣竊爲大王美之。雖然,而有一焉,百里之地不可得,而死者不可複生也,則王必爲天下笑矣!(《戰國策·趙策四》)

8. 夔能和之以平天下,若夔者一而足矣。(《呂氏春秋·察傳》)

以上例 1、2,《玉篇·而部》、楊樹達《詞詮》等釋其中的"而"爲"乃",例 3,吳昌瑩《經詞衍釋》釋"猶唯也",例 5,吳昌瑩《經詞衍釋》據邢昺和朱熹的注,認爲當解爲"猶"。

連詞與副詞的判別,一般可考慮以下幾點:其一,連詞只具有連接功能,連接的是兩個或多個成分;而副詞具有句法組合功能,可作爲狀語去修飾後面的謂詞語,其修飾對象是單一的。其二,連詞不作爲句子成分,也不受狀語修飾,一般去掉它不影響語意表達;副詞作句子成分,如果去掉就會影響語義。其三,連詞可出現於主語之前或之後,副詞一般出現在主語之後。如例 1—6，"而"都是連接兩個謂詞性成分，而非修飾後面的成分，"而"後基本都可補出主語，且如果刪去"而"，都不影響語義表達。例 7，前一"而"與"雖然"照應，後一"而"連接並列的兩個分句；例 8，有人釋"而"爲"已"，其實"一而足"就是"有一則足"，它們都是連詞。

　　上述諸例中的"而"如果刪去，均不影響語義表達，因爲，"而"本身並不表義，也不作句法成分，傳統語法學錯誤地將其前後成分間的語義關係附著在它們身上了。《馬氏文通》中説"'而'字之位，不變者也；而上下截之辭意，則又善變者也。惟其善變，遂使不變者亦若有變焉"，又説"而"解作各種意義，並非其本義如此，"乃上下截之辭氣使然耳"，[1]説的就是這個道理。隨著古漢語語法研究的深入，認爲"而"是副詞的看法已爲學界不取。

（二）是助詞還是連詞

　　這是目前分歧最多者。對以下四種情況，我們不認爲是助詞。

第一種情況：

　　9. 君子恥其言而過其行。（《論語·憲問》）
　　10. 虞之與虢，相恃而勢。（《淮南子·人間》）

有人認爲其中的"而"是助詞，相當於"之"。這裏，"君子恥其言而過其行"，君子所恥、語意重點在"言而過其行"這種事，事情未必發生，也未必是君子所爲；"君子恥其言之過其行"，君子所恥、語意重點在"過其行"，已經發生。又如"虞之與虢，相恃而勢"，若改爲"相恃之勢"，則文氣不連貫，而且，兩國相恃而成勢的過程感、語意的順承傳遞感就沒有了。實際上，"言而過其行"之"言"，"相恃而勢"之"勢"，在句中都是謂詞性的。

---

〔1〕　馬建忠《馬氏文通》，商務印書館 1983 年，291、295 頁。

第二種情況最爲典型：

11. 由孔子而來，至於今百有餘歲。(《孟子·盡心下》)
12. 故自四五萬而往者强。(《荀子·强國》)

這種用法的"而"，常與"上"、"下"、"來"、"往"、"前"、"後"、"左"、"右"、"東"、"西"等表方向的詞連用，表示時間、方位、數量的範圍等，"以"也有同樣的用法，《馬氏文通》將這種"以"看作介詞，楊伯峻《〈孟子〉譯注》、何樂士和中科院語言所的虛詞詞典解爲連詞，《漢語大字典》、《漢語大詞典》和尹君《文言虛詞通釋》等則解爲助詞。我們先看兩組句子。

第一組：

13. 叟不遠千里而來，亦將有以利吾國乎？(《孟子·梁惠王上》)
14. 夫挈泰山以超江河，自古及今，生民而來，未嘗有也。"(《墨子·兼愛下》
15. 由孔子而來，至於今百有餘歲。(《孟子·盡心下》)

第二組：

16. 不由其道而往者與鑽穴隙之類也。(《孟子·滕文公上》)
17. 過此而往者，未之或知。(《潛夫論·釋難》)
18. 故自四五萬而往者强。(《荀子·强國》)

很明顯，每一句中的"而"其實都是連詞，其前後語義都是順承關係，但每一組中"來"、"往"的動詞性質逐步減弱，意義逐步虛化。"上"、"下"、"來"、"往"、"前"、"後"等詞，身兼動詞名詞二性，所指可涉及時間、方位等多方面，意義具有很大模糊性，有的意義虛化，和"而"一起形成了這種較爲固定的搭配,表示範圍,"而"在其中仍是起連接作用,只是意義相應虚化,所以有人認爲它是助詞。聯繫"而"相關的用法,從詞義系統性角度考慮,我們仍將它看作連詞。

第三種情況:

19. 舒而脱脱兮,無感我帨兮,無使尨也吠。(《詩·召南·野有死麕》)

20. 鋌而走險,急何能擇?(《左傳·文公十七年》)

有的詞典認爲這裏的"而"是形容詞或副詞詞尾。我們認爲,前一例"而"是連接兩個意義並列的成分,後一例連接形容詞和動詞短語,前後之間是狀中關係,這裏的"而"並没有依附于前一成分,不必看爲詞綴。

第四種情況:

21. 使天下爲善者可而勸也,爲暴者可而沮也。(《墨子·尚賢下》)

或以此處的"而"爲詞尾。其實,它在這裏連接能願動詞和動詞,能願動詞後隱含了一個介賓結構"以之","而"仍是連接謂詞性成分,其前後語義的承遞關係比較清楚。

有些連詞"而"確已虚化爲助詞,如"俄而"、"既而"之"而",已完全虚化,没有任何連詞意義。但對於詞典中的以上幾類例子,我們認爲其中的"而"還没有虚化到作助詞的程度,且考慮到"而"詞義分析的系統性,我們視其爲連詞。

(三)是介詞還是連詞

認爲"而"是介詞的,多數是與連詞搞混了,需要分析的例子有兩類。

第一類:

22. 其實孕育時,此親生之身,而少而壯而老,亦莫非親生之身。
（黃宗羲《陳乾初墓誌銘》）

例22中,實際是"其實孕育時而少","少而壯","壯而老"三組的並列,
"而"不是介詞,介詞的組合對象是單一的。

第二類:

23. 欲衷對,言不從,恐爲子胥身離凶,進諫不聽,到而獨鹿棄之
江。(《荀子·成相》。王念孫《讀書雜誌·荀子八》:"而猶以也,謂
到以獨鹿也。古者而與以同義。")

此處"獨鹿",據《荀子》楊倞注,一說爲劍名,又名屬鏤,爲吳王夫差賜子
胥使自到的工具,若爲此意,則此處"而"當爲介詞;但還有一說,以"獨
鹿"爲罜,即小罜,言子胥自到後被盛以小罜而棄之江,若爲此意,則此
"而"仍爲連詞。詞典所列介詞例較可靠者僅此一條,憑一孤證,還難說
"而"一定爲介詞。

綜上,我們認爲"而"主要是作連詞,將"而"看作副詞是錯誤的,認爲
它是介詞亦不充分,助詞"而"由其連詞用法虛化而來,但多數詞典和語法
著作所收助詞用法失之過濫。"而"另可作代詞和語氣詞,這是沒有爭
議的。

二、連詞"而"前後成分間的語義關係

以往對連詞"而",最多的是討論其前後成分間的語義關係。對語義
關係的分析較多主觀性,同樣文本中的"而",各人看法往往不同,並且各
人所採用的分類體系也往往不同,所以分歧較大。我們主要參考何樂士
《古代漢語虛詞詞典》等,重新梳理了"而"的語義關係系統,整理如表1。
後文對楚簡連詞"而"語義關係的分析即以此爲標準。

其中,承接關係,是指具體的行爲動作在時間上一先一後接續發生;

順承關係,實際就是條件(或原因)—結果關係。

表1 連詞"而"前後的語義關係分類

前後項的語義關係	下位分類	例 句
並列關係		宰予之辭,雅而文也。(《韓非子·顯學》)——此連接詞與詞 是子也,熊虎之狀而豺狼之聲。(《左傳·宣公四年》)——此連接短語與短語 明者遠見於未萌,而智者避危於無形。(《史記·司馬相如列傳》)——此連接句與句
遞進關係		君子博學而日參省乎己,則知明而行無過矣。(《荀子·勸學》)
轉折關係	前後項語義平行對等而轉折	刺骨,故小痛在體而長利在身;拂耳,故小逆在心而久福在國。(《韓非子·安危》)——"而"之前後兩項意義相對或相反
		無釁而動,可謂無謀。(《左傳·昭公十三年》)——此以否定詞"弗、無、不"等配合形成對比
	前後項語義上一偏一正而轉折	今臣之刀十九年矣,所解數千牛矣,而刀刃若新發於硎。(《莊子·養生主》)
	"而"在主謂之間以强調主語,有轉折義	人而無儀,不死何爲?(《詩·鄘風·相鼠》)匹夫而爲百世師,一言而爲天下法。(蘇軾《潮州修韓文公廟記》)
假設關係(用於假設複句的偏分句中,與表示結果的正分句對應,使偏分句帶上假設意義)	在分句的主謂之間	子産而死,誰其嗣之?(《左傳·襄公三十年》)
	在兩個分句之間	孟子所去之王,其前所不朝之王哉?而是,何其前輕之疾而後重之甚也?如非是,前王者不去,而於後去之,是後王不肖甚于前。(《論衡·刺孟》)
狀中關係	時間詞作狀語	齊侯使連稱、管至父戍蔡丘,瓜時而往。(《左傳·莊公八年》)
	表方式、狀態的詞作狀語	啓呱呱而泣。(《書·益稷》)呼爾而與之,行道之人弗受;蹴爾而與之,乞人不屑也。(《孟子·告子上》)

（續　表）

前後項的 語義關係	下位分類	例　句
承接關係(具體動作行爲在時間上先後相承發生)		軻既取圖奉之,發圖,圖窮而匕首見。 (《戰國策·燕策一》)
順承關係(前項表條件或原因,後項爲結果)		夫種麥而得麥,種稷而得稷,人不怪也。 (《吕氏春秋·用民》) 故審堂下之陰而知日月之行、陰陽之變,見瓶水之冰而知天下之寒、魚鱉之藏也。 (《吕氏春秋·察今》)
目的關係(前項爲動作行爲,後項表目的)		既,夫人將使公田孟諸而殺之。(《左傳·文公十六年》)
補充關係(前項表動作行爲,或表性質、狀態,後項補充説明前項)		鍥而舍之,朽木不折;鍥而不捨,金石可鏤。(《荀子·勸學》) 似竹而大者,爲果蔗……不可以造糖。似荻而小者,爲糖蔗……白霜、紅砂皆從此出。(《天工開物·甘嗜·蔗種》)
與"上""下""來""往""前""後""左""右""東""西"等結合,表範圍		由孔子而來,至於今百有餘歲。(《孟子·盡心下》) 是故形而上者謂之道,形而下者謂之器。(《周易·系辭上》)

II　楚簡連詞"而"的語義語法功能

在本文調查範圍内,"而"出現 369 次。其中,因簡文殘缺,"而"意義不明者 10 例;因句意難明,對"而"的意義存疑者 5 例;[1] "而"用於複音

---

[1]　這 5 例是：(1) 𧾷(許)吉吕(以)保豢(家)爲左尹卲㐬貞(貞),吕(以)亓(其)下心而疾,少燹(氣)。(包山 218)(2) 苛光吕(以)長惻爲左尹卲㐬貞(貞),吕(以)亓其下心而疾,少燹(氣)。(包山 220)(3) 芑(芑)□□□□□□□□噢(嗅)而不芳。(窮達以時 13)(4) 訽而者㤅,𢝊(信)之至也。(忠信之道 3)(5) 是蕩切而口亦不爲大詢,勿卹(恤),亡(無)咎。△(新蔡零 115、22)

虛詞或固定詞組 29 例；"而"用爲動詞 1 例；[1] "而"假借爲"能" 1
例；[2] 其餘 323 例全部用作連詞，未見代詞、助詞等用法。"而"是楚簡中
使用最爲頻繁的連詞之一。

一、"而"前後的語義關係

（一）前後成分之間是並列關係，37 例
有以下幾種情況：
（1）連接並列的兩個詞，8 例。如：

24. 東〈柬(簡)〉之爲言猷(猶)練(間)也，大而晏(罕)者也。柬
之爲言也猷(猶)匣匣也，少(小)而訪〈㡭(軫)〉者也。（五行 39、40）

25. 悬(仁)葧而敭，宜(義)㞋(剛)而柬(簡)。（六德 32）

（2）連接並列的兩個短語，8 例。如：

26. 古(故)言則慮(慮)亓(其)所丹(終)，行則館(稽)亓(其)
所㡭(敝)，則民新(慎)於言而懂(謹)於行。（緇衣 32、33）

27. 先聖与(與)逡(後)即，考逡(後)而逯(歸)先，效(教)民大
川(順)之道也。（唐虞之道 5、6）

---

〔1〕　見於此句：口不新(慎)而床(戶)之〈不〉閟(閉)，亞(惡)言退(復)己而死無日。
（語叢四 4）其中，"戶之閉"：（1）李零理解作得罪人，被人拒之門外，見《郭店楚簡校讀記》，
《道家文化研究》第 17 輯（郭店楚簡專號），三聯書店，1999 年，477—481 頁；（2）陳偉理解作
閉口不言，《郭店竹書別釋》，湖北教育出版社 2002 年，232—233 頁；（3）劉釗以爲"之"是
"不"之訛，"戶之閉"即"戶不閉"，見《讀郭店楚簡字詞札記》，《郭店楚簡國際學術研討會論
文集》，湖北人民出版社 2000 年，80—81 頁。此從劉釗説，則"而"當是動詞，"如同"之義。
〔2〕　見於此句：聖人之眚(性)與中人之眚(性)，丌(其)生而未又(有)非之，節(即)
於而也，則猷(猶)是也。（成之聞之 26）其中的"而"：（1）裘按疑是誤字；（2）陳寧疑是
"天"之誤，見《〈郭店楚墓竹簡〉中的儒家人性言論初探》，《中國哲學史》1998（4），39 頁；
（3）李零疑應作"此"，見《郭店楚簡校讀記》，515 頁；（4）劉信芳讀爲"儒"，《郭店竹簡文字
考釋拾遺》，《江漢考古》2000（1），43 頁；（5）陳偉讀爲"能"，陳偉《郭店竹書別釋》，142 頁。
陳偉説近是。

（3）連接一個詞和一個短語，14例。如：

28. 礐（設）大象，天下徍（往），徍（往）而不害，安坪（平）大（泰）。（老子丙4）

29. 身谷（欲）靑（靜）而毋猷（滯），慮谷（欲）囦（淵）而毋愚（僞），行谷（欲）惠（勇）而必至……（性自命出62、63、64、65）

（4）關聯緊縮句，7例。如：

30. 此呂（以）僮（邇）者不賦（惑），而遠者不惢（疑）。（緇衣43）

31. 邦豯（家）之不窋（寧）也，則大臣不台（治）而礐（褻）臣侂（託）也。（緇衣20、21）

可以看出，並列關係中的"而"，主要是連接詞和短語，其次是關聯緊縮句，無一例連接分句的情況。

（二）前後成分之間是轉折關係，104例

常見的有以下幾種情況：

（1）前後項並列，但二者語義相對相反，6例。如：

32. 口惠（惠）而實弗从（從），㝬（君子）弗言尔（爾）。（忠信之道5）

33. 敓之爲言也，猷敓敓也，少（小）而㞷多也。（六德32、33）

（2）前後項並列，且其中一個成分包含否定詞"不、弗、無、未"等，形成語義上的對比和轉折，68例。如：

34. 果而弗伐，果而弗驕，果而弗矜，是謂果而不强。（老子甲7）

35. 炁（愛）䜌（親）忘（忘）㝅（賢），忐（仁）而未義也。尃（尊）
㝅（賢）遺䜌（親），我（義）而未忐（仁）也。（唐虞之道8、9）

(3) 前後項之間關係一偏一正，語義上轉折，30例。如：

36. 九月戊申之日，郙（宛）陸（陳）午之里人藍訟登（鄧）眺尹之
里人苛䚢，㠯（以）亓（其）桑（喪）亓（其）子丹，而旻（得）之於䚢之
室。（包山92）

37. 視之不足見，聽之不足聞，而不可既也。（老子丙5）

"而"處於轉折關係中時，主要是連接並列的成分，其間的轉折意味并
不是很強，而主要是形成對比，尤其是其中一項帶有否定詞，與另一項形
成對照的情況最多。用以連接分句而表達偏正式的轉折關係，並不是
"而"的強項。

（三）前後成分之間是遞進關係，38例

處於遞進關係中的"而"，可分兩種情況討論。多數情況是"而"連接
詞或詞組，前後項之間形式上平列對等，而實際語義含有推進一層的意
思，有時得仔細分析上下文，才能和並列關係區分開，有33例。如：

38. 智而比卽（次），則民谷（欲）丌（其）智之述（遂）也。福（富）
而貧（分）賤，則民谷（欲）丌（其）福（富）之大也。貴而罷（能）纕
（讓），則民谷（欲）丌（其）貴之上也。（成之聞之17、18）

39. 智（知）而行之，義也。行之而時，悳（德）也。見叝（賢）人，
明也。見而智（知）之，智也。智（知）而安之，㤅（仁）也。安而敬之，
豊（禮）也。（五行27、28）

只有極少數情況下，"而"所連接的前後項不是平列對等的，此時語義
的進層關係比較明顯，僅有3例，如：

40. 所又(有)責於癎(寢)畝五帀(師)而不交於薪(新)客者,豕玫苟猷利之金一益𧼥益。(包山 146)

41. 五行皆型(形)于内而時行之。(五行 6、7)

(四)"而"用在假設複句的偏分句中,使偏分句與正分句對應,帶上假設意味,5 例

42. 言而狗(苟),牆(牆)又(有)耳。(語叢四 1、2)

43. 宋人又(有)言曰:人而亡賹(恆),不可爲卜箬(筮)也。(緇衣 45、46)

44. 凡敜(説)之道,級(急)者爲首。既旻(得)亓(其)級(急),言必又(有)及,及之而弗亞(惡),必聿(盡)亓(其)古(故)。聿(盡)之而惫(疑),必攷鉻(裕)之。鉻之而不可,必夏(文)㠯(以)訛,母(毋)命(令)智(知)我。(語叢四 5、15、6)

關於假設關係,需要做些交代。對其他語義關係的分析,都是指向"而"前後成分間的語義關係,但如例 42 和例 43 所示,假設關係是兩個分句間的假設—結果關係,"而"只是連接前一分句的主謂語,去掉"而"這個句子仍然成立,分句間仍是假設—結果關係。就是説,"而"並不表假設。但"而"在小句中另有作用:如"人而亡恆,不可爲卜筮也",再如《左傳》中典型的句子"子產而死,誰其嗣之",如果主謂直接相連,則只是陳述事實"人無恆","子產死",後文的語義可以做多種推論,語義指向變得不明朗。加了"而"以後,"而"暗含著語義的轉折,起著調節音節、強調小句主語,尤其是暗示後文語義指向的作用。因而,我們説它是配合文義表假設。關於"主·而·謂"結構的討論,目前已有了較爲明確的看法,楚簡中這樣的句子只有 2 例,我們不再展開討論。

例 44,我們也處理爲假設關係。例中三個假設複句間語意層層推進,

每個複句內,分別假設某一種情況,接着説明怎樣對待,實際上,"而"之前後仍有轉折語義,但"而"所在小句的假設語義遠遠大於轉折義,所以把它歸入假設關係。

（五）前後成分之間是狀中關係,前一成分作狀語,修飾後面的中心詞,27 例

（1）前面的狀語表時間,如:

45. 古者碧（聖）人廿而冒（冠）,卅而又（有）家,芉（五十）而紀（治）天下,╅（七十）而至（致）正（政）。（唐虞之道 25、26）

（2）前面的狀語表示方式、狀態,如:

46. 古（故）君子多聝（聞）,齊而戰（守）之。多志,齊而斱（親）之。精智（知）,逑（略）而行之。（緇衣 38、39）

47. 南面而王而〈天〉下而甚君。（唐虞之道 25）

48. 君黔（紃）襫（冕）而立於复（阼）,一宫之人不勲（勝）丌（其）敬。君衰綊（絰）而尻（處）立（位）,一宫之人不勲（勝）△一軍之人不勲（勝）丌（其）戜（勇）。（成之聞之 7、8、9）

49. 古（故）君子驜（顧）言而行,㠯（以）成其訐（信）。（緇衣 34、35）

50. 夫生而又（有）戠（職）事者也,非羣（教）所及也。（尊德義 18 下）

51. 古（故）不可㬎（得）天〈而〉斱（親）,亦不可㬎（得）而疋（疏）。（老子甲 28）

用來修飾中心詞的狀語,其成分很複雜,可以是數詞、形容詞、名詞、動詞或動賓結構,以及固定結構等。

（六）前後成分之間是承接關係，即前後兩項動作行爲在時間上一前一後接續發生，34 例

52. 火（小人）信✦下郗（蔡）闈（關）里人雇女返、東邘里人場賈、鞏（黃）里人競不割（害）🐛殺舍（余）罦於競不割（害）之官，而相✦弃之於大迖（路）。（包山 121）

53. 命攻解於漸木立，虘（且）遅（徙）亓（其）尻而桓（樹）之。（包山 250）

54. 🐦（皐）䌛（陶）衣腒（裊）蓋（褐）冒（帽）袿（絰）冕（冢）懂（巾），鞁（釋）板管（築）而差（佐）天子。（窮達以時 3、4）

55. 公不悅，揖而退之。（《魯穆公問子思》2）

（七）順承關係。前後兩項在事理上順承，前項表示條件或原因，後項表示結果，68 例

其中，以前項表條件的居多，如：

56. 凡返（復）日，不吉，無爲而可。（九店_56 號墓_22 下）

57. 魯穆公昏（問）於子思曰：“可（何）女（如）而可胃（謂）忠臣？”（魯穆公問子思_1）

58. 衍（道）丕（恆）亡爲也，厌（侯）王能守之，而萬勿（物）牆（將）自愚（化）。（老子甲 13）

前項表原因的如：

59. 忠之爲衍（道）也，百工不古（楛），而人敓（養）膚（皆）足。㑅（信）之爲衍（道）也，羣（羣）勿（物）皆成，而百善膚（皆）立。（忠信之道 6、7）

60. 善貞［使］亓（其）民者，若四峕（時）一逝（逝）一坒（來），而民弗害也。（語叢四 20、21）

（八）目的關係。前項是動作行爲，後項是動作行爲的目的，10 例

61. 漾陸（陵）大宮痙、大駬（馭）尹帀（師）、郢公丁、士帀（師）墨、士帀（師）鄢慶吉啙漾陸（陵）之厽（參）鈴而才（在）之，某瘧才（在）漾陸（陵）之厽（參）鈴酮（間）迎（御）之典圕。[1]　（包山 12、13）

62. 悳（德）之流，遬（速）虖（乎）檔（置）蚤（郵）而連（傳）命。（尊德義 28、29）

綜上，本文調查範圍内，"而"前後語義關係的分佈匯總如下表：

表 2　楚簡中"而"前後語義關係的分佈

語義關係	順承	轉折 104		並列	遞進	狀中	承接	目的	假設	合計
出現頻次	68	平行而轉折 74	偏正式轉折 30	37	38	27	34	10	5	323

由表 2 可知，"而"前後成分間的語義關係以順承和轉折關係爲主；轉折關係又是以平行式轉折爲主；平行式轉折和並列關係在形式上都是平列對等，只是前後文義或轉折或相互配合，所以連接平列對等的成分是"而"最多的用法，其次是其順承連詞用法。

承接關係、順承關係、目的關係和狀中關係，實際都是表達事理上的順承，是廣義上的順承語義關係。

遞進關係中，基本都是結構平列對等的情況，它們和並列關係存在很多聯繫，後文談連詞"而"的特點時再詳述。

---

〔1〕　此句"在"，從陳偉理解爲"察"，查驗名籍的意思。"間御之典"，理解作甘巨之歲所記名籍，見陳偉《包山楚簡初探》，武漢大學出版社 1996 年，125、127 頁。

所以,綜合看來,連詞"而"表達的語義關係非常鮮明集中,主要是語義的順承和平列對等關係,在楚簡中,後者表現更爲突出。

二、"而"的語法功能

分析"而"的語法功能,先要判別哪些"而"是用於單句,哪些用於複句。

(一)單複句的判別

單複句的判別,是聚訟紛紜的問題。典型的複句應該具備以下特徵:有兩個以上具有相同性質的結構核;有一定語音停頓;每個結構核之間相互獨立對等,不互爲成分。[1] 所以,就一般情況來說,單複句的判別標準是:是不是兩個各自獨立的主謂結構,有沒有語音停頓,有沒有關聯詞。但從古漢語的情況看,這三條公認的標準在執行起來很有困難,先做一些具體分析。

首先,按照雙主謂的標準,如果遇到其中一個主語省略,兩個謂語都出現,但或有語音停頓或沒有停頓的情況,就很難處理。沒有語音停頓的,如:

63. 聖人比亓(其)頪(類)而侖(論)會之。(性自命出 17)

有語音停頓的,如:

64. 是古(故)聖人能尃(輔)萬勿(物)之自肰(然),而弗能爲。(老子甲 12)

這兩類句子的結構相同,只是斷句與否的區別,如果將前者作爲複句,則與單句中的連謂結構無法區別,而後者顯然符合複句的判別標準:

---

〔1〕 邢福義《漢語單句與複句的對立和糾結》,《世界漢語教學》1993(1)。

雙主謂(主語承前省略)、有語音停頓。

如果就將前者作爲單句,後者作爲複句,那麼,又會出現這種情況:完全相同的句法結構,甚至同一個句子,由於斷句所不可避免的主觀差異,僅由於句子斷開或不斷,就分屬於單句和複句,無法做整齊的區分,這顯然不合適。

第二,楚簡中有許多這樣的句子:

65. 我好青(靜)而民自正。(老子甲32)

66. 未賞而民懽(勸),含福者也。(性自命出52)。

67. 又(有)大辠(罪)而弗大弐(誅)也,不行也。(五行38、39)

它們的特點是:雙主謂,但主語常省略一個或全省略,可從上下文推知;不斷句,極其簡短,以五字或七字居多;常出現於複雜單句中,作爲句子的一個成分。這類句子其實是緊縮複句,雙主謂結構,很大一部分使用"非(不、弗、未)……而……"等關聯詞,表達比較複雜的意思,不當視爲單句。

所以,我們吸收何樂士對單複句劃分的原則,[1]採取如下標準:

(1)雙主謂結構且主語前後不同的,一律歸爲複句,這包括主語省略的情況,當然也包括雙主謂的緊縮複句作單句中的一個句法成分的情況。如:

68. 又(有)大辠(罪)而大弐(誅)之,東〈柬(簡)〉也。(五行38)

其中的"有大罪而大誅之",前後主語都省略且主語不同,是一個緊縮複句,它同時作整個單句的主語。

─────────

〔1〕 何樂士《〈左傳〉的連詞"而"》就是這樣的處理原則:單複句劃分的主要原則是主語的單一與否,"而"所連接的前後兩項都屬於同一主語的動作或狀態,則爲單句,如果是兩個主語的動作或狀態,就是複句,見何樂士《〈左傳〉虛詞研究》,商務印書館1989年,447頁。

（2）一主而多謂語，且句子中間不是非得斷讀不可的，一律視爲單句。但對於必須斷開才妥當的句子，根據有語音停頓的原則，把它們歸入複句，典型的是句子中出現語氣詞的情況。如：

69. 是弖（以）民可敬道（導）也，而不可穿（弅）也。可駐（御）也，而不可罌（牽）也。（成之聞之15、16）

70. 可孝（教）也而不可迪亓（其）民，而民不可坒（止）也。（尊德義20）

這兩個句子主語統一，但都有明顯的讀斷標誌——語氣詞“也”，所以我們將其歸爲複句。

（3）當句子中有關聯詞語時，視爲複句，如：

71. 不求者（諸）亓（其）查（本）而攷（攻）者（諸）亓（其）末，弗旻（得）惫（矣）。（成之聞之10）

72. 子曰：下之事上也，不從亓（其）所弖（以）命，而從亓（其）所行。（緇衣14）

這兩例都是以“不……而……”作爲關聯詞，不論斷句與否，都作爲複句。

按照上述標準，我們分析出“而”在楚簡中用於單句的有237例，用於複句86例。

（二）“而”在單句中的情況

“而”用於單句，它所連接的主要成分及使用頻率如下表：

表3 “而”所連接的前後成分及其數量分佈

連接成分	動·而·動	形·而·形	形·而·動	名·而·動	動·而·形	數詞·而·動
數 量	166	23	21	9	7	4

（續　表）

連接成分	介賓· 而·動	動·而· 介賓	動·而· 名	疑問詞· 而·動	（成分 殘缺）[1]	
數　量	3	1	1	1	(1)	

　　説明：表中“動·而·動”的情況最爲複雜，其中的“動”指的是動詞和動詞性結構，“形”是指形容詞和形容詞性結構，餘者以此類推。

　　從上表，結合簡文，我們的認識是：

　　其一，楚簡“而”的主要功能是連接謂詞性成分，“而”直接連接兩個謂詞性成分的有 217 例，占單句總數 237 例的 91.6%。

　　其二，謂詞性結構以外的其他結構，也多與“動·而·動”結構關聯，“而”所連接的即使不是謂詞性成分，也包含了謂詞性意義。如“介賓·而·動”結構，其實源於“動·而·動”結構，後來前一動詞意義虛化而成爲介詞；“動·而已”結構也是由“動·而·動”虛化而來，“已”原來是動詞；又如“疑問詞·而·動”結構，只有 1 例：

　　　73. 可（何）女（如）而可胃（謂）忠臣？（魯穆公問子思 1）

其中疑問詞“何如”即是“如何”，“如”起初也是動詞。

　　“動·而·名”結構有 1 例：

　　　74. 行之而時，惪（德）也。（五行 27）

其中的名詞“時”是隱含了動詞意義的。

　　“名·而·動”結構中，如下面的例子：

　　　75. 君黝（袀）褻（冕）而立於复（阼），一宮之人不剩（勝）亓（其）

----

〔1〕　“童（動）非爲達也，古（故）宭（窮）而不……”（窮達以時 11）一句，可以判斷“而”前後項語義關係，也可以判斷它是單句，但成分殘缺，不作分析。

敬。君衰絻(經)而尻(處)立(位),一宮之人不勡(勝)【其】△,一軍之人不勡(勝)丌(其)甋(勇)。(成之聞之7、8)

其中名詞"衰經"、"袀冕"也是隱含動詞意義的。

可見,"而"在單句中的功能主要是連接謂詞性成分,它所連接的成分多數平列對等,即使"而"所連接的不是謂詞性成分,也多數隱含了謂詞性意義。這一點與連詞"以"、"則"等不同,是"而"的獨特之處。

(三)"而"在複句中的情況

"而"在複句中連接分句,用於因果、轉折、並列、連貫、遞進、假設複句,略舉例說明。

(1)"而"用於因果(或順承)複句,前一分句表原因或條件,後一分句表結果。如:

76. 夫天多异(忌)韋(諱),而民爾(彌)畬(叛)。民多利器,而邦慈(滋)昏。人多智,天〈而〉戠(奇)勿(物)慈(滋)记(起)。(老子甲30、31)

77. 善叟(使)亓(其)民者,若四峕(時)一逜(逝)一垈(來),而民弗害也。(語叢四21)

(2)"而"用於轉折複句,前後分句間意義相互轉折。有的是前後分句平列而意義相對相反,有的是前後分句一偏一正而語義轉折。如:

78. 口叀(惠)而實弗从(從),㝯(君子)弗言尔(爾)。(忠信之道5)

79. 非豊(禮)而民兇(悦)忎(戴),此尖(小人)矣。非侖(倫)而民備(服),牒(世)此㝅(亂)矣。(尊德義24、25)

80. 吟（今）佘（陰）之夙客不爲亓（其）剚（斷），而倚靫（執）僅（僕）之觥（兄）桯。（包山 134、135）

81. 見（視）之不足見，聖（聽）之不足聝（聞），而不可旣也。（老子丙 5）

（3）"而"用於並列複句，分句間結構平行，意義平列對舉。如：

82. 此㠯（以）夒（邇）者不貳（惑），而遠者不惢（疑）。（緇衣 43）

（4）"而"用於連貫複句，前後分句記述的具體行爲、事件一先一後接續發生。如：

83. △瘠不出，今亦豐（體）出，而不良又（有）閒（間）。（新蔡甲二 28）

84. 旣爲貞（貞），而敓（説）亓（其）祝（祟）。（新蔡甲三 219）

（5）"而"用於遞進複句，後一分句承接前句，將意義推進一層。如：

85. 五行皆型（形）于内而時行之，胃（謂）之君【子】。（五行 6）

（6）"而"用於假設複句的前分句，配合表假設。如前文例句 42、43。

"而"在複句中的使用情況總結如下表：

表 4 "而"所連接的複句及其數量分佈

複句類型	因果	轉	折	並列	連貫	遞進	假設	合計
數量	29	平行式 轉折 18	偏正式 轉折 20	7	5	4	3	86

"而"所連接的前後分句的語義關係,以順承、轉折和並列關係爲主,同它在單句中的情況一致。

（四）"而"關聯的緊縮句

楚簡中以"而"關聯的複句很多是緊縮複句,有 47 例,占複句總數 86 例的 54.7%。

這些緊縮複句的特點是:

（1）前後多是主謂結構,主語常省略,有時兩個主語全省略。這從緊縮句中"而"前後連接的成分可以清楚地看出來:

表5　以"而"爲關聯詞的緊縮句的前後成分

動·而·動	主謂·而·主謂	主謂·而·動	動·而·主謂	形·而·主謂	合計
11	24	5	5	2	47

可以看出:"而"前後的主語有時省略;作謂語的,基本是動詞性結構或形容詞性結構,以動詞性結構爲主。

（2）這些緊縮句中有兩種情況比較特殊。

① 緊縮句中包含否定詞"不、弗、非、未、毋、亡（無）"等,形成肯定—否定的對比形式,如:

86. 未言而訐（信）,又（有）娗（美）青（情）者也。未耆（教）而民丞（恆）,眚（性）善者也。未賞而民懽（勸）,含福者也。未型（刑）而民愄（畏）,又（有）心愄（畏）者也。（性自命出 51、52、53）

87. 又（有）大辠（罪）而弗大敁（誅）也,不【行】也。（五行38、39）

② 緊縮句中,"而"前後是意義相反相對的詞語,以四字格、五字格爲多,如:

88. 戔（賤）而民貴之,又（有）悳（德）者也。貧而民聚安（焉）,

又(有)衍(道)者也。(性自命出 53)

(3)由"而"構成的緊縮句,常作單句中的一個成分,或複句中的一個分句,獨用的情況不多,可參考前文例子。

Ⅲ "而"的語體偏向

一、連詞"而"的語體分佈差異

前面是在語料混同的情況下分析楚簡連詞"而",區分文獻類型進一步考察,可以發現"而"的語體偏向,也能夠發現"而"所具有的特點同其文獻類型的對應關係。也就是說,語料的混同很可能導致結論的模糊混同,"而"所具有的某些特點,可能只見於特定類型文獻,而非普遍共同特徵。

連詞"而"的文獻分佈差別很大,它在論說體的郭店簡、應用類文獻和史書《繫年》中分別出現 280 次、24 次和 18 次,以單位文獻量計算,[1]三者使用頻次之比約是 32.1 : 1 : 6.5。郭店簡連詞"而"前後語義關係豐富,使用頻次高,且呈現出鮮明的兩大特點,其中之一——連接謂詞性成分,具備充分的描述性這一特點,在應用類文獻中絲毫不曾體現。我們先分析郭店簡連詞"而"使用情況,再做對比。

(一)郭店簡連詞"而"的語義語法功能特點

郭店簡中使用连词"而"280 次,"而"用於單句 187 次,占其全部連詞用法的 66.8%;用於緊縮句 46 次,這是以單句的形式表達複句的內容;"而"純粹用於連接分句的只有 47 次,占其全部連詞用法的 16.8%。這反映出"而"主要是詞語間連詞。

"而"連接詞和短語時,其語義語法功能特點可綜合如表 6:

---

〔1〕 郭店簡總字數 12 101 字,應用類文獻總字數 33 200 字,史書《繫年》總字數 3 790 字。

表6　郭店簡連詞"而"相同語法結構下語義關係的分佈

動・而・動 136							
平行而轉折 41	順承 27	遞進 18	承接 15	連接狀中 15	並列 10	目的 7	偏正式轉折 3

動・而・形 7		形・而・形 23		形・而・動 21			
平行而轉折 4	遞進 3	平行而轉折 6	並列 17	平行而轉折 4	狀中 3	遞進 10	並列 3
							順承 1

　　表6體現出,"而"以連接謂詞性成分爲特點,表現爲四種結構:"動・而・動"結構、"動・而・形"結構、"形・而・動"結構和"形・而・形"結構,即連接動詞(動詞性結構)或形容詞(形容詞性結構)。郭店簡連詞"而"的使用,反映出它的兩大特點。

　　第一,表語義的前後順承,是"而"的一大特點,這時"而"前後主要是動詞性成分。

　　"動・而・動"結構情況最爲複雜,可以表達各種語義關係,而其中的順承、承接、[1]狀中和目的關係,具有相關性,它們都是表達"而"前後語義的相承,這是"而"的一大特點,所以《馬氏文通》將它歸入"承接連字",視爲"承接過遞"之詞,就是廣義的順承連詞。

　　第二,"而"的另一大特點是:連接謂詞性成分(包括形容詞性結構和動詞性結構),形成形式簡潔、意義濃縮的"而"字結構,且多個平列對等的"而"字結構連用,從不同角度對主語(通常是話題主語)進行反復陳述或説明,具有充分的描寫性和論辯説理色彩。這是"而"更大的特點,超過其作爲順承連詞的比重。

　　具體來看,在"形・而・動""動・而・形"和"形・而・形"結構中,"而"主要是對應並列、平行而轉折、遞進三種語義關係,在"動・而・動"結構中,這三種語義關係所占的比例也將近一半,可見表6中塗灰的部

――――――――――

〔1〕　承接關係和順承關係的區別是:前者著重具體的動作行爲在時間上前後接續發生;後者著重事理上的順承,有了前面的條件(原因),產生後面的結果。

分。在這三種語義關係下,“而”所在的往往是多個平列對等的“而”字結構,郭店簡中這種平行結構高達 121 例,超過其表順承語義關係的 83 例。這是一些什麼樣的平行結構? 它們反映了連詞“而”的什麼特點? 我們看下面的例子:

89. 善者果而巳(已),不昌(以)取弪(强)。果而弗雙(伐),果而弗喬(驕),果而弗稐(矜),是胃(謂)果而不弪(强)。(老子甲7)

這組句子包含“形·而·形”結構和“形·而·動”結構,前後是轉折語義。

90. 身谷(欲)青(静)而毋猷(滯),慮谷(欲)困(淵)而毋愿(僞),行谷(欲)惠(勇)而必至,富(貌)谷(欲)壯(莊)而毋果(拔),谷(欲)柔齊而泊,惪(喜)谷(欲)智而亡末,樂谷(欲)睪(釋)而又(有)尐(止),惡(憂)谷(欲)僉(斂)而毋惛,蒸(怒)谷(欲)淫(盈)而毋暴,進谷(欲)孫(遜)而毋攷(巧),遐(退)谷(欲)耑(端)而毋坚(徑),谷(欲)皆夏(文)而毋愿(僞)。(性自命出 62、63、64、65)

這組句子中有“形·而·形”和“形·而·動”結構,前後語義關係並列。

91. 智而比郎(次),則民谷(欲)亓(其)智之述(遂)也。福(富)而貧(分)賤,則民谷(欲)亓(其)福(富)之大也。貴而寵(能)纏(讓),則民谷(欲)亓(其)貴之上也。(成之聞之 17、18)

這組句子都是“形·而·動”結構,前後是遞進語義關係。

92. 又(有)智(知)吕(己)而不智(知)命者,亡智(知)命而不智

155

（知）㠯（己）者。又（有）智（知）豊（禮）而不智（知）樂者，亡智（知）
樂而不智（知）豊（禮）者。（尊德義 10、11）

這裏是"動·而·動"結構，前後是轉折語義。

從這些例句可以觀察到：

（1）這種平列對等的"而"字結構，以四字格、五字格爲主，多個結構
排比連用，它們形式簡潔，意義濃縮，形成充分有力的表達效果，帶有强烈
的論辯説理色彩。

（2）每一個"而"字結構中，前後都是謂詞性成分，前後語義關係集
中於並列、轉折和遞進關係，但實際上，其中包含的基本語義都是並列
關係。

像"身欲靜而毋滯"，"而"的語義可作表並列、表轉折兩種理解；"富
而分賤"，可作表並列、表遞進、表轉折三種理解，這三者界限並不分明，需
要結合上下文辨析。原因是，"而"的前後兩項以並列關係爲核心，雙方共
處於一個語義背景下，即便表轉折，也是在並列對等基礎上的轉折，前後
語義没有太多的輕重差别，更强調的是兩方面的對比；同樣，一部分具有
遞進關係的前後項也隱含著並列關係，語義內容彼此對等不相容，只是遞
進意義强于其並列意義。[1] "而"的意義取决於它前後項的語義關係，
尤其當處於平列對等的結構中時，它的語義更爲模糊，符號性很强。"而"
的功能特點，較多體現在對句子、篇章韻律節奏的促成與調節上，後文會
論及。

（3）與上述"而"字結構類似的，是"而"關聯的緊縮句，雖表達複句
的內容，但其呈現形式爲單句，前後同樣是動詞或形容詞性成分，同樣具
有描寫性，如：

---

[1] "而"的這個特點，保留在現代漢語中，相關研究多有論及。可參見嚴麗明《表示
對比的連詞"而"》，載《暨南大學華文學院學報》（《華文教學與研究》）2009 年第 1 期，89—
94 頁；李琳《現代漢語書面語中連詞"而"的考察》，《勵耘學刊》（語言卷）2011 年第 1 期，
55—69 頁。

93. 我亡爲而民自蠡(化)。我好青(靜)而民自正。我谷(欲)
不谷(欲)而民自樸。(老子甲32)

(二)應用類文獻中"而"的語義語法功能特點

楚簡應用類文獻共使用連詞"而"24次,集中於包山文書、新蔡卜筮
祭禱記録和九店日書這三種具有一定敘述性的文獻類型,其他如簿書、遣
策類,缺少敘述性,不使用連詞"而"。連詞"而"語義語法功能分佈情況
可見表7:

表7　應用類文獻連詞"而"語義關係和語法功能分佈

	動·而·動 17					複句 7	
	偏正式轉折	承接	順承	目的	遞進	偏正式轉折	承接
包山·文書	4	4	—	2	2	2	1
包山·卜筮記録	—	1	—	—	—	—	—
新蔡·卜筮記録	—	1	—	—	—	—	4
九店·日書	—	—	3	—	—	—	—

語義關係上,以表偏正式轉折、承接、順承語義關係爲主;句法功能
上,只用於兩種情況:連接兩個動詞語和連接分句,無一例連接形容詞性
成分的情況。如:

94. 含(今)弇(陰)之數客不爲亓(其)劃(斷),而倚夅(執)僅
(僕)之蜆(兄)經。(包山134)

95. △疥(疥)不出,匀(旬)亦(腋)豊(體)出,而不良又(有)閑
(間)。(新蔡甲二28)

(三)史書《繫年》中"而"的語義語法功能特點

"而"在史書《繫年》中使用18次,其語義語法功能分佈情況如表8:

表 8 史書《繫年》連詞 "而" 語義關係和語法功能分佈

動・而・動 13					複句 5		
承接	偏正式轉折	順承	目的	連接狀中	偏正式轉折	遞進	順承
8	2	1	1	1	2	2	1

《繫年》中的連詞 "而" 主要是連接兩個動詞語,以表行爲的先後承接爲主,其次是表轉折語義,用於複句很少。如:

96. 晉人殺裹(懷)公而立文公,秦晉女(焉)曰(始)會好,穆(戮)力同心。(繫年 38、39)

97. 豫(舍)亓(其)君之子弗立,而卲(召)人于外,而女(焉)牖(將)寘(實)此子也?(繫年 52)

將表 7、表 8 同表 6 對比,可以清楚看出連詞 "而" 在不同類型文獻的使用差別:應用類文獻連詞 "而" 只體現它作爲順承連詞的特徵,只連接動詞性成分,連接分句很少,且 "而" 使用有限。史書類的《繫年》情況類似,特殊之處是連詞 "而" 以表先後承接爲主,這與其記錄史實的發生先後有關。與此二者相對照的是,"而" 連接動詞或形容詞性成分,"而" 字結構排比連用,具備充分的描述性,是論說體文獻連詞 "而" 的使用特徵,其中 "而" 前後是並列、平行式轉折和遞進語義關係,這三類語義關係在應用類、史書類文獻中非常少見。究其原因,是後二者屬於實錄體文獻,其表達方式單一而程式化,一般不需要描寫性的表達,語句間的複雜聯繫也少。

二、連詞 "而" 在不同語體的修辭作用

連詞具有修辭作用,但在不同語體中,其修辭作用有很大差異。實錄體文獻,連詞使用平實而程式化,修辭表達效果主要體現爲凸顯語義焦點,彰顯語義邏輯;與之對比,郭店簡連詞具有強烈的修辭表達作用,體現

出論説體文獻連詞的語體特徵。此處只簡單從節奏韻律、情感表達、文氣語勢方面略作説明。

（一）節奏與韻律效果

漢語篇章中歷來講究節奏與韻律之美，講究文氣暢通、語勢充沛，連詞"而"在這方面起了非常重要的作用，以往諸家多有討論。

具體到楚簡中，"而"字結構常常是整齊的四字格、五字格或七字格，這些平行結構往往句法結構整齊一致、前後語義關係相同相近，形成非常整齊的語音、語法和語義形式；這些平行結構多數排比連用，達到形式簡潔，節奏整齊，韻律和諧，表情達意豐富而濃縮的效果，可見前文例89—93等。

除了平行結構排比連用所形成的强烈韻律節奏感，每個"而"字結構內部同樣具有韻律節奏之美。楚簡"而"字結構前後成分可對稱，如"剛而簡""考後而歸先""慎於言而謹於行""輕絶貧賤而重絶富貴"，前後音節數對等，節奏整齊，韻律和諧。但楚簡"而"字結構最多四字格、五字格，如"貴而能讓""果而弗矜""未賞而民勸"等。四字格往往"而"前爲單音節，"而"後雙音節，同樣符合漢語韻律結構的一般規則。[1] 郭店簡中大量四字格、五字格的使用，是由相應的句法結構規則來促成的，典型的是使用對比式否定和緊縮句。

對比式否定的使用，使"而"字結構形式短小整齊、語義對比鮮明、節奏整齊。表對比的手段有兩種：一種是用意義相對相反的詞語形成對照，如"富而分賤""賤而民貴之"；另一種是用否定詞幫助對比，後一種情況非常多——以一肯定一否定的並列形式表語義的對比，增强表達效果，這是"而"的獨特之處。如"果而弗伐，果而弗驕，果而弗矜，是謂果而不强"（老子甲7）。

緊縮句也是促成"而"字結構簡潔整齊的一種方式，其中較多爲五字

---

〔1〕　這種結構的特點是"後重"，就是較重、較長、偏複雜的成分居後，而較輕、較短、簡單的成分往往在前，表現在"而"字結構中，就是單音節在前、雙音節在後。見馮勝利《漢語韻律、詞法與句法》，北京大學出版社，1997年，65—71頁。劉睿涵《並列連詞"而"的韻律組配規律研究》，華中師範大學2014年碩士論文，28頁。

格、六字格。如下例:

98. 未言而訐(信),又(有)媖(美)青(情)者也。未耆(教)而民巫(恆),旹(性)善者也。未賞而民懽(勸),含福者也。未型(刑)而民愄(畏),又(有)心愄(畏)者也。(性自命出 51、52、53)

例中的"未言而信","而"前後主語都省略,結構極爲凝練,意義濃縮,是緊縮句和對比式否定兩種語法結構的結合。

再看下面一個例子:

99. 智(知)而行之,義也。行之而時,惪(德)也。見叚(賢)人,明也。見而智(知)之,智也。智(知)而安之,悤(仁)也。安而敬之,豊(禮)也。(五行 27、28)

例中,"行之而時"這種結構很特殊——"而"前兩個音節、"而"後一個音節——這樣的結構之所以存在,明顯有篇章照應,湊成整齊的四字格,追求韻律表達效果的原因。

(二) 排比連用,增强語勢,渲染情感

連詞"而"以多個平行結構排比連用,形式整齊,語義鋪陳排比,具有充分描述、增强語勢、渲染情感等作用。除前文例句,再如:

100. 遠而牆(莊)之,敬也。敬而不𢝁(懈),戁(嚴)也。戁(嚴)而畏之,隓(尊)也。隓(尊)而不喬(驕),共(恭)也。共(恭)而尃(博)交,豊(禮)也。(五行 36、37)

此例一、三句"遠而莊之"、"嚴而畏之"對應,二、四句"敬而不懈"、"尊而不驕"對應,對句法結構、表義的對稱以及對節奏韻律之美的要求可見一斑。

三、楚簡連詞"而"的特點

通過對語義關係和語法功能的綜合考察,我們將楚簡"而"的特點總結爲:

第一,"而"主要是詞和短語間的連詞,以連接謂詞性成分爲特點,即連接動詞(動詞性結構)或形容詞(形容詞性結構);它用於複句時,較多情況是關聯緊縮句,即以單句的形式表達複句的内容,此時"而"前後仍是動詞和形容詞性成分;"而"連接分句的情況很少。

第二,表語義的前後順承,是"而"的一大特點,這時"而"基本是連接兩個動詞性結構。

第三,"而"的另一大特點是:連接動詞(動詞性結構)或形容詞(形容詞性結構),以四字格、五字格爲主,形成豐富而典型的"而"字結構;多個平列對等的"而"字結構排比連用,共同對主語做多角度的説明和描述;此時,"而"字結構在語音、語法和語義形式上都非常整齊,形成強烈的韻律節奏之美,具有形式簡潔,節奏整齊,韻律和諧,表意豐富而濃縮的效果。"而"字結構排比連用,形成韻律節奏之美,並取得充分描述、增強語勢、渲染情感的修辭表達效果,這是"而"最突出的特點,反映出它強烈的語體特徵,多見於論説體文獻,不見於應用類、史書類等實録體文獻。

第四,"而"字結構中,"而"前後的語義關係集中於並列、轉折和遞進語義,有時這三者界限並不分明。"而"的意義取決於它前後項的語義關係,尤其當處於平列對等的結構中時,它的語義更爲模糊,其功能特點,更多體現在對句子、篇章韻律節奏的促成與調節上。

第三節　連詞"既"和"且"

將"既"和"且"放在一起討論,是因爲二者可以組合成楚簡特有的並列句式(多與連詞"以"搭配),用於特定的疾病貞内容。而且,二者都來源於副詞,在楚簡中都是以並列連詞用法爲主,其語義、語法功能同語體類型都具有一定對應關係。

I 連詞 "既"

本書調查範圍内,"既"以作副詞爲主,"既"作並列連詞有 30 例。

一、"既"作副詞的情況

"既"作副詞,可以分爲三種情況,我們做些分析,以方便後文説明"既"作副詞與作連詞的區別。

副詞"既"修飾限制它後面的動詞,表動作行爲或狀態已經發生、出現,它可以用在單句中,也可以用在複合句的前面分句和後面分句,只有當它處於前面分句中時,纔可能産生與連詞"既"的糾葛。

(一) 副詞"既"用於單句和複合句的後面分句

副詞"既"用在單句和複合句的後面分句時,意義非常單純,就是表動作行爲的發生或完成,如:

1. 雇女返、場賈、競不割(害)皆既粿(盟)。(包山 123)
2. 占之:吉。既敘之。(新蔡甲三:201)
3. 聖王、悼王既賽禱△(望山_1_88)
4. 卲吉爲祇,既禱至(致)福。(包山 205)

前三句,"既"用於單句,例 3 簡文殘缺,但根據文例,所缺內容是"賽禱"的對象;例 4,是説卲吉代卲佗完成祭禱,並將牲肉帶回給卲佗"致福"。

(二) 副詞"既"用於複合句的前面分句

"既"多數用在複合句的前面分句,可分爲三種情況:

(1)"既"所在分句表示動作行爲或狀況已經出現或完結,後跟一個或多個分句,接着敘述另外的一事或數事,各句間聯繫鬆散,"既"的"已經"義鮮明,"既"所在的分句可以不依賴後文單獨存在。爲了清楚説明,我們多舉幾例：

> 5. 既發筭,遟(將)吕(以)廷。(包山 85 反)
>
> 6. 場買既走於毒,乑弗迓。(包山 122)
>
> 7. 邻(陰)之正既爲之䵼(盟)諓(證),慶逃,㟪连衏,亓(其)余䋻(執),牆(將)至告(時)而剌(斷)之。(包山 137 反)
>
> 8. 既才(在)郢,牆(將)見王,還返毋又(有)咎。(新蔡乙四 44)
>
> 9. 未見君子,惪(憂)心不能忡(忡)忡(忡);既見君子,心不能墜(降)。(五行 12)
>
> 10. 邦㬵吕(以)少寶爲左尹卲㐌占(貞):既又(有)肪(病),肪(病)心疾,少懯(氣),不内飤(食),臭(爂)月昏(幾)审(中)尚毋又(有)䍁(恙)。(包山 221)

例 5 是記述已發派"筭"(官方文書),後文接着説明,已經帶領一幹人犯到庭。例 6,是説場買這個人在"筭"所傳達的命令到達之前已經提前逃跑。例 7 是記敘"陰之正"讓一幹人起誓作證後,又陸續發生的事情。例 8 是貞問的内容,是説平夜君成在到達郢都後將見王,貞問是否順利無咎。例 9,將"未見君子"和"既見君子"的情況做比較。例 10,説明卲㐌生了病,後文接着記述病情。

我們列舉許多例句,是爲了顯明楚簡"既"作副詞時的主要特點:常處在複合句的前面分句,表明某事或某行爲動作等已經發生或完成,後面分句接着敘述後續事件、行爲,前後一般是時間上的先後相承關係,此時"既"的"已經"義鮮明。這類副詞"既"在案卷、卜筮記録等應用類文獻中使用較多。

(2)"既"所在分句與後面分句有關聯詞相互照應,時間上的先後相承更加明顯。如:

> 11. 既又(有)夫六立(位)也,吕(以)貢(任)此……也;六戠

（職）既分,吕（以）交（裕）六惪（德）。（六德9、10）

12. 既爲貞（貞）,而敓（説）亓（其）祱（祟）,自顕（夏）（新蔡甲
三219）

13. 周武王既克㲉（殷）,乃埶（設）監于殷。（繫年13）

例11是用"既……以……"式,説明有"六位"以後方能任"六職","六職"
分明以後才能廣大"六德"。例12以"既……而……"關聯,意思是,在占
卜得知有祟後,接着以"祈説"的方式請求鬼神降福免災,前後兩事相承發
生。例13是"既……乃"式,交代事件發生的先後順序。

（3）"既"所在分句與後文意義聯繫緊密,前後分句分別是既有事實
（條件）和相應的結果,語義上仍是兩種情況先後相承,同時含有事理上的
推導。此時"既"的"已經"義還是比較明顯,仍應看作副詞,如:

14. 亦既見㞢（之）,亦既詢（覩）㞢（之）,我心則【兑（悦）】。
（五行10）

15. 凡敓（説）之道,級（急）者爲首。既旻（得）亓（其）級（急）,
言必又（有）及,及之而弗亞（惡）,必聿（盡）亓（其）古（故）。（語叢
四5、15）

這兩句,張玉金認爲"既"都是連詞。[1] 例14,他認爲是"亦既……亦
既……"並列式,"既"是表並列關係的連詞,實際這兩小句雖並列,但它
們是分別和後一小句在事理上相承:是在"見之"、"覩之"以後,"我"心
才喜悦,"既"仍有"已經"義。例15,張玉金認爲"既"是讓步連詞。其實
這句是説:遊説之道,要抓住對方所急,抓住後,就一定要以言語打動他,
這裏,"既"表"完成"義仍然明顯,前後小句間仍有先後相承的語義關係,
所以我們處理爲副詞。

---

〔1〕 張玉金《出土戰國文獻虛詞研究》,人民出版社2011年,341頁。

由此也可以看出,"既"所處的句法位置,以及"既"小句與後分句緊密的語義聯繫,由既有事實(條件)向結果的推導關係,使得它具有了向連詞虛化的可能性。

二、楚簡連詞"既"

（一）對"既……又(且)……"式中"既"的性質的討論

對於"既……又……"、"既……且……"等句式中"既"的詞性,存在着認識分歧。有些著作認爲是副詞,如楊樹達《詞詮》、呂叔湘《現代漢語八百詞》等。[1] 有的認爲是並列連詞,如何樂士《古代漢語虛詞詞典》、侯學超《現代漢語虛詞詞典》。[2] 還有些不作討論,予以迴避,如社科院語言所《古代漢語虛詞詞典》只分析了讓步連詞"既",對並列式中的"既"不作討論;但後文在分析"既……既……"固定格式時,又説該格式由兩個連詞"既"組成,[3]可見對並列式中的"既"究竟歸屬什麼詞性尚存疑問。另外,朱景松《現代漢語虛詞詞典》認爲"既"是連詞,"引出一種並存的情況"。但在提示中又説:"① 多用在並列複句的前面分句里,與'且、又、也'等副詞連用,分別指出一方面的情況……③ 用'既'和'又'等副詞引出的幾種情況也可以用緊縮形式表示……"[4]可見思考之也有反復。

張誼生《現代漢語虛詞》中談到副詞與連詞的區別,[5]張玉金針對戰國出土文獻中的"既"也做過類似討論:[6]① 連詞具有粘附性,本身不能單説,也不能同被連的某一方單説;被副詞修飾的成分,本來就能單説,加了副詞仍能單説。從後文楚簡的三種並列式看,"既"所在小句

―――――――

〔1〕　如楊樹達《詞詮》,中華書局 1954 年,131—133 頁;楊伯峻《古漢語虛詞》,中華書局 1981 年,84 頁;呂叔湘《現代漢語八百詞》(增訂本)把並列式中的"既"看作副詞,同時説它與"又、且、也"配合,連接並列成分,商務印書館 1999 年,292 頁。

〔2〕　如侯學超《現代漢語虛詞詞典》,北京大學出版社 1998 年,307 頁;何樂士《古代漢語虛詞詞典》,語文出版社 2006 年,222—223 頁。

〔3〕　社科院語言所《古代漢語虛詞詞典》,商務印書館 1999 年,分別見 276 頁、277 頁。

〔4〕　朱景松《現代漢語虛詞詞典》,語文出版社 2007 年,228—229 頁。

〔5〕　張誼生《現代漢語虛詞》,華東師範大學出版社 2000 年,144—145 頁。

〔6〕　張玉金《出土戰國文獻虛詞研究》,339 頁。

單説已很勉强,單説時明顯語義不盡,説明它具有連詞性質。② 副詞還保留着充當狀語的句法功能,它要修飾中心語,同時兼具連接功能;而連詞不能充當任何句法成分,即使有一點修飾功能,也是附帶的。楚簡三種並列式中,去掉"既",句子意思没有改變;但保留"既",則多少都含有"已經"、"完結"義,可見它具有連詞性質,但多少還帶有一定修飾功能。

另外,楚簡中"既……又(且)……"式中的"既"還具有以下性質:"既"大量處於句首主語前,不像一般虚詞詞典所説的,只用在主語後;"既"的"已經"義多數已不明顯。這些,都顯示出它具有連詞性質。

綜上,本文把"既……又(且)……"式中"既"處理爲連詞。

(二)楚簡中的三種並列式

楚簡並列連詞"既"全部用於小句中,連接並列分句,不能單獨使用。

(1)"既……以……"或"既……以……以(且)……"格式

楚簡中這類格式最多,有 27 例,只見於新蔡、包山和望山簡的卜筮祭禱記録,只用於特定的疾病貞内容,先舉幾例:

16. △貞,既肸(背)雕(膺)疾,旦(以)齘(胛)疾,旦(以)心△(新蔡甲三 100)

17. △坪夜君卣(貞),既心忥、瘴(胖)痕(脹),旦(以)百腊體疾。卜簪(筮)爲祪(攻),既△(新蔡甲三 189)

18. 觀綳昌(以)長靁(靈)爲左尹㡯卣(貞):既腹心疾,旦(以)志(上)懸(氣),不甘飤(食),舊(久)不瘥(瘥),尚遬(速)瘥(瘥),毋又(有)柰。(包山 242)

19. 戛(爨)月丙唇(辰)之日,登(鄧)造以少(小)敝(籌)爲悼固貞:既瘥,以忥(悶)心,不内飤(食),尚毋爲大峽。占之:恆(貞吉)△(望山_1_9)

20. △郊少(小)司馬陳(陳)魕慇昌(以)白霝(靈)爲君坪夜君

貞,<u>旣</u>心疾,<u>昌</u>(<u>以</u>)合於怀(背),<u>虖</u>(<u>且</u>)心疒△(新蔡甲三 233、190)

對例句中"旣"、"以"、"且"所引導小句間的關係,張玉金有過討論,他將其中的"旣"看作副詞,"以"則是連詞,表先後關係,這樣,前後小句就是順承關係。[1] 李明曉也認爲"以"是順承連詞,"旣"是副詞。[2] 我們通過對文義、文例的比對分析,認爲"以"不是表順承關係,"旣"、"以"、"且"所組成的"旣……以……"和"旣……以……以(且)……"等格式,各小句間都是並列關係,三者都是連詞性質。相關內容可參見本書第三章第一節並列連詞"以"下的相關內容。

(2)"旣……且……"式

這裏,"旣……且……"式所連接的成分都是動詞,結構簡單,有2例:

21. △璧,<u>昌</u>(<u>以</u>)罷禱大牢饋,脁(棧)鐘樂之,百之,贛(貢)。鹵(鹽)塝占之曰:吉。<u>旣</u>告虖(<u>且</u>)(新蔡甲三 136)

22. <u>旣</u>轡(皆)告虖(<u>且</u>)禱也△(新蔡甲三 138)

(3)"旣……又……"式

"旣……又……"式僅 1 例,所連接的是動詞結構,比"旣……且……"式連接的成分要複雜得多,如下:

23. <u>旣</u>生畜之,<u>或</u>(<u>又</u>)從而孝(教)恳(誨)之,胃(謂)之聖。(六德20)

例23中的"旣"帶有"已經"義,前後分句間也包含有時間先後相承關係,

---

〔1〕 張玉金《出土戰國文獻虛詞研究》,人民出版社 2011 年,338—340 頁。
〔2〕 李明曉《戰國楚簡語法研究》,武漢大學出版社 2010 年,108 頁。

我們把它歸入"既……又……"並列式的原因,是因爲全句的語義重點不是相承語義,而是強調在滿足上述並列的兩個條件的情況下,才能稱之爲"聖"。

以上是楚簡中的三種並列式,"既"的"已經"、"完結"義都不太明顯。

II 連詞"且"

本書調查範圍内,連詞"且"寫作"虘"、"䢅"。下面討論連詞"且"的用法,有 29 例。

一、"且"前後的語義關係

"且"作連詞,可用於連接詞語和分句,表並列關係和遞進關係,以表並列爲主。

(一)並列連詞"且",26 例

"且"連接並列對等的成分,可分兩種情況:

(1)"且"連接分句,19 例

24. 公命邨(駒)之克先嗼(聘)于齊,䢅(且)卲(召)高之固曰: "今晢亓(其)會者(諸)侯,子亓(其)與臨之。"(繫年 66、67)

25. 占之:丞(恒)貞(貞)吉,少又(有)慇(慼)於穿(躬身),虘(且)志事少遅(遲)旻(得)。(包山 197、198)

26. 占之:丞(恒)貞(貞)吉,少又(有)亞(惡)於王事,虘(且)又(有)慇(慼)於穿(躬身)。(包山 213)

27. 占之:丞(恒)貞(貞)吉,少又(有)慇(慼)於窮身,虘(且)外又(有)不愻(順)。(包山 217)

例 25—27 中的"且",張玉金以爲是遞進連詞,[1]我們處理爲並列連詞,

---

〔1〕 張玉金《出土戰國文獻虛詞研究》,人民出版社 2011 年,354 頁。

理由是：① 從簡文内容看，"且"連接的是並列的兩個占卜結果。② "有感於躬身"這樣的内容，在例 25 中出現在"且"前，在例句 26 中出現在"且"後，再對比例 26 和例 27，可以發現，"且"前後的内容可以對調，不講究順序，這説明此處"且"是並列連詞。再看下面的例

　　28. △既瞀（皆）告虏（且）禱也△（新蔡甲三 138）

　　29. △念，虏（且）瘠不出，㠯（以）又（有）痞，尚遰（速）出，毋爲忧（憂）。（新蔡甲三 198、199－2）

　　30. △既心念㠯（以）疾，虏（且）痕（脤），瘠不△（新蔡甲三 291－1）

　　31. 既心疾，㠯（以）合於怀（背），虏（且）心瘁△（新蔡甲三 233、190）

　　例 28 是用"既……且……"關聯，表並列語義；例 29、30、31 相關，是以"既……以……且……"或"（既）……且……以……"關聯，表並列語義。

　　對例 29、30、31 的情況，張玉金認爲"既……以……且……"格式中，"既"和"且"之間是並列關係，是第一層關係；而"既"和"以"之間是順承關係，是第二層關係。據我們的觀察，這三者之間都是並列關係，詳參本書第三章第一節並列連詞"以"下的有關内容。

　　（2）"且"連接詞語，7 例

　　又可分兩種情況。第一種，以連接並列的動詞和動詞性結構爲主，5 例：

　　32. 禱於齐（文）伕（夫人），訢宰（牢），樂虏（且）贛（貢）之：舉（趣）禱於子西君，訢宰（牢），樂△（新蔡乙一 11）

　　33. 日於九月鳸（薦）虏（且）禱之，吉△（新蔡甲三 401）

　　34. △音（之日）瞀（皆）告虏（且）禱之△（新蔡零 452）

第二種情況,連接兩個形容詞,1例:

35. 寺(詩)員(云):虗(吾)大夫共(恭)虗(且)龏(儉),糸(麻)人不斂(斂)。(緇衣26)

36. 晉𦣞(師)大疫虗(且)饑,飤(食)人。(繫年101、102)

(二)遞進連詞"且"

僅有3例:

37. 命攻解於漸木立,虗(且)遷(徙)亓(其)尻而栢(樹)之。(包山250)

38. 壁琥,睪(擇)良月良日逞(歸)之;虗(且)爲緅繖(珮),遬(速)之。(包山218、219)

39. 爲古(故),衛(率)民向方者,唯悳(德)可。悳(德)之流,遬(速)虖(乎)楷(置)邘(郵)而連(傳)命。亓(其)連(載)也亡至(重)安(焉)。交矣而弗智(知)也,亡。悳(德)者,虗(且)莫大虖(乎)豊(禮)樂安(焉)。訇(治)樂和㤅(哀),民不可也,反之,此逶(枉)矣。(尊德義28、29、31)

例39,"且"處於主謂之間,其性質不易判斷。結合前後文,我們把它處理爲遞進連詞。這一段,前文是說明"德"的重要性和"德"之流播,其後,藉助連詞"且"表語義推進,進一步說明在"德"之中,"禮樂"最爲重要。爲了強調"德",以及考慮表達連貫的需要,"德者"置於句首,"且"被從句首位置移到後面。

二、"且"的語法功能

"且"可以連接謂詞性成分(包括形容詞和動詞性成分),偶爾可以連接名詞性成分,也可以連接分句、複句和句群。

"且"多數連接前後各一個分句。表遞進關係時,"且"還可以連接複句和句群,除了例39,上博簡中還有這樣的例子:

40. 敔(曹)苴(沫)蘯(答)曰:"臣聞(聞)之:又(有)固愳(謀)而亡(無)固壁(城),又(有)克正(政)而亡(無)克戰(陳)。三弋(代)之戰(陳)皆靡(存),或昌(以)克,或昌(以)亡。虘(且)臣聞(聞)之:少(小)邦尻(處)大邦之閒(間),敵(敵)邦交陞(地),不可昌(以)先复(作)悁(怨),疆壄(地)母(毋)先而必取□安(焉),所昌(以)佢(據)鄹(邊)。母(毋)忞(愛)貨資子女,昌(以)事亓(其)便遌(嬖),所昌(以)佢(據)内。壁(城)章(郭)必攸(修),經(繕)臯(甲)秒(利)兵,必又(有)戵(戰)心昌(以)獸(守),所昌(以)爲倀(長)也。虘(且)臣之聞(聞)之:不咊(和)於邦,不可昌(以)出緣(舍)。不咊(和)於緣(舍),不可昌(以)出戰(陳)。不咊(和)於戰(陳),不可昌(以)戵(戰)。"(上博四_曹沫之陳_13、14、17、18、19、20)

此處的"且",表達語義上的遞進,同時還起到了顯示語義層次、分隔話語層次的作用。"且"連接句群的情況很少。

Ⅲ　連詞"既"和"且"的語體分佈

連詞"既"語法功能單一,就是連接並列分句。"既"的不同句式對應不同語體,用於"既……以……以(且)……"等格式時,只見於卜筮祭禱文獻;"既……又……"式則偏於論說體;"既……且……"式,在本書調查範圍内只見於卜筮類文獻。連詞"既"不能獨用,以其不同句式呈獻一定的文獻分佈規律。

連詞"且"表並列和遞進語義,可以連接謂詞性成分,也可以連接分句、複句和句群。本書調查範圍内,其文獻分佈情況如表1:

表 1　楚簡連詞"且"語義關係、語法功能、文獻類型的對應

	郭店簡 2	包山卜 筮 8	新蔡卜筮 11		望山卜 筮 1	《繫年》7	
並列 連詞 26	形·且· 形 1	連接分句 6	連接分句 6	動·且· 動 5	連接分句 1	連接分句 6	名·且· 名 1
遞進 連詞 3	連接分句 1	連接分句 2	—		—	—	

　　表 1 顯示:"且"的主要功能是連接並列分句和連接動詞語。結合前文可知,連接的並列分句有三種類型:第一種是單獨使用"且"連接並列分句,全部用於包山簡卜筮記録和史書《繫年》;第二種是"既……且……"式,全部見於新蔡簡卜筮記録的固定表達;第三種,是"既……以……且……"或"(既)……且……以……"式,見於望山簡和新蔡簡卜筮記録的固定表達。"且"連接動詞語時,也是出現在卜筮記録中。

　　"且"連接並列的形容詞性成分時見於郭店簡,這種結構具有一定的形容、修飾性質。它連接複句和句群時,也見於論説體。

　　"且"表遞進關係很少,只能連接分句,多數用於卜筮祭禱文獻。

　　綜上,連詞"且"連接並列分句和連接兩個動詞語時,一般用於實録體文獻,如卜筮記録和史書;連接複句和句群、連接兩個形容詞性成分時,則用於論説體。表現出一定語義關係、語法功能同語體的分工對應。

第四節　連　詞　"焉"

　　虛詞"焉"有多種用法,其中最具爭議的就是兼詞用法。主要爭議是:"焉"是代詞還是兼詞;[1]"焉"既然不是合音詞,它能否稱爲兼詞;"焉"

---

〔1〕　如關樹法《"焉"並非兼詞——兼論兼詞形成的條件》,《遼寧大學學報》1986(1),15—18 頁。

是特殊的指示代詞（或説指示代詞兼語氣詞），[1]還是介代兼詞。[2]本文從何樂士觀點，認爲"焉"可以作兼詞，是介代兼詞。

楚簡中"焉"這個虛詞是寫作"安"、"女"和"言"的。據張玉金的調查，秦簡和中山國金文中有"焉"字，用爲虛詞，所以他説，從出土戰國文獻看，"安"和"焉"兩個字，是一個詞的兩種不同書寫形式。[3]

本書調查範圍内，"安（焉）"作連詞有 29 例，都寫作"安"和"女"；作兼詞 24 例，寫作"安"、"女"或"言"；它另有語氣詞、動詞、形容詞、副詞、代詞和名詞用法。

在分析"焉"的連詞用法之前，先簡單説明它的兼詞用法，從中可以看出二者的聯繫與區別。

一、"焉"作兼詞

24 例作兼詞的"焉"，全部處於謂語中心成分後面，作補語。

"焉"表動作的受事的，如：

1. 尐（小人）信**⬚**下郙（蔡）闗（關）里人雇女返、東邟里人場賈、䳫（黄）里人競不割（害）**⬚**殺舍（余）罩於競不割（害）之官，而相**⬚**弃之於大迻（路）。競不割（害）不至（致）兵安（焉）。（包山 121、122）

"焉"表動作行爲的處所，如：

2. 國中又（有）四大安（焉），王尻（處）一安（焉）。（老子甲 22）

---

〔1〕 以王力《古代漢語》（中華書局 1962 年）、郭錫良《古代漢語》（天津教育出版社 1991 年）爲代表。

〔2〕 見何樂士《〈左傳〉的"焉"》，《〈左傳〉虛詞研究》，商務印書館 1989 年，319—369 頁。

〔3〕 張玉金《出土戰國文獻虛詞研究》，人民出版社 2011 年，633—634 頁。

"焉"表與動作行爲有關的事物,如:

3. 痲(寡)人惑安(焉),而未之昃(得)也。(魯穆公問子思4)

"焉"表比較的對象,如:

4. 是古(故)夫(上)句(苟)身備(服)之,則民必有甚安(焉)者。
(成之聞之6、7)

二、"焉"作連詞

(一)"焉"前後的語義關係

"焉"是順承連詞,只用於連接分句。一般的虛詞詞典認爲它前後表達的是條件—結果關係,從楚簡看,其前後語義關係還可細分。

(1)表示兩事在時間上的先後相承,有24例

這種表兩事先後發生的連詞"焉",集中於清華簡《繫年》,有20例,如:

5. 邵(昭)王旣遞(復)邦,女(焉)克獻(胡)、回(圍)郜(蔡)。
(繫年106)

6. 秦穆公欲與楚人爲好,女(焉)❦(脱)繡(申)公義(儀)凶(使)歸求成。(繫年48)

7. 吳王子昏(晨)栖(將)记(起)禍(禍)於吳,吳王盍(闔)❦(盧)乃歸,邵(昭)王女(焉)遞(復)邦。(繫年84)

8. 周亡王九年,邦君者(諸)侯女(焉)台(始)不朝于周。(繫年8)

9. 乃立靁(靈)公,女(焉)夋(葬)襄公。(繫年53)

《繫年》中的例句,如例5、6,"焉"的連詞性質比較分明,而如例7、8、9,多少含有兼詞性質。

除了《繫年》,在應用類的文書簡、卜筮簡中,還有少數幾例表先後承接關係的連詞"焉",如:

10. 王廷於藍郢之遊宮,安(焉)命大莫囂屈昜(陽)爲命邦人内(納)亓(其)泉(溺)典。(包山7)

11. 夋(小人)牆(將)敓(捕)之,夫自剔(傷)。夋(小人)安(焉)獸(獸)之㠯(以)告。(包山142)

12. 夋(小人)取愴之刀㠯(以)解夋(小人)之桎,夋(小人)逃至州迲(巷),州人牆(將)敓(捕)夋(小人),夋(小人)信㠯(以)刀自戕(傷),州人安(焉)㠯(以)夋(小人)告。(包山144)

也可表示抽象的情況、狀態等一先一後發生,上博簡中的例子比較典型,舉一例作爲參考,如:

13. 無瘳,至癸卯之日安良遬(瘥)。亓(其)祱(祟)與黽(龜)△(新蔡甲三39)

14. 先又(有)审(中),安(焉)又(有)外。先又(有)少(小),安(焉)又(有)大。先又(有)矛(柔),安(焉)又(有)剛。先又(有)圎(圓),安(焉)又(有)枋(方)。先又(有)暒(晦),安(焉)又(有)明。先又(有)耑(短),安(焉)又(有)長。(上博三_亙先_8、9)

例14是以"先……焉……"爲關聯詞,表兩事的先後、順序發生,但不像前文是具體事件,而是抽象的概念。

一般虛詞詞典中,都説"焉"處於後一分句之首,實際它還可以處於句中主謂之間,這樣的例子不多見,如前文11、12兩句即是。

(2)表示前後兩事在事理上相承,前分句提出條件,后分句指出結

175

果,5 例都出現在古書類的郭店簡中,如:

15. 訐(信)不足,安(焉)又(有)不訐(信)。(老子丙 1、2)

16. 古(故)大道瞗(廢),安(焉)又(有)悬(仁)義。六斾(親)不和,安(焉)又(有)孝孳(慈)。邦豪(家)緔(昏)【亂,安(焉)】又(有)正臣。(老子丙 2、3)

17. 衍(道)不可彌也,能獸(守)弌(一)曲,安(焉)可呂(以)緯(違)丌(其)亞(惡),是呂(以)丌(其)軔(斷)杰(獄)遬(速)。(六德 43、44)

例 17,一般都在"焉"後讀斷,這樣處理時,"焉"就是兼詞。陳偉認為"焉"應該屬下讀。[1] 我們認同陳偉的觀點,一方面,例 15、16 兩句與此句結構相同,可以作為參照;另一方面,"能守一曲"引出的結果是可以"違其惡",在此基礎上"是以其斷獄速",語義是步步相承的,如果將"焉"理解作兼詞,語義被割裂。

(二)區別連詞"焉"與"則"

許多虛詞詞典在解釋連詞"焉"時都説它表承接,相當於"則"、"乃",實際"焉"與"乃"更接近,與"則"有一定差別。

(1)語義上的差別

首先,整體上看,"焉"所連接的前後項,強調有前面情況之後出現後面情況,時間上的先後相承意味強烈;而"則"語義直承,進行事理上的推導的意味強烈,下文例 20、21 的對比可以清晰呈現這種語義差別。

其次,"焉"在語義上更接近於"乃"、"才",而"則"可理解作"就"、"便",在具體句子中二者意義微殊。如例 16"六親不和,焉有孝慈",表達的是"只有六親不和,纔會有父慈子孝之禮產生",暗指孝慈之禮不該產生。而如果是"六親不和,則有孝慈",就是"如果六親不和,就會有父慈

---

〔1〕 陳偉《郭店楚簡〈六德〉諸篇零釋》,《武漢大學學報》1995(5),32 頁。

子孝之道", 或"在六親不和的情況下, 就産生了父慈子孝之道", 包含推理和因果, 暗指孝慈之道適應情勢而産生。按照老子的觀點, 父慈子孝是自然而然的, 只有出現六親不和的情況後, 纔會刻意爲之, 提倡孝慈, 這是違背天然的。所以如果將此處"焉"理解爲"則", 就會錯解文義。

換句話説, 從邏輯上看, "焉"前後分句間是必要條件—結果關係, 而"則"前後是充分條件—結果關係, 二者意義不同。觀察下面的句子, 差別可一目了然:

18. 必知亂之所自起, 焉能治之; 不知亂之所自起, 則弗能治。(《墨子·兼愛上》)

19. 吾道路悠遠, 必無有二命, 焉可以濟事。(《國語·吳語》)

（2）功能上的相似與不同

"焉"作連詞, 在語義關係上是單純的, 就是表達順承語義, 在語法功能上, 它和"則"有相似之處。

① "焉"可以用於緊縮句中, 且多個緊縮句排比連用, 各緊縮句間是並列或順承語義, 這同"則"類似。只是"焉"的此類用法很少, 而"則"的這一特點非常突出, "則"關聯的緊縮句中, 有 68.1% 都是排比連用的, 可看下面兩句:

20. 又(有)或安(焉)又(有)燹(氣), 又(有)燹(氣)安(焉)又(有)又(有), 又(有)又(有)安(焉)又(有)訇(始), 又(有)訇(始)安(焉)又(有)迚(往)者。(上博三_亙先_1)

21. 悬(仁)之思也清, 清則𢘅(察), 清則𢘅(察), 𢘅(察)則安, 安則𤕤, 𤕤則兑(悦), 兑(悦)則豪(戚), 豪(戚)則薪(親), 薪(親)則惡(愛), 惡(愛)則玉色, 玉色則型(形), 型(形)則悬(仁)。(五行 12、13)

② 連詞"焉"的前後一般是一對一的分句,表達簡單、直接的條件—結果關係。"則"前後往往有多個分句,表達複雜的條件和結果,它在分句中的位置十分靈活。

總而言之,"焉"與"則"意義有微殊,但功能相近。"焉"的承接、推導語義比"則"要弱得多。"焉"可以同"則"一樣,組成緊縮句,排比連用,達到簡潔有力、語義緊承的表達效果,但總的來説,它做連詞使用不多,"焉"主要是用作兼詞;"則"不同,作連詞是它最主要的用法。

三、"焉"的文獻分佈

連詞"焉"在本書調查範圍內使用 29 次,其中,表具體行爲、事件在時間上先後發生者 24 次——出現於史書《繫年》20 次,包山文書簡 3 次,新蔡卜筮記錄中 1 次;表前後兩種情況在事理上相承者 5 次,全部見於郭店簡。

這種分佈差別清晰反映了"焉"的語義語法功能同文獻類型的對應和匹配:"焉"的基本功能是表行爲、事件發生的時間先後,這一特點在記史的《繫年》中得到充分體現,在應用類文獻的記敘性內容中,也有少量用例二者都屬於實錄體文獻;當"焉"表比較抽象的順承語義,連接必要條件—結果關係時,起到彰顯邏輯關係的作用,此時,它多用於論説體文獻。

連詞"焉"存在著一定語義語法功能同一定文獻類型的對應關係,適用於實錄體的史書、文書、卜筮記錄等文獻類型,表事件的先後發生;用於論説體文獻時,表達單純的條件—結果關係,但用例不多。

第四章 不具有明顯語體
差異的連詞

本章摘要：

這一章討論不具有明顯語體差異的連詞"與"、"如",不能
確定語體差異所占比重的連詞"及",以及低頻的連接性成分
"是"、低頻連詞"所"。

並列連詞"與"作爲基本的、普適性的並列連詞,滿足各類文
獻連接名詞性成分的基本需要,不呈現明顯的語體分佈差異。

連詞"及"的使用涉及地域、時代等因素,僅就楚簡中的使
用,不能確定其中語體差異所占的比重,所以歸入此章。

假設連詞"如"只使用 7 次,不體現語體分佈規律。

楚簡只有極少數連詞語體差異不明顯。

本章討論連詞"與"、"及"、"如"、"若"、"所"和連接性成分"是"的語
體分佈情況。並列連詞"與"作爲基本的、普適性的並列連詞,滿足各類文
獻連接名詞性成分的需要,不呈現明顯的語體分佈差異。並列連詞"及"
在清華簡發現之前,較少見於楚簡,已有研究認爲其分佈牽涉地域、時代、
語體、自身功能發展等多種因素,在目前不能排除其他因素、不能明確其

語體屬性的情況下,我們暫把它歸入此章。假設連詞"如"總使用頻次只有 7 次,不呈現語體分佈規律。其餘低頻連詞,不具有討論語體分佈的價值,放在這一章作簡單介紹。

第一節 連詞"與"

本書調查範圍內,"與"的使用情況比較複雜,它可以用作動詞、介詞、連詞、語氣詞,大量用作祭禱名稱,也可用在職官名、地名、人名中,並且,這些用法中,字形糾纏,往往同一用法寫作不同字形,同一字形對應多種用法。所以,我們將"與"在楚簡中的使用情況列表説明如表1,表中包括其用法、意義、使用頻次及關聯的字形。

表 1　楚簡"與"使用情況表

介詞 67("與"、"与"、"异")			連詞 94("與"、"与"、"异")	
引進關涉的對方 45	引進動作協同的對象 14	引進比照的對象 8	並列連詞 93	選擇連詞 1
動詞 5	通"舉"2	祭禱名稱 87	用於人名 2	用於複姓"順與"5
("與"、"与")	("與"、"异")	("塁"、"獚"、"與")	("塁")	("塁"、"與")
用於職官名"少里喬與尹"("喬與")5	用於地名"邡(付)塁"4、"白(柏)塁"1	疑問語氣詞 1	存疑[1] 6	簡文殘缺,意義不明[2] 22
("與"、"塁")	("塁")	("與")	("與"、"与")	("与"、"塁"、"與")

〔1〕 以下 6 例,各家釋讀意見不同,"與"在句中的用法不能確定,暫存疑: 及丌(其)専(博)長而厚大也,則聖人不可由與堭之。(成之聞之 27、28)//唐与容与夫丌(其)行者。(語叢一 109)//飤(食)与頪(色)与疾(息)。(語叢一 110)//命与夏(文)与,又(有)眚(性)又(有)生。(語叢三 71 壹、71 貳)//邦又(有)巨舷(雄),必先與之昌(以)爲堽(朋),唯(雖)戀(難)亓(其)羿(興)。(語叢四 14、16)//鼻(早)與殴(賢)人,是冑(謂)渶(訣)行。(語叢四 12)

〔2〕 是以下 22 例: 凡心又(有)志也,亡与不□□□□蜀(獨)行,猷(猶)口之不可蜀(獨)言也。(性自命出 6、7)//人之眚(性)非與,止虏亓(其)(語叢三 57)// (轉下頁)

180

　　從表 1 可以看出,"與"在本書調查範圍内,主要是用作祭禱名稱,此時意義單純(除極個別寫作"與",幾乎全部寫作"舉");其次就是"與"的連詞和介詞用法。

一、介詞"與"和連詞"與"的判別

　　關於介詞"與"和連詞"與"的判別,王克仲、[1]趙大明[2]在朱德熙、[3]劉丹青[4]等人研究的基礎上做了很透徹的討論。簡單地説,有如下形式標誌時,"與"是介詞:①"與"前省略主語;②"與"前有主語,但主語跟"與"之間插入了修飾性成分;③"與"後省略賓語;④"與"後面是代詞"之"——代詞"之"只能作賓語,則説明此時的"與"是介詞。這裏用幾個例句加以説明:

　　1. 与(與)爲愁(義)者遊,畠(益);与(與)牂(莊)者凥(處),畠
　　(益)。(語叢三 9、10)

（接上頁）△汜圡(上)舉(趨)△(新蔡甲三 103)//△與休君受十△(新蔡甲三 273－1)//㝫與一冢。△(新蔡甲三 309)//△爲之酓(酒),目(以)微剀(宰)尹弢與△(新蔡甲三 356)//△與賓禱之。(新蔡甲一 23)//無瘳,至癸卯之日安良虗(瘥)。亓(其)祝(祟)與黽(黿)△(新蔡甲三 39)//於霜(喪)丘、無與△(新蔡甲三 357、359)//△舉(趨)良之敚(説)。舉(趨)禱於卲(昭)王、客(文)△(新蔡乙三 28)//△與姻卧(幾)△(新蔡零 124)//△之即之不欵取於弢與耆△(新蔡零 193)//△未與黽,同敚(祟)△(新蔡零 241)//△羣(犧)與△(新蔡零 242)//△舉(趨)□△(新蔡零 260)//△舉(趨)□△(新蔡零 279)//△□□與△(新蔡零 557)//△與△(新蔡零 582)//△與□△(新蔡零 589)//△□於父犬,與新(親)父,與不殜(辜),與罴襟,與□△(望山_1_78)//△狄與△(望山_1_79)//△□【舉(與)宜是】之才(哉)。□△(長臺關_1_019)

〔1〕　王克仲《先秦虛詞"與"字的調查報告》,中國科學院語言研究所古代漢語研究室《古代漢語研究論文集》,北京出版社 1982 年,139—178 頁。本節下引王氏意見皆出此文,不再另注出處。
〔2〕　趙大明《〈左傳〉介詞研究》,首都師範大學出版社 2007 年,370—382 頁。下引趙氏意見皆出此處,不另注。
〔3〕　朱德熙《語法講義》,商務印書館 1982 年,176 頁。
〔4〕　劉丹青《語法化中的共性和個性,單向性與雙向性——以北部吳語的同義多功能虛詞"搭"和"幫"爲例》,吳福祥、洪波《語法化與語法研究》(一),商務印書館 2003 年,128 頁。

2. 邑（以）丌（其）不静（爭）也，古（故）天下莫能异（與）之静（爭）。（老子甲 5）

3. 不與智愄（謀），是胃（謂）自忑（欺）。舊（早）與智愄（謀），是胃（謂）童（重）亟（基）。（語叢四 13、14）

4. 厽（三）者，君子所生之立，死与（與）之逃（敝）也。（六德 46）

5. 【君】子之爲善也，又（有）與刉（始），又（有）與邑（終）也。（五行 18）

例 1，"與"前主語省略；例 2，主語和"與"之間插入了修飾成分；例 3，主語省略，且"與"前有修飾成分；例 4，"與"後賓語是"之"；例 5，"與"後賓語省略——這些例句中的"與"都是介詞，具有明顯的形式標誌。

但是，當"與"所聯繫的兩個名詞性成分處於主語位置，形成"X+與+Y+VP"形式時，就會產生介詞和連詞的區分問題。當"與"爲介詞時，應該理解成這樣的結構："X+[（與+Y）+VP]"，此時"與"屬下，同它後面的成分一起修飾謂語，所以它是介詞；當"與"爲連詞時，是這樣的結構："[X+與+Y]+VP"，"與"屬上，同它前面的成分結成一個整體，作爲主語，因而"與"是連詞。

所以，除卻形式上的標誌，判斷"與"是介詞還是連詞的關鍵，是看"與"的前項和後項是否作爲一個整體作主語，如果是，則"與"是連詞；如果否，則只是"與"的前項作主語，"與"及其後項是謂語的一部分，此時"與"就是介詞。怎樣判斷"與"的前後是否爲一個整體？王克仲提出的辦法是聯繫上下文和參考相關文例，這是很有效的辦法。比如：

6. 聖人之眚（性）與中人之眚（性），丌（其）生而未又（有）非之。（成之聞之 26、27）

7. 凡二百人十一人，既耍（盟），皆言曰：信𢆶（察）諨智（知）舒

慶之殺亘（桓）卯，迖、烓與慶皆（偕）。（包山 137）

例 6，由下文“其（聖人之性）初始之時未有分別”，可知主語應是“聖人之性”；例 7，上文指出“舒慶殺桓卯”，下文謂“迖（舒迖）、烓（舒烓）”跟隨舒慶一起殺害桓卯——這兩句中的“與”是介詞。

再看下面幾例：

8. 罨（畢）□尹栖糖與□君之司馬奉爲皆告城（成）。（包山 140）

9. 羕陸（陵）攻尹快與喬尹黃驕爲羕陸（陵）賁（貸）邞（越）異之黃金卅（三十）益（鎰）二益（鎰）㠯（以）翟（糴）種（種）。（包山 107）

10. 株昜（陽）莫囂邵壽君與喬差（佐）瘟爲株昜（陽）賁（貸）邞（越）異之黃金七益（鎰）㠯（以）翟（糴）種（種）。（包山 108）

11. 郹陸（陵）攻尹快、喬尹驕爲郹陸（陵）賁（貸）邞（越）異之金卅（三十）益（鎰）二益（鎰）。（包山 117）

例 8 中“皆”可作爲形式標誌，表明“與”連接的“罨（畢）□尹栖糖”和“□君之司馬奉爲”兩個短語是並列結構；例 9、例 10 中的“與”處理爲連詞，是比較了例 9、10、11 三句的文例方得以明確。

另外，還有數例，張玉金在相關研究中處理爲連詞，[1]而本文處理爲介詞，因爲牽涉到的是一類詞，這裏有必要做些説明：

12. 名與身管（孰）薪（親）？身與貨管（孰）多？賷（得）與貣（亡）管（孰）痄（病）？（老子甲 35、36）

---

〔1〕 見張玉金《出土戰國文獻虚詞研究》，人民出版社 2011 年，252—253 頁；張玉金、莫艾飛《戰國時代連詞“與”研究》，《中國文字研究》第十五輯，56 頁；張玉金《出土戰國文獻中虚詞“與”和“及”的區別》《語文研究》2012（1），35 頁。下引張氏意見皆出此三處，只注頁碼。

13. 豳(絶)斈(學)亡惪(憂),唯與可(呵),相去戡(幾)可(何)？岂(美)与(與)亞(惡),相去可(何)若？（老子乙4）

張氏認爲,這幾句的"與"都是連詞,具有合連性功能。這是吸取了周剛的觀點,周氏認爲:當"與"具有合連功能時,在"X+與+Y+VP"中,句式不能分開表述,即 X+與+Y+VP≠X+VP,Y+VP。VP"在語義上要求兩個論元與其搭配",這兩個論元 X 和 Y"彼此依存,合成一體";且 X 和 Y 彼此可以互換位置而不影響語義;這時的 VP 被稱爲相互動詞或交互類短語。[1]

周剛所舉的例子如:

14. 主任和(與)青苗的爸爸是老戰友。（浩然《夏青苗求師》)≠*主任是老戰友,青苗的爸爸是老戰友。

15. 我和(與)巧珍相愛了。（路遙《人生》)≠*我相愛了,巧珍相愛了。

這裏的 X 項("主任")和 Y 項("青苗的爸爸")可以互換位置而語義不變,這兩個論元彼此依存,是一個整體,但它們不能分別與 VP("是老戰友")結合,這裏的 VP 是交互類短語。

回頭對比前文例 12,可以明顯看出,楚簡中的"孰親"("孰多"、"孰病")並非交互類短語,而是要在前面的"名"與"身"中間做出選擇,"名與身"("身與貨"、"得與亡")不是作爲一個整體,"與"應該是介詞,引進比較對象。例 13 同理,"與"也是介詞,引進比較對象。

另有 1 例"與",張玉金也處理爲具有合連功能的連詞:

16. 一襡紫魚與彔(綠)魚之蔔(箙),䍐(狸)䍐之靁。（曾侯乙39）

---

〔1〕 周剛《連詞與相關問題》,安徽教育出版社 2002 年,44—45 頁。

184

此例中的"襺"字,有多種解釋,本文取"襺"指某種顏色的看法。[1]
"襺紫魚與綠魚"是並列關係,"與"是連詞,但不具備合連功能。

實際上,古漢語中,當"X+與+Y+VP"結構中的"VP"是交互類動詞或
短語時,它作介詞的情況非常之多,作連詞極少。因爲,使用交互類動詞
的句子,總是事涉雙方,而雙方在語義輕重主次上往往有別,"與"常用來
引進事件關涉的對方,二者不在同一語義層次。王克仲、趙大明、何樂
士[2]等人的處理也是如此。如王克仲的例子:

　　17. 士蒍與群公子謀。(《左傳・莊公二十三年》)
　　　　 士蒍又與群公子謀。(同上)
　　18. 韓簡子與中行文子相惡。(《左傳・定公十三年》)
　　　　 魏襄子亦與范昭子相惡。(同上)
　　19. 楚王不聽,遂舉兵伐秦。秦與齊合,韓氏從之;楚兵大敗於
杜陵。(《戰國策・秦二》)

楚簡中也有相應的例句:

　　20. 九月戊申之日,倍大戠六敂(令)周霖之人周雁訟付鄥(舉)
之閽(關)人周璪(瑤)、周攸,胃(謂)氂(葬)於其土。璪(瑤)、攸鄥
(與)雁成,唯周驪(貒)之臯(妻)氂(葬)安(焉)。(包山 91)
　　21. 大宮痎、大駷(駟)尹币(師)言胃(謂):壁鋤不與亓(其)父壁

----

〔1〕 "襺"。(1) 整理者認爲指某種顏色。(2) 施謝捷認爲當讀"鮭",引《説文》:
"鮭,鮮明黄也"。見《楚簡文字中的"蘽"字》,《楚文化研究論集》第五集,黄山書社 2003 年,
337 頁。(3) 何琳儀以爲當讀"畫"。見《戰國古文字典》,中華書局 1998 年,736 頁。(4) 白
於藍從何氏意見,認爲"襺紫魚與綠魚之服"是指在底漆爲紫色和綠色的魚皮上施有彩繪花
紋的懸服。見《曾侯乙墓竹簡中的"鹵"和"櫓"》,《中國文字》新 29 期,(臺北)藝文印書館
2003 年,203—205 頁。對比相關文例,"襺"似指某種顏色。
〔2〕 何樂士《古代漢語虚詞詞典》,語文出版社 2006 年,556—557 頁。本節下引何氏
觀點皆出此書"與"條下,不另注。

年同室。鏽居郢,與亓(其)季父⬚連囂壄必同室。(包山126、127)

22. 王所舍斱(新)大厭曰(以)啻蘆(苴)之田,南與郗君𫐐(執)疆,東與陜(陵)君𫐐(執)疆,北與鄹昜(陽)𫐐(執)疆,西與鄀君𫐐(執)疆。(包山 154)

23. 秦穆公欲與楚人爲好,女(焉)⬚(脱)繻(申)公義(儀)囟(使)歸求成。(繫年 48)

例 20 的動詞"成"是表示爭訟獲得解決的用語,大致相當於"達成協議",例 21"同室",例 22"執疆"大致相當於"接壤"、"交界",例 23"爲好",這些都是交互類動詞或短語,而句中的"與"確定無疑都是介詞。"與"的前項作主語,這個主語同"與"後成分在語義的輕重、主次上是不同的,二者不是一個整體。

以上是談本文對介詞"與"和連詞"與"的判別標準。主要是:① 看形式上的標誌;② 看語義關係,當"與"的前後項作爲一個整體與句中動詞發生聯繫,就是連詞;否則,就是介詞。

二、楚簡介詞"與"的使用情況

介詞"與"主要的語法功能,是引進施事進行動作行爲時涉及的參與者——與事。根據與事跟動作行爲以及施事之間的語義關係,可以把"與"引進的對象分成多個小類。本文主要參考何樂士和趙大明的分類,并根據楚簡實際情況,分作三類。

(一)引進動作行爲關涉的對方

施事和"與"引進的對象共同進行某一動作行爲,這一動作行爲一般涉及雙方,"與"引進的是相關的另一方,有 49 例。除前文例句 1、2、3、20、21、22 等,另如:

24. 古(故)君不與少(小)惎(謀)大,則大臣不悁(怨)。(緇衣

21、22）

25. 吕（以）亓（其）审（中）心與人交,兌（悦）也。（五行32）

當“與”引進關涉的對方時,“與”字及其賓語所修飾的是以下動詞（或動詞短語）：“成”、“同室”、“仇（相仇）”“距疆（交界）”、“執疆（交界）”、“爭”、“謀”、“交”、“結”、“齊”,它們的共同特點是,動作行爲的進行必然會涉及相對立或對應的另一方。

（二）引進動作行爲的協同者

這種情況有 10 例。這裏的協同者,就是同施事伴隨着進行同一動作行爲的對象,即“與事”。趙大明認爲：施事和與事之間既可以不分主從,只是互相伴隨着進行動作;又可以分出主從,一方跟隨另一方進行動作。也就是説,趙氏的引進協同者,包括王克仲提出的兩種情況：表示偕同,即主語偕同“與”的賓語（與事）一起去實現某行爲;表示因隨,即主語跟隨“與”的賓語（與事）而實現某行爲。本文更認可趙氏的觀點,因爲楚簡中既有“與”表示因隨的情況,如前文例句 4“生與之立,死與之敝”;也有表示偕同的情況,如下例：

26. 与（與）爲恝（義）者遊,㠯（益）；与（與）牂（莊）者尻（處）,㠯（益）。（語叢三 9、10）

但也有難以判斷誰主誰從的時候,如例 7“信察謌知舒慶之殺桓卯,迆、㹝與慶偕”,可以理解爲舒迆、舒㹝與舒慶偕同殺害桓卯,也可以理解爲二人跟隨舒慶一起殺桓卯。

所以,本文“與”引進動作的協同者包括表示偕同和表示因隨兩種情況。

（三）引進比較的對象

施事跟“與”所引進的對象進行比較,有 8 例。如：

27. 𢇍(绝)𦒫(學)亡𢝊(憂),唯與可(呵),相去𢦕(幾)可(何)?㒰(美)与(與)亞(惡),相去可(何)若?(老子乙4)

28. 智(知)𦟀(止)所㠯(以)不㚔(殆),卑(譬)道之才(在)天下也,猷(猶)少(小)浴(谷)之𢍰(與)江海(海)。(老子甲20)

29. △亡(無)咎,又(有)敚(祟),與𪓐同敚(祟),見於𠙻(太)△(新蔡甲三3)

三、楚簡連詞“與”

(一) 連詞“與”前後的語義關係

(1) 並列連詞

連詞“與”的主要功能,是連接詞或詞組,表示並列關係。如:

30. 三𧜸䝚(貂)與彔(綠)魚之䗪(箙),狐白之聶。(曾侯乙5)

31. 由(思)攻解日月與不殆(辜)。(包山248)

32. 秎(利)以見公王與貴人。(九店_56號墓_42)

這裏的“與”都是並列連詞,但略有不同。如“𧜸紫魚與綠魚”、“𧜸貂與綠魚”,據白於藍説,[1]當指箙之裏外而言,結合出土實物看也是如此,則例30“與”連接的是一個事物的兩個部分;下面的例31、32,“與”則是連接兩種事物和兩類人。

(2) 選擇連詞

“與”還可以連接詞或詞組,表示選擇關係。此時,“與”連接的前後兩項多是謂詞性成分,且往往是前項肯定、後項否定,提供一正一反兩個選擇項。楚簡中這類例子很少,如:

---

〔1〕 白於藍《曾侯乙墓竹簡中的“鹵”和“櫓”》,《中國文字》新29期,(臺北)藝文印書館2003年,203—205頁。

33. 子左尹命漾陸（陵）之宮大夫𢼈【察】州里人𡎸鋪之與亓【其】父𡎸年同室與不同室。（包山 126）

34. 舉（舉）天下之𢼈（作）𢗉（強）者,果天下之大𢼈（作）,亓（其）竊蚚（尨）不自若𢼈（作）,甬（庸）又（有）果與不果。（上博三＿亙先＿11）

傳世文獻中還有一種情況:"與"作選擇連詞,連接分句,組成"與……不如"、"與……寧"、"與其……毋寧"這種選擇複句,楚簡中沒有這種用法。

（二）連詞"與"所連接的成分

連詞"與"前後的成分以名詞和名詞性短語爲主,也可以是形容詞和動詞等。

（1）"與"連接名詞和名詞性短語,87 例[1]

① "與"前後都是名詞的,如:

35. 天型（刑）城（成）,人异（與）勿（物）𣥐（斯）里（理）。（語叢三 17）

36. 周之戠（歲）𣎵（八月）辛□之日,車與器之典。（望山＿2＿1）

② "與"前後都是同位短語的,如:

37. 株昜（陽）莫囂邵壽君與喬差（佐）瘠爲株昜（陽）貣（貸）郊（越）異之黃金七益（鎰）㠯（以）翟（糴）穜（種）。（包山 108）

---

[1]　少數句子成分缺失,但根據文例可以確認前後成分都是名詞和名詞短語的,也計算在內。如"酒（將）又（有）愳（戚）於躬身與△（望山＿1＿74）",參考望山簡其他文例:"又（有）愳（戚）於躬身與宮室,又（有）敓（祟）,以其古（故）祝之。□□□△（望山＿1＿24）//△又（有）愳（戚）於軀（躬）與宮室,且又（有）□△（望山＿1＿75）",可以認爲"與"後爲名詞"宮室"。

其中，"株陽莫囂"和"邵壽君"是同位語，"喬佐"和"瘳"爲同位語。同位短語中，一般前面部分是身份職官，後面是名氏。

③ "與"前後是定中短語和同位短語的套疊，如：

38. 癸巳之日不遲（將）弞（射）旮君之司馬駕與弞（射）旮君之人南軝、登（鄧）敢吕（以）廷，阩門又（有）敗（敗）。（包山 38）

39. 肎（十月）辛巳之日不遲（將）頵宮大夫猷公遞（魯）异（期）、𣲜易（陽）公穆疴與周悃之分𢏿廷，阩門又（有）敗（敗）。（包山 47）

例 38，"射旮君之人"和"南軝、鄧敢"是同位短語，前者又是定中短語。例 39，"頵宮大夫猷公魯期、𣲜陽公穆疴"是多層同位短語：第一層，"頵宮大夫"同"猷公魯期、𣲜陽公穆疴"是同位語關係；第二層，"猷公魯期"、"𣲜陽公穆疴"分別是兩個同位短語。此句"與"後的部分"周悃之分𢏿"，陳偉等的説法可從[1]："分𢏿"可能是身份，或"分"是身份而"𢏿"是其名。"周悃之分𢏿"是定中短語或定中短語和同位短語的套疊。

④ "與"前後是其他名詞性短語，如：

40. 䡴（乘）𦩨人兩𢓷與丌（其）車。（曾侯乙 205）

"𢓷"字，整理者疑爲馬名，何琳儀以爲是"騾"之初文。[2] 此句"與"前是數名組合，"與"後是代詞與名詞的組合。

⑤ "與"前後還有一爲名詞、一爲名詞短語的情況，如：

41. 又（有）祟（祟）見於幽（絕）無逡（後）者與漸木立。（包

〔1〕 見陳偉等《楚地出土戰國簡册（十四種）》，經濟科學出版社 2009 年，30 頁。
〔2〕 何琳儀《戰國古文字典》，中華書局 1998 年，874 頁。

山 249)

這裏"與"前是定中短語,"與"後的"漸木立"是一個名詞。[1]

綜上,"與"前後是名詞和名詞短語的情況最爲普遍,在其前後成分中占 92.5%。

(2)"與"前後都是形容詞,4 例

42. 聖与(與)智豪(就)壴(矣),悬(仁)与(與)宜(義)豪(就)壴(矣),宻(忠)与(與)訐(信)豪(就)【壴(矣)】。(六德1、2)

(3)"與"前後都是動詞和動詞短語,2 例

43. △□教箸(書)晶(参)戠(歲),教言三戠(歲),教弝(射)异(與)【馭】(御)△(長臺關_1_03)

44. 戰與型(刑)人,君子之述(墜)惪(德)也。(成之聞之6)

這裏需要説明的是,"與"雖然可以連接謂詞性成分,但"與"所組成的並列結構都是名詞性質。

(三)"與"所關聯的並列結構的句法成分

由"與"組成的並列結構,可以在句中作多種句法成分。

(1) 作主語

"與"字並列結構作主語時,其前後成分最爲複雜,以名詞和名詞性短語爲主,也可以是形容詞,動詞和動詞短語。各舉一例:

45. 樂與餌,悠(過)客歨(止)。(老子丙4)

---

[1] 此從陳偉等説:"漸"讀爲"斬","漸木立"就是斷木而爲神位。所以"漸木立"是一個名詞,指表示某神靈的木柱或牌位。見《楚地出土戰國簡册(十四種)》,118 頁。

46. 戰與型（刑）人，君子之述（墜）悳（德）也。（成之聞之6）

47. 快（決）与（與）訐（信），器也，各邑（以）澹（譫）訇（詞）毁
也。（語叢一107、108）

（2）作賓語

① "與"字並列結構作動詞賓語

"與"字並列結構作動詞賓語時，"與"前後成分可以是名詞和名詞性
短語，如：

48. 喬（幣）帛，所邑（以）爲訐（信）与（與）諲（徵）也。（性自命
出22）

49. △甲戌開乙亥禱楚先與五山，庚午多（之夕）内齋。△（新蔡
甲三：134、108）

"與"還可以連接動詞性成分，如例43，"與"連接"射"與"御"兩個動
詞，組成並列結構，作動詞"教"的賓語。

② "與"字並列結構作介詞賓語，其前後成分都是名詞和名詞性短語

50. 由（思）攻解於水上與黎（溺）人。（包山246）

51. 占之：延（恆）貞（貞）吉，少又（有）憶（慼）於窮（躬）身與宫
室，虞（且）外又（有）不訓（順）。（包山210）

（3）作定語，前後成分都是名詞和名詞性短語

52. 都牧之生駁爲左騙，黻（闢）夫之生駁爲右騙，長腸人與杕
（弋）人之馬，麗，崎馬。（曾侯乙164）

53. △一索（素）緄繡（帶），又（有）□【鉤】（鉤），黃金與白金之
烏（錯）。（長臺關_2_07）

192

（4）作謂語

54. 一齒（箙），襴劃（貂）與紫魚，屯胈毼之聶。二齒（箙），襴劃（貂）與彔（綠）魚，二劃（貂）聶，一劉聶。（曾侯乙 99）

55. 四齒（箙），屯襴觛（豻）與𧴪（貍），三𧴪（貍）毼之聶，一紫魚之聶。（曾侯乙 32）

這裏，"與"字並列結構在描寫句中作名詞謂語。

（5）作兼語

56. 癸巳之日不遷（將）弝（射）旮君之司馬駕與弝（射）旮君之人南轊、登（鄧）敢𣆪（以）廷，阩門又（有）敗（敗）。（包山 38）

57. 靑（十月）辛巳之日不遷（將）顥宮大夫𣎴公遞（魯）昇（期）、𦊰易（陽）公穆痼與周悃之分𤔗廷，阩門又（有）敗（敗）。（包山 47）

58. △□南方又（有）敓與音見（望山_1_77）

例 56、57 是包山"受幾"簡中的兩句。"受幾"簡使用"不將……（以）廷，阩門有敗"的固定句式。"將……以廷"就是帶領某人出庭受審，所以，此處的"與"字並列結構是兼語。例 58，"有"後面的"敓與音"爲兼語。

由以上分析看出，本書調查範圍內，"與"字並列結構可作主語、賓語、定語、謂語和兼語，句法功能較爲齊全。

（四）"與"在連接多個並列項時所處的位置

在連接多個並列成分時，"與"的位置比較靈活。楚簡中有以下幾種情況：

（1）"與"處在最前兩個並列項之間

59. 秦大夫𢙄（怡）之州里公周𤔲言於左尹與鄭公賜、儷尹𢽳、

正婁悆(怤)、正敏(令)䎽、王厶(私)司敗(敗)遷、少里喬䁈(與)尹䍅、郊遗(路)尹虡、發尹利。(包山141)

60. 鄝惑(國)礇敫鄸君之泉邑人黄欽言於左尹與郊公賜、萹尹㦸、正婁悆(怤)、正敏(令)䎽、王厶(私)司敗(敗)遷、少里喬䁈(與)尹䍅、郊遗(路)尹虡、發尹利。(包山143)

這兩例中,"與"前後的並列成分各有九項,"與"都是處在第一、二項之間。兩例中的"左尹",身份高於後面各成分,"與"前後的成分在語義上不完全屬於同一個層次,而句法上屬於同一層次,是並列結構。

另外,下面一例,張玉金認爲是九項並列,在第一、二項和六、七項之間用了連詞"與":[1]

61. 左尹與郊公賜、正婁偭(怤)、正敏(令)䎽、王厶(私)司敗(敗)遷、少里喬與尹䍅、郊遗(路)尹虡、發尹利之命胃(謂):兼陸(陵)宫大夫司敗(敗)㣇(察)兼陸(陵)之州里人隆鋤之不與亓(其)父隆年同室。(包山128)

實際,一、二項之間的"與"當從陳偉等意見,理解作動詞,"發布命令"之義,[2]理解作連詞勉强,可與例59、60對比;而"少里喬與尹"爲職官名,其中的"與"不是連詞。

(2)在多個並列項的中間使用一個"與"

62. 陸(陵)迀尹壻昌(以)楊虎斂(斂)闑(關)金於邾敓,䊄仿之斳(新)昜(陽)一邑、霝地一邑、厲一邑、鄲一邑、房一邑、偖楮一

---

〔1〕 見張玉金《出土戰國文獻虚詞研究》,254頁;張玉金、莫艾飛《戰國時代連詞"與"研究》,57頁。

〔2〕 見陳偉等《楚地出土戰國簡册(十四種)》,62頁。

邑、舒(新)佫一邑,與亓(其)罗:女縣一賽、涅罗一賽、漨罗一賽、斫

罗一賽,不量亓(其)闈(關)金。(包山 149)

63. 邻(陰)人舒屋命詿(證)邻(陰)人迎(御)君子陸(陳)旦、陸

(陳)龍、陸(陳)無正、陸(陳)秩,與亓(其)歖客、百宜君、大夏(史)

連中、左闈(關)尹黃惕、酷(酖)差(佐)郁(蔡)惑、坪弞(射)公郁

(蔡)冒、大蹀尹連虐(且)、大胆尹公罗必,與𢦏卅(三十)。(包山

138、139)

例 62,"與"處在"邑"和"罗"之間,語義層次分隔明顯;例 63,在陰人

御君子四人和其他屬官之間使用"與",語義上也是層次分明。張玉金認

爲例 63 是十二項並列,"與"分別處在第四、五項和第十一、十二項之間,

是不妥的。"與𢦏三十",一般理解爲舒屋爲要求盟證交付了一定費用,

故此處的"與"爲動詞而非連詞。

(3)在多個並列項之間連用"與"

64. △□於父犬,與新(親)父,與不殀(辜),與槑禩,與□△(望

山_1_78)

張玉金認爲此處是五項並列,其間都用了連詞"與"。但此句最後一

"與"下面的一字模糊不清,左旁爲"示",似爲"禱"字,故本文對最後一

"與"字存疑,不作連詞理解。此句"與"在各個祭禱對象間連用,"與"前

後的四項也有一定的層次高低之別。

總結前文的三種情況,可以發現:"與"在連接多個並列項時,講究一

定的規則:"與"連接的前後成分,往往有高低主從之別(如地位、職官

等),如果前後成分互換,雖不影響對其並列連詞性質的確定,但有悖文

意。"與"總是處於並列項語義分層的關鍵位置。連詞"與"的這一特點,

其實是從它的引介動作行爲的協同者這一功能虛化而來。

四、楚簡連詞"與"的文獻分佈

本書調查範圍内,連詞"與"出現 94 次,文獻分佈情況可見表 2。

表 2 楚簡連詞"與"文獻分佈情況

文獻類型	郭店	長臺关 M1 竹書	包山文書	包山卜筮	新蔡卜筮	望山 M1 卜筮	望山 M2 遣策	長臺关 M1 遣策	曾侯乙遣策	九店 M56 日書	繫年
"與"的頻次	14	2	13	5	6	7	1	4	28	1	13
所屬文獻字數	12 101	440	8 883	2 569	7 724	1 289	951	1 032	6 593	2 278	3 790
占比	0.12	0.45	0.15	0.19	0.078	0.54	0.11	0.39	0.42	0.044	0.34

從表中數據看,連詞"與"在各類文獻中的使用没有體現出規律性。同屬應用類文獻的,在望山 1 號墓卜筮記録中使用較多,而在新蔡簡卜筮記録中使用很少;在長臺關 1 號墓遣策和曾侯乙墓喪葬記録中使用較多,而在望山 2 號墓遣策中使用較少。同屬論説體文獻的,在長臺關竹書中使用較多,在郭店簡中使用較少,但二者"與"使用比新蔡卜筮記録、望山 2 號墓遣策、九店 56 號墓日書中要多。"與"作爲基本的、普適性的並列連詞,滿足各類文獻連接名詞性成分的基本需要,不呈現明顯的語體分佈差異。

第二節 連詞"及"

本書調查範圍内,"及"這個詞寫作"及"、"返"、"盉",有動詞、介詞和連詞用法。楚簡十四種,只有 2 例連詞"及",清華簡《繫年》出現 11 例,爲了進一步説明情況,我們將上博簡連詞"及"也納入討論,這樣,共有 20 例。"及"在楚簡中以動詞和連詞用法爲主,介詞用法很少。

一、"及"的動詞用法

楚簡中"及"的動詞意義可分爲兩大類。

（一）趕上，追及

"及"的本義是"趕上，追及"，這一點，從其古文字字形與文獻的對應可以確知。楚簡中的"及"仍有這一用法，有 7 例：

　　1. 彳敓（執）場賈，里公邦👹、士尹紬縝返彳，言胃（謂）：場賈既走於薵，彳弗迓。彳敓（執）雇女返，加公臧（臧）申、里公利皀返彳，言胃（謂）：女返既走於薵，彳弗迓（及）。彳敓（執）競不割，里公𧗝拘，亞大夫郘（宛）𧗿（乘）返彳，言胃（謂）：不割既走於薵，彳弗迓（及）。彳收邦倅之彶（孥），加公軛（范）戌、里公舍（余）囗返彳，言胃（謂）：邦倅之彶既走於薵，彳弗迓（及）。（包山 122、123）

　　2. 從（縱）㥈（仁）聖可与（譽），旹（時）弗可及歖（矣）。（唐虞之道 15）

例 1 中，連用四個"彳弗迓（及）"，其中"彳"是"笭"的省寫，指的是一種官方文書。"彳弗及"是指犯罪嫌疑人逃跑，追捕文書沒有"追趕上"。

（二）到達（某處或某時），達到（某種範圍或程度）

這一意義是由"追上，趕上"義引申而來，是動詞"及"的最常用義，有 7 例。根據組合情況，楚簡中表示"到達"義的"及"可分爲三小類。

（1）"及"不跟賓語

　　3. 凡敓（說）之道，級（急）者爲首。既旻（得）丌（其）級（急），必又（有）及。（語叢四 5）

　　4. 夫生而又（有）哉（職）事者也，非喬（教）所及也。（尊德義 18 下）

這兩句中的"及"表"到達"義,没有跟賓語。

(2)"及"後跟賓語,到達某時間

5. 及丌(其)尃(博)長而厚大也,則聖人不可由與墠之。(成之聞之27、28)

6. 憙(憙)惹(惹)忞(哀)悲之𤍨(氣),眚(性)也,及亓(其)見於外,則勿(物)取之也。(性自命出2)

7. 奠(鄭)子豪(家)殺丌(其)君,不𣪊(穀)日欲㠯(以)告夫夫(大夫),㠯(以)邦之㥢(怲),㠯(以)忢(及)於含(今)。(上博七_鄭子家喪〈甲本〉_2)

例5、6,以"及……則……"句式,表示"到達某一時間或階段,就會發生某事或出現某種情況","及"是動詞,後文介詞部分再作説明。

(3)"及"後跟賓語,指到達某處所或範圍,達到某程度

8. 凡敓(説)之道,級(急)者爲首。既昱(得)丌(其)級(急),必又(有)及。及之而弗亞(惡),必𦘠(盡)丌(其)古(故)。(語叢四5、15)

9. 昔叁(舜)静(耕)於鬲(鬲)丘,匋(陶)於河賓(濱),魚(漁)於靁(雷)澤,孝羕(養)父毌(母),㠯(以)善亓(其)新(親),乃及邦子。(上博二_容成氏_13)

10. 孔(孔子)曰:"迪(陳)之也定,不及丌(其)埅(成)。"(上博三_中弓_12)

例9"及"後跟賓語,表到達的範圍,例10表程度,例8表抽象的處所。

二、"及"的介詞用法

(一)"及"作動詞和介詞的區分

"及"作動詞和介詞有時難以區分,先説明本書的處理標準。

"及"單獨作謂語中心時,它無疑是動詞,如前文例4"非教所及",例7"以及於今",例9"乃及邦子"等,"及"前後有修飾或連接成分,其動詞性質明確。

以下情況存在爭議,本文處理爲動詞:

11. 及亓(其)專(博)長而厚大也,則聖人不可由與墠之。(成之聞之27、28)

12. 悳(憙)悲(悲)㤅(哀)悲之㷉(氣),眚(性)也,及亓(其)見於外,則勿(物)取之也。(性自命出2)

這類"及",一般語法著作認爲是介詞,引進時間,如何樂士和社科院語言所的《古代漢語虛詞詞典》都是這樣處理。這是何樂士的例子:

13. 日初出,大如車蓋;及日中,則如盤盂。(《列子·湯問》)

14. 初,漢欲通西南夷,費多,罷之。及騫言可以通大夏,乃復事西南夷。(《漢書·張騫傳》)

本文處理爲動詞,理由是:① 這裏使用"及……則……"句式,"及"及其賓語跟"則"後面的小句關係對等,"及"及其賓語不對後者產生明顯的修飾限制作用,"及"的意義也比較實在;② 前後兩部分之間用"則",表明二者之間的先後、承接關係,如果"及"是介詞,它只是用來表時間,前後兩部分沒有動作上的承接感、過程感。

又有下面的情況:

15. 方才(在)下立(位),不㠯(以)匹夫爲㞷〈㞷(輕)〉;及亓(其)又(有)天下也,不㠯(以)天下爲重。(唐虞之道18、19)

16. 古(故)亓(其)爲宎(瞽)寞(瞍)子也,甚孝;及亓(其)爲埶(堯)臣也,甚忠。(唐虞之道24)

這兩例中的"及",一般都認爲是介詞,引進時間,也有認爲是動詞的。[1] 如例 15"及其有天下也",在意義上只用於交代時間,"及"本身缺乏動作感,"及"與其賓語同後文之間的順承感、整句的過程感都已不明顯。而且,"及"與其賓語對後面的謂詞性中心語有修飾説明作用,所以我們傾向把這裏的"及"看作介詞。而上述"及……則……"句式中的"及",處在由動詞"及"向介詞"及"虛化的初始階段,我們把它歸入動詞。

綜上,本書範圍内,"及"可以確定爲介詞的僅 3 例,加上上博簡的例子,共 8 例。

(二)介詞"及"

根據引進對象的不同,楚簡介詞"及"可以分爲三類:

(1)引進動作行爲的時間,4 例

除前文例 15、16,又如:

17. 邦必芒(亡),我及含(今)可(何)若?(上博六_平王問鄭壽_5)

(2)引進動作行爲延及的處所、範圍,3 例

18. 亡(無)聖(聲)之繓(樂),它(施)迓(及)孫=(孫子)。(上博二_民之父母_12)

19. 亡(無)備(服)癸(喪),它(施)迓(及)四國。(上博二_民之父母_13)

(3)引進動作行爲關涉的對象,1 例

20. 晉文公囟(思)齊及宋之惪(德),乃及秦自(師)回(圍)曹及五麚(鹿)。(繫年 42)

---

[1] 見《漢語大詞典》,漢語大詞典出版社 1991 年,第一卷 635 頁。

例 20 是説晉文公和秦師一起圍攻曹國和五鹿，"及"引介協同行動的對象"秦師"。

例 18"施及孫子"是指延及長遠的時間範圍，例 19"施及四國"是延伸到廣大的地域範圍。兩句是指禮樂施於四方天下，施及後世，引進處所和範圍。

從介詞"及"與其賓語的句法位置看，"及"引介時間時，用在謂詞性中心語之前；"及"引進動作行爲延及的處所範圍時，用在謂詞性中心語之後。

三、"及"的連詞用法

連詞"及"在十四種楚簡中只出現了 2 次，清華簡《繫年》中出現 11 次，再引入博簡內容，共有 20 例。前後成分間都是並列關係，可以連接名詞和名詞性短語，也可以連接句子或語段。

（一）連接兩個名詞和名詞性短語

21. 尹喜（誥）員（云）："隹（唯）尹（伊）允及湯，咸又（有）一惪（德）。"（緇衣 5）

22. 四海（海）之內盉（及）四海（海）之外皆青（請）杠（貢）。（上博二_容成氏_19）

23. 軏（兄）及弟旂（斯），鮮我二人。（上博四_逸詩―多薪_1）

24. 是古（故）倀（長）必詔邦之貴（貴）人及邦之可（奇）士，炏（御）釆（卒）叏（使）兵，母（毋）退（復）遊（失）……（上博四_曹沫之陳_29）

25. 梘（相）屖（徙）、中夅（余）與五連少（小）子及龍（寵）臣皆逗，母（毋）敢𢾷（執）箂（操）蓺（笠）。（上博四_柬大王泊旱_15）

26. 晉文公囟（思）齊及宋之惪（德），乃及秦自（師）回（圍）曹及五麌（鹿），伐墬（衛）㠯（以）敚（脱）齊之戍及宋之回（圍）。（繫年 41、42）

27. 命（令）尹子玉述（遂）衛（率）奠（鄭）、衛（衛）、陳郜（蔡）及
羣（群）縊（蠻）尼（夷）之自（師）㠯（以）交文公。（繫年 43）

此處“及”所連接的都是名詞性成分，“及”字並列結構可以作句子主語，
如例 21、22；也可作賓語，如例 24。

例 25，當連接多項並列成分時，“與”、“及”所在層次不同：“相徙”、
“中余”、“五連小子”三者在同一層次，以“與”連接；“寵臣”低一層次，以
“及”連接，“及”仍含有延續到某某範圍的意思。例 27 情況相似。

（二）連接句子或語段

下面 3 例，“及”連接語義關係並列、對等的句子或語段，“及”處在兩
部分之間，表示提起相對照的另一話題，可理解爲“至於”，如：

28. 虖（吾）所㠯（以）又（有）大患者，爲虖（吾）又（有）身。迟
（及）虖（吾）亡身，或……（老子乙 7）

此句今本一般作“吾所以有大患者，爲吾有身。及吾亡身，吾有何
患”，有些虛詞著作把這種情況的“及”視爲轉折連詞或假設連詞。[1] 其
實這裏的“及”仍是連接相對比的兩種情況，前後句子在語義上、結構上並
列，假設意義是前後語境賦予的，“及”本身仍是一個並列連詞。

29. 昔者充（堯）龔（舜）坙（禹）湯，怠（仁）義（義）聖督（智），天
下（下）繁（瀘）之。此㠯（以）貴（貴）爲天子，矚（富）又（有）天下
（下），長季（年）又（有）舉（譽），㔟（後）殜（世）遂（述）之。勛（則）
枭（鬼）神之賞，此明矣。迟（及）桀受（紂）粤（幽）萬（厲），焚聖人，
殺訐（諫）者，戁（惻）百（百）眚（姓），䁅（亂）邦豪（家）。身不辱

〔1〕 何樂士《古代漢語虛詞詞典》作爲轉折連詞，語文出版社 2006 年，209 頁；尹君《文
言虛詞通釋》作爲假設連詞，廣西人民出版社 1984 年，200 頁；《漢語大字典》作爲假設連詞，
四川辭書出版社、湖北辭書出版社 1993 年，縮印本 15 頁。

（没）爲天下（下）芙（笑）。勳（則）枭（鬼）△此邑（以）柒斮（折）於
禹（歷）山，而夋（紂）首於只（岐）袥（社）矣。迩（及）五（伍）子疋
（胥）者，天下（下）之聖人也，鴎厽（夷）而死。遥柔（夷）公者，天下
（下）之曬（亂）人也，長季（年）而旻（没）。女（如）邑（以）此詰之，勳
（則）善者或（有）不賞，而暴△（上博五_鬼神之明_1、2、2反、3）

此例第一個"及"處在"堯、舜、禹、湯"與"桀、紂、幽、厲"兩類對比中間，通
過對比說明"鬼神有所明"，所以賞善罰暴。有的詞典將這裏的"及"看作
轉折連詞，[1]表話題轉移。我們認爲這裏的"及"是處於意義、結構對等
的兩個語段（句子）之間，表示另提一事作爲對比，這種功能與它連接兩個
並列詞語没有根本差別，可作爲並列連詞看待。

　　此例第二個"及"所牽涉的語段層次更複雜。在上文談"鬼神有所
明"因而賞善罰暴之後，下文接着要談鬼神有所不明，在這樣的兩部分之
間，"及"起連接對等的兩部分并另提起相關話題的作用，它仍可以看作並
列連詞。

　　楚簡連詞"及"用例不算多。《馬氏文通》説："凡記事之文，概以'及'
爲連，古《左傳》《史》《漢》輒用之；而論事之文，概以'與'字。"[2]但是，
楚簡和秦簡都有法律文書，都屬於記事之文，楚簡用"與"，秦簡用"及"，
差別分明；清華簡《繫年》同《左傳》性質相似，是典型的記事之文，連詞
"與"13見，連詞"及"11見。所以，這兩個連詞的使用差別主要當不在於
語體。

　　關於連詞"與"和"及"的差別，諸家多有討論，所分析的原因大致有
四類：語體因素，方言因素，詞義演變和實詞虚化路徑的差別，時代因素
和功能發展變化的因素。[3]

　　清華簡《繫年》發現之前，楚簡中連詞"及"分別見於論説體的郭店簡

〔1〕　見尹君《文言虚詞通釋》，200頁；何樂士《古代漢語虚詞詞典》，209頁。
〔2〕　馬建忠《馬氏文通》，商務印書館1983年，110頁。
〔3〕　張玉金《出土戰國文獻虚詞研究》，人民出版社2011年，261—281頁。

2 例,以及主要是論説體的上博簡 7 例,相比於這兩種文獻的總字數,相比於其中大量使用的連詞"與",這點用例微乎其微。另外,楚簡連詞"及"只見於經過傳抄的古書典籍類内容,而作爲當時當地即時記録的應用類文獻,時代和地域特徵比較明確,卻無一例連詞"及";同樣是即時記録的秦簡文書中,卻大量使用連詞"及"而不用"與"。上述内容,反映出連詞"與"、"及"的地域差别和時代變化。楚簡《繫年》發現後,其中連詞"及"的集中使用,使單純以地域分工而論變得勉强。

周守晉曾談及時代因素和功能發展變化對"及"、"與"分工的影響。[1] 楚簡連詞"及"的使用,是否跟地域因素、時代因素和"及"功能的發展變化都有關係? 另外,在《繫年》中,作爲簡潔敘事的史書類内容,"及"的功能都很簡單,就是連接名詞語;而在論説體文獻中,"及"可以連接名詞語,也可以用在句子和語段中間,起連接對等的兩部分并提起話題的作用,這似乎體現出一定語法功能同文獻類型的分工對應關係。

連詞"及"只見於歷經傳抄加工的典籍,時空信息不明確、不單一,用例也不多,在不能判定其文獻分佈的影響因素的情況下,我們暫把它歸入不具備明確語體差異的連詞一類。

第三節　連詞"如"和"若"

本書調查範圍内,"如"以動詞用法爲主,作連詞時,用作假設連詞,有 7 例,使用少,没有顯示明顯的文獻分佈規律。

"若"也多用爲假設連詞,但楚簡中"若"是順承連詞,僅 2 例,放在本節順帶討論。"如"、"若"在楚簡中都是以動詞用法爲主。

一、如

本書調查範圍内,用爲"如"的詞有 60 例。其中最多是作動詞,27

---

[1]　周守晉《出土戰國文獻語法研究》,北京大學出版社 2005 年,120—122 頁。

例,都是用爲"如同"義,如"孌(豫)虔(乎)奴(如)昌(冬)涉川,猷(猶)虔(乎)丌(其)奴(如)悂(畏)四罗(鄰)(老子甲 8、9)"。其次是作助詞,12例,如"又(有)亓(其)爲人之柬(簡)柬(簡)女(如)也,不又(有)夫丞(恆)怡志(之志)則縵(慢)(性自命出 45)"。作副詞 1 例,"唯恐"義,見於引文,"皮(彼)求我則,女(如)不我旻(得)。鞁(執)我戗(仇)戗(仇),亦不我力(緇衣 18、19)"。用於固定結構"不如"、"如何"等共 12 例。另簡文殘缺,意義不明者 1 例。[1]"如"用爲連詞僅 7 例。

　　用爲"如"的這些詞,在楚簡中一般都寫作"女";只有用於動詞"如同"義時,有"女"、"奴"、"如"三種寫法。

　　"如"作連詞的 7 例,全部是假設連詞,見於九店簡和郭店簡,如下:

　　1. 凡坐日,無爲而可,女(如)以祭祀,必又(有)三□。(九店_56號墓_19 下)

　　2. 生子,無俤(弟);女(如)又(有)俤(弟),必死。(九店_56 號墓_25)

　　3. 女(如)遠行,到。(九店_56 號墓_35)

　　4. △女(如)以行,必貞□又□。(九店_56 號墓_99)

　　5. 厌(侯)王女(如)能猷(守)之,萬勿(物)牆(將)自賓(賓)。(老子甲 18、19)

　　6. 君子女(如)谷(欲)求人術(道)□△䌛(由)丌(其)衍(道),唯(雖)尦(堯)求之弗旻(得)也。(六德 6、7)

　　7. 邦又(有)巨躬(雄),必先與之昌(以)爲埋(朋),唯(雖)戁(難)亓(其)舉(興)。女(如)牆(將)又(有)敗(敗),躬(雄)是爲割(害)。(語叢四 14、16)

從這 7 例,我們可以觀察到:

---

〔1〕 這一例是:"△占之曰:甚吉。女(如)西北□△"(新蔡甲三 129)。

205

(1)“如”用於複句中,兩個分句間是假設—結果語義關係。

(2)“如”處於前一分句,前後分句是一對一的關係,即假設條件和由其推導出的結果都相對單純,前後句聯繫比較緊密。

(3)“如”常常處於前一分句句首,此時主語省略;它還可以處在主謂之間;未見“如”直接在主語之前的例子。

(4) 兩個分句的主語都可省略,句子結構可以非常簡單、緊縮,而語義分明,如例句3。

(5) 有固定句式“如……,必……”,這個句式是在前句假設的基礎上,强調結果必然發生。

(6) 例句7中,“將”也是假設連詞,“如將”同義複合,表假設語義,後句以連接成分“是”承接前文得出結論,“是”此處功能類似於“則”。

(7)“如”可以單用,表前後分句間的假設—結果關係,但更多是與其他關聯詞組合使用,此時語義層次更分明。如例1、2的“如……,必……”句式;如例7,“如”與連接成分“是”搭配。

二、若

本書調查範圍内,“若”出現36次。〔1〕其中,作動詞26例,主要是表“如同”義;見於人名者3例;簡文殘缺,意義不明者2例;〔2〕作推度副詞2例;用於固定結構“何若”1例;僅有2例用作順承連詞。

這僅有的2例連詞用法是:

---

〔1〕 涉及“若”的釋文有兩處改動:(1)“郢足命斃(葬)王士,若斃(葬)王士之宅”(包山155),其中“若”整理者原釋“足”,從劉信芳、陳偉等改釋,見劉信芳《包山楚簡解詁》,(臺北)藝文印書館2003年,160頁;陳偉等《楚地出土戰國簡册(十四種)》,經濟科學出版社2009年,75頁。(2)“肎(十月)己丑之日,筀(�)敔公若雄受旮(幾),乙未之日不遅(將)繇(繇)發㠯(以)廷,阩門又(有)敗(敗)”(包山70),“發”整理者原釋“若”,從袁國華改釋,見袁國華《戰國楚簡文字零釋》,《中國文字》新18期,(臺北)藝文印書館1994年,225頁。參附録一釋文整理部分。

〔2〕 這二例是:“△食,卲(昭)告大川有泋。少(小)臣成敢甬(用)解訛(過)懌(釋)慐(憂),若”(新蔡甲三21,甲三61);“若汇”(長臺關_1_048)。

8.【古（故）貴㠯（以）身】爲天下，若可㠯（以）厇（托）天下矣；惡

（愛）㠯（以）身爲天下，若可㠯（以）迬（寓）天下矣。（老子乙8）

此句中的兩個“若”是順承連詞，相當於“則”。這樣的“若”處於複句中，連接前後各一個分句，前後分句間是條件—結果關係。

三、“如”、“若”的分工問題

據周守晉[1]和張玉金[2]的調查，在睡虎地秦簡中假設連詞用“若”，而在楚簡中用“如”，似乎反映了二者使用的地域差異。但周守晉結合對傳世文獻的調查，發現：“《左傳》與戰國晚期秦地文獻‘如’、‘若’的用法最爲接近”，“《詩經》包含著不同時代和地域的作品，但是它‘如’、‘若’的使用，與戰國中期前後楚地文獻完全一致。《論語》、《孟子》是所謂‘魯語’的代表，‘如’、‘若’的用法也與楚地文獻相同（《孟子》有少量例外）。這說明，楚地、秦地文獻‘如’、‘若’的用法，所反映的是一種時代特徵，與地域因素關係不大。”[3]申紅義將簡本《緇衣》、《周易》、《老子》中有關内容與帛書本、傳世本作了對比，比較的結果可支持周氏觀點，也是認爲“如”“若”的使用差别在於時代因素。[4]

在十四種楚簡範圍内，“如”和“若”作動詞表比況時數量相當；並且，和其動詞意義相關的固定組合在結構形式和數量上也相當（“如何”、“何如”與“何若”相當，“不如”和“不若”相當）；而作連詞表假設時則只用“如”，這似乎表現出一定分工：作動詞時二者同用，作假設連詞時“如”已虛化，而“若”還没有虛化。按照周守晉的看法，二者音義關係如此接近，因而很容易“若”也發展出假設連詞用法；如果某一個方言“如”的虛化發

---

〔1〕　周守晉《出土戰國文獻語法研究》，北京大學出版社2005年，120—122頁。

〔2〕　張玉金《出土戰國文獻虛詞研究》，人民出版社2011年，385頁。

〔3〕　周守晉《出土戰國文獻語法研究》，北京大學出版社2005年，129頁。

〔4〕　申紅義《出土楚簡與傳世典籍異文研究》，四川大學2006年博士論文，271—272頁。

生較晚,或基本沒有發生,它就可能直接用"若"表假設;較晚的睡虎地秦簡,"如"專用來作動詞表比況,"若"專用來表假設,形成整齊的分工,可能就是這個原因。

我們認同周守晉這樣的觀點:"如"、"若"的使用差異具有一定時代因素。

但"若"在楚簡中有順承連詞用法,爲什麼它沒有同時發展出假設連詞用法?"如"、"若"形成分工的原因,還有待進一步探討。

"如"、"若"在本書調查範圍內極少,不具備討論語體分佈的價值。

第四節　其他低頻連詞和連接性成分

低頻連詞和低頻的連接性成分,無從顯示語體分佈差異,所以放入本章,統一在本節討論,包括連詞"所"和連接性成分"是"。

一、連接性成分"是"

"是"這個詞在楚簡中有時寫作"氏"。主要用法是作代詞,以及用於複音虛詞"是故"和"是以",此處討論的是它作代詞而兼有順承連詞性質的 5 例,列舉如下:

1. 鑲(銛)纕爲上,弗娸(美)也。敀(美)之,是樂殺人。(老子丙 7)

2. 女(如)牆(將)又(有)敗(敗),骹(雄)是爲割(害)。(語叢四 16)

3. 洹(宣)王是訇(始)弃(棄)帝牧(籍)弗畋(田)。(繫年 3、4)

4. 殺賽(息)侯,取賽(息)爲(嬀)目(以)歸,是生卓(堵)囂(敖)及成王。(繫年 28、29)

5. 五(伍)員爲吳大翰(宰),是教吳人反楚邦之者(諸)侯,目(以)敗楚自(師于白(柏)舉(舉),述(遂)内(入)郢。(繫年 83)

例 1、4、5,"是"居於小句主語位置,兼具指代和承接功能;例 2,"是"居於小句主謂之間,且與假設連詞"如"配合,構成"如……是……"句式,連詞性質較前一句明顯。

"是"在此處的用法的確具有連接詞性質,但如古代漢語教研室《古代漢語虚詞詞典》所認爲:"是"是代詞,它處於前後項之間、具有連接功能時,都是在復指前文内容。"是"仍然具有較强的指代性。

本書調查範圍内,連接性成分"是"出現於論説體的郭店簡和史書類的《繫年》,傾向於古書典籍類文獻。

據周守晉調查,在起連接作用時,較早的郭店簡多用"此",而稍後的睡虎地秦簡和漢初的馬王堆帛書,"是"就占了絶對優勢。[1] 睡虎地秦簡以應用類文獻爲主,與郭店簡作爲論説體文獻的性質迥然不同。具有連接詞性質的"是",在楚簡中用例極爲有限,而又涉及時代或地域因素,其語體屬性暫不能明確。

二、連詞"所"

"所"作假設連詞,常用於誓詞,戰國以後的文獻基本不見,具有明顯的時代性和語體特點,本書調查範圍内僅出現 1 例,見於史書《繫年》:

> 6. 郘(駒)之克隡(降)堂而折(誓)曰:"所不返(復)訇(詢)於齊,母(毋)能涉白水!"(繫年 68)

句中"所"處於假設複句的前面分句,主語省略。

---

[1] 周守晉《出土戰國文獻語法研究》,北京大學出版社 2005 年,140 頁。

第五章　語體視角的楚簡
連詞系統考察

本章摘要：

　　本章從連詞的語義關係、語法功能、語體分佈三方面結合考察楚簡連詞系統。

　　楚簡連詞系統包括單音連詞 18 個，複音連詞（固定結構）11 個。

　　按照連詞前後成分間的語義關係，可以將楚簡連詞分成十一類。第二節分析了每一類連詞的類別特點和內部差異，發現：楚簡同類連詞，多數在語法功能上分工明確，少數功能交叉、合作而各有側重，後者集中在順承連詞和結果連詞兩類。

　　按照連詞的語法功能，將楚簡連詞分成三類：連接詞語的連詞、連接分句的連詞、連接句子或句群的連詞。第三節將不同語法功能的連詞，同它們所表達的語義關係對照，發現：楚簡連詞語法功能的實現，同其表達的語義關係有較爲整齊的對應和關聯。

　　將連詞語義語法功能特點同其語體分佈結合觀察，發現：

楚簡順承、結果、遞進、讓步連詞幾乎全部用於論說體文獻,具有明確的語體屬性;轉折、假設連詞絕大部分用於論説體文獻,具有明確的語體偏向;修飾、承接、目的連詞三類,主要由多義連詞"而"、"以"來充當,因而整齊體現"而"對論説體的語體偏向、"以"對應用類文獻的語體偏向;楚簡並列連詞豐富,存在語體上的分工。楚簡連詞的語體分佈,同其語義語法功能特點相互對應。

本章總結楚簡連詞系統,目的還是要説明連詞的語體分佈差異。本書調查範圍内,楚簡連詞系統的成員包括:單音連詞,"而"、"此"、"是"、"斯"、"苟"、"故"、"及"、"既"、"且"、"如"、"若"、"雖"、"所"、"焉"、"以"、"又"、"與"、"則",共 18 個;複音連詞(包括具有連詞性質的固定結構),"是以"、"是故"、"此以"、"而後"、"然後"、"乃而"、"從而"、"因此"、"因而"、"然而"、"而況於",共 11 個。

需要交代的是:"是"、"此"嚴格説來不是連詞,它們是代詞而兼有連詞性質,沒有完成虛化進程。對這兩個詞,我們也納入楚簡連詞系統討論,因爲它們都承擔了一定的連接功能,具有連詞的一些特徵,並且,放入楚簡連詞系統中,也能更清楚地對照觀察。

對楚簡連詞系統的總結,從語義關係和語法功能兩個角度進行。每一類别下,比較所屬連詞在語義、語法功能上的特點,以及所屬連詞的語體分佈差異。從而幫助我們看清:不同類别的連詞,一般具有不同的語體偏向或語體屬性。

在討論總結楚簡連詞系統之前,先對楚簡複音連詞(包括具有連詞性質的固定結構)加以匯總討論。

第一節　楚簡複音連詞(固定結構)

楚簡中有很多固定結構,有的凝固化程度高,可以視作複音虛詞,有的凝固化程度還比較低。楚簡所有固定結構可匯集如下表：

表 1　楚簡固定結構匯總

可以	31	是以	31	利以	30	所以	25	是故	21
而後	18	然後	13	足以	11	此以	7	如此	6
以爲	6	不如	4	而已	4	不若	3	何以	2
由此	2	轉而	2	從而	1	而況於	1	何若	1
乃而	1	然而	1	雖然	1	爲此	1	無以	1
因此	1	因而	1	有以	1	如何	1	何如	1
合計：228									

相對於單音連詞的總使用頻次 1 078 次，這些固定結構總量不算大。其中，如“可以”、“利以”、“足以”、“如此”、“以爲”、“不如”、“而已”、“不若”、“何以”、“轉而”、“何若”、“雖然”、“無以”、“有以”、“如何”、“何如”16 個固定結構，不屬本書討論的連詞範圍，先排除在外。

其他固定結構，我們分組討論。

一、在楚簡中還不作連詞用的固定結構

“所以”、“由此”、“爲此”這三個固定結構，後世多用爲結果連詞，但在楚簡中，它們只是與介詞有關的固定結構，不具有連接詞性質。

（一）“所以”

“所以”在楚簡中有 25 例，23 例表憑藉，2 例用來表原因，不具備後世典型的結果連詞用法。“所以”表憑藉的如：

　　1. 凡君子所㠯（以）立身大灋厽（三）。（六德 44）

　　2. 晉（教），所㠯（以）生悳（德）于审（中）者也。（性自命出 18）

　　3. 袋（察）者（諸）出所㠯（以）智（知）㠯（己），智（知）㠯（己）所㠯（以）智（知）人，智（知）人所㠯（以）智（知）命，智（知）命而句

212

（後）智（知）道,智（知）道而句（後）智（知）行。（尊德義8、9）

4. 君獸（猶）父也,亓（其）弗亞（惡）也。獸（猶）三昀（軍）之旃也,正也。<u>所㠯（以）</u>異於父,君臣不相才（讒）也,則可巳（已）。（語叢三1、2、3、4）

所舉這4例,分別用來説明“所以”表憑藉的四種情況：① “所以”在單句中做句法成分,見例1。② 如例2,是“……,所以……也”的判斷句形式,“所以”與動詞語組合而形成的名詞性短語,用作判斷句的謂語,對主語進行闡述。③ 如例3,是“……所以……”式,“所以”前後都是動詞語,“知己所以知人”可理解爲：“知己”是用來“知人”的憑藉,“所以”還不能説是連接因果關係。④ 如例4,是“所以……,……也”式,這一句是説明“君”所據以不同於“父”之處,“所以”主要還是表憑藉。

楚簡中僅2例“所以”表原因：

5. 江海（海）<u>所㠯（以）</u>爲百浴（谷）王,㠯（以）亓（其）能爲百浴（谷）下,是㠯（以）能爲百浴（谷）王。（老子甲2、3）

6. 虗（吾）<u>所㠯（以）</u>又（有）大患者,爲虗（吾）又（有）身。迏（及）虗（吾）亡身,或【可（何）】……（老子乙7）

例5、6,都是前果後因式。兩句分別另有表原因的虛詞“以”和“爲”同“所以”對應,纔使得前後句的因果關係變得明顯。這種前果後因句子中,“以”引進憑藉的痕跡仍舊很清楚,而且“所以”只是作句子成分,沒有處在結果連詞所處的關鍵位置。

由以上分析可見,楚簡的“所以”只是一個表憑藉的固定結構,其中的“所”具有代詞性,[1]“以”是介詞,引進憑藉,“所以”還不是結果連詞。

---

〔1〕 王力《漢語史稿》,中華書局2004年,461頁。

（二）"由此"

楚簡中有 2 例"由此"，如下：

 7. 六帝興於古，虐（皆）采（由）此也。（唐虞之道 8）

 8. 爲衍（道）者必繇（由）此。（六德 47、48）

可以看出，"由此"還只是介詞結構，不具備後世連詞用法。

（三）"爲此"

1 例"爲此"，如下：

 9. 聖者不才（在）上，天下北（必）壞（壞）。幻（治）之，至羧（養）不枭（肖）；酅（亂）之，至滅呉（賢）。念（仁）者爲此進。（唐虞之道 27、28、29）

這裏的"爲此"也是介詞結構。

由以上分析可以明確："所以"、"爲此"、"由此"不具有連詞性質。

二、表順承關係的複音連詞

包括"而後"、"然後"兩個順承連詞。

（一）"而後"

"而後"出現了 18 次，具有較爲成熟的連詞性質。它表示前後兩項在時間上、事理上的承接。"而後"可以單用、對用和連用，可以用於緊縮句。如：

 10. 桀不易重（禹）民而句（後）酅（亂）之，湯不易桀民而句（後）訇（治）之。（尊德義 5、6）

 11. 又（有）命又（有）夏（文）又（有）名，而句（後）又（有）緐（倫）。又（有）迻（地）又（有）型（形）又（有）聿（盡），而句（後）又（有）厚。又（有）生又（有）智（知），而句（後）好亞（惡）生。又（有）

勿（物）又（有）繇（由）又（有）繰（續），<u>而句</u>（後）嗇（教）生。（語叢
一 4、5、6、7、8、9、10、11）

"而後"的功能單一，就是連接兩個動詞性結構，表時間或事理的先後。

（二）"然後"

"然後"有 13 例，是凝固化程度較高的複音連詞，表語義的順承，可連
接兩個動詞語，也可連接分句和複句，如：

12. 智（知）豊（禮）慮（然）句（後）智（知）型（刑）。（語叢一63）

13. 孾（君子）明虖（乎）此六者，肰（然）句（後）可呂（以）劰
（斷）厺（獄）。（六德 42、43）

14. 聖人比亓（其）穎（類）而侖（論）會之，蘿（觀）亓（其）之
〈先〉迻（後）而逆訓（順）之，體亓（其）宜（義）而卽（節）賈（文）之，
里（理）亓（其）青（情）而出内（入）之，肰（然）句（後）返（復）呂（以）
嗇（教）。（性自命出 16、17、18）

例 12，"然後"連接兩個動詞語；例 13，"然後"前後各有一個分句；例 14，
"然後"前有四個並列分句，後面以一個分句作結。同樣是表順承語義，
"然後"的語法功能比"而後"要複雜。

三、表因果關係的複音連詞（固定結構）

"是以"、"此以"、"是故"表因果關係。其中"是以"、"是故"使用頻
率高，連接功能強大，"此以"凝固化程度和虛化程度不夠高。

（一）"是以"

"是以"用在結果句之首，有 31 例，它的凝固化程度較高，可連接分
句、複句和句群，可以連用，表達非常複雜的因果關係，如：

15. 孾（君子）媺（美）亓（其）青（情），【貴亓（其）宜（義）】，善亓

（其）卽（節），好亓（其）頌（容），樂亓（其）衍（道），兑（悦）亓（其）耆（教），是吕（以）敬安（焉）。（性自命出 20、21）

16. 爲之者敗（敗）之，鞁（執）之者遠之。是吕（以）聖人亡爲古（故）亡敗（敗），亡鞁（執）古（故）亡遬（失）。（老子甲 10、11）

17. 大（太）一生水，水反補（輔）大（太）一，是吕（以）城（成）天。天反補（輔）大（太）一，是吕（以）城（成）陸（地）。天陸（地）【遆（復）相補（輔）】也，是吕（以）城（成）神明。神明遆（復）相補（輔）也，是吕（以）城（成）侌（陰）昜（陽）。侌（陰）昜（陽）遆（復）相補（輔）也，是吕（以）城（成）四時。四時遆（復）補（輔）也，四時遆（復）補（輔）也，是吕（以）城（成）倉（寒）然（熱）。倉（寒）然（熱）遆（復）相補（輔）也，是吕（以）城（成）淫澡（燥）。淫澡（燥）遆（復）相補（輔）也，城（成）哉（歲）而丵（止）。古（故）哉（歲）者，淫澡（燥）斋（之所）生也。淫澡（燥）者，倉（寒）然（熱）斋（之所）生也……天陸（地）者，大（太）一斋（之所）生也。是古（故）大（太）一鬒（藏）於水，行於時，迿（周）而或（又）□，□□□蠆（萬）勿（物）母。（太一生水 1、2、3、4、5、6、7）

"是以"前後的因果關係有時很複雜。例15，"是以"前可以看成一個複雜單句，"是以"連接前後各一個分句；例16，"是以"前後都可看作是複句；例17，"是以"連用，表層層推進、一環套一環的因果關係。可見，"是以"的連接功能强大。

（二）"是故"

"是故"有21例，是成熟的複音連詞，功能强大。"是故"的特點是：其前常常是複句、句群或語段，其後以單句或複句（包括多重複句）作結，前面的原因部分往往比較複雜；另外，多個"是故"句可以連用，因果關係複雜。如：

18. 男女卞（辨）生言（焉），肵（親）生言（焉），君臣宜（義）生言（焉）。父聖，子悫（仁），夫智，婦訏（信），君宜（義），臣宜〈忠〉。聖

生悬(仁),智衛(率)訐(信),宜(義)叟[使]忠(忠)。古(故)夫夫,
婦婦,父父,子子,君君,臣臣,此六者客(各)行亓(其)戠(職),而杢
(獄)夆(訟)蔑緐(由)亡〈乍(作)〉也。君子言訐(信)言尔(爾),言
煬言尔(爾),敀(設)外内皆旻(得)也。亓(其)返(反),夫不夫,婦
不婦,父不父,子不子,君不君,臣不臣,縉(昏)所緐(由)圶(作)也。
孝(君子)不帝(啻)明虗(乎)民敚(微)而巳(已),或(又)㠯(以)智
(知)亓(其)弌(一)壴(矣)。男女不卞(辨),父子不亲(親),父子不
亲(親),君臣亡宜(義)。是古(故)先王之耆(教)民也,訇(始)於孝
弟(悌)。君子於此弌𩬆(偏)者亡所瀍(廢)。是古(故)先王之㬊
(教)民也,不叓【使】此民也惥(憂)亓(其)身,遼(失)亓(其)𩬆
(偏)。(六德 33、34、35、36、37、38、39、40、41)

19.君子之於耆(教)也,亓(其)道(導)民也不憲(浸),則亓
(其)淳也弗深悐(矣)。是古(故)亡虗(乎)亓(其)身而鴈(存)
虗(乎)亓(其)訇(詞),唯(雖)厚亓(其)命,民弗從之悐(矣)。
是古(故)畏(威)備(服)型(刑)罰之婁(屢)行也,緐(由)圶
(上)之弗身也。昔者君子有言曰:戰與型(刑)人,君子之述
(墜)惪(德)也。是古(故)圶(上)句(苟)身備(服)之,則民必
有甚安(焉)者。君黔(袀)褋(冕)而立於戈(阼),一宮之人不劢
(勝)亓(其)敬;君衰茶(絰)而尻(處)立(位),一宮之人不劢
(勝)【其】△一軍之人不劢(勝)亓(其)戢(勇)。圶(上)句
(苟)昌(倡)之,則民鮮不從悐(矣)。唯(雖)臤(然),亓(其)鴈
(存)也不厚,亓(其)重也弗多悐(矣)。是古(故)君子之求者
(諸)㠯(己)也深。不求者(諸)亓(其)杢(本)而玟(攻)者(諸)亓
(其)末,弗旻(得)悐(矣)。是[1]君子之於言也,非從末流者之貴,
匓〈窮(窮)〉藻(源)反杢(本)者之貴。句(苟)不從亓(其)緐(由),

----

[1] 此"是"下脱一"故"字,從裘按。荆門市博物館《郭店楚墓竹簡》,文物出版社
1998 年,169 頁。

不反亓（其）杳（本），未有可旻（得）也者。君上鄉（享）城（成）不唯
杳（本），工（功）□□□□。戎（農）夫癸（務）飤（食）不弳（強）畂
（耕），糧（粮）弗足悉（矣）。士城（成）言不行，名弗旻（得）悉（矣）。
<u>是古（故）</u>孕（君子）之於言也，非從末流者之貴，窮（窮）涼（源）反杳
（本）者之貴。句（苟）不從亓（其）繇（由），不反亓（其）杳（本），唯
（雖）弳（強）之弗內（入）悉（矣）。（成之聞之 4、5、6、7、8、9、10、11、
12、13、14、15）

例 19 是六個"是故"連用，前後語義層層推進，有了前一個因，推出後一個
果，果又爲因，推出進一步的結果。

在"是故"連用的語段中，前後句子間關係已比較鬆散，有時，"是故"
所聯繫的內容，界限不甚分明，需要觀察、推敲前後文的邏輯關係以及語
義的起止方能確定，所以，有的詞典將"是故"看作他轉連詞。

（三）"此以"

"此以"有 7 例，它具有連詞性質，但是比"是以"、"是故"的虛化程度
低，可見下面的例子：

20. 大人不螓（親）亓（其）所敔（賢），而訐（信）亓（其）所戔
（賤），衾（教）<u>此㠯（以）</u>遫（失），民<u>此㠯（以）</u>緶（變）。（緇衣 17、18）

21. 大臣之不螓（親）也，則忠敬不足，而賵（富）貴巳（已）迊
（過）也。邦豪（家）之不窋（寧）也，則大臣不台（治），而燮（褻）臣
㤰（託）也。<u>此㠯（以）</u>大臣不可不敬，民之蘁（蕊）也。（緇衣
20、21）

22. 聖人之眚（性）與中人之眚（性），亓（其）生而未又（有）非
之。節（即）於而也，則猷（猶）是也。唯（雖）亓（其）於善道也，亦非
又（有）譯婁㠯（以）多也。及亓（其）尃（博）長而厚大也，則聖人不
可由與埤之。<u>此㠯（以）</u>民皆又（有）眚（性）而聖人不可莫（慕）也。
（成之聞之 26、27、28）

例 20,"此以"處於結果分句的主謂之間,具有介詞結構的性質,説明虚化程度還不夠高;例 21,"此以"連接複句與結果句;例 22 是連接句群與結果句。

"是以"、"是故"、"此以"的關係,可參下文第二節有關内容。

四、用例少、但具有連詞性質的固定結構

"乃而"、"然而"、"從而"、"因此"、"因而"、"而況於"6 個固定結構,後世用爲連詞,但本書調查範圍内一般只出現一例或兩例,引入上博簡做進一步調查,用例仍舊少,難以判斷它們是固定結構還是複音連詞。我們只把它們歸爲連接成分,做簡單統計説明。

（一）"乃而"

"乃而"表語義的順接。本書調查範圍内只有 1 例"乃而",再加入上博簡的 1 例:

23. 犧(犧)馬,先之㠯(以)一璧,迺(乃)而逞(歸)之。逓(逐)
　　　　　各(文)君之祝(説)之□△（新蔡甲三 99）
24. "……矩(將)爲客告。"大宰(宰)迺(乃)而胃(謂)之:"君
　　　　　皆楚邦之矩(將)甸(軍)……"（上博_東大王泊旱_17）

"乃而"這個固定結構,傳世文獻中不見。我們從宋華强觀點,[1]認爲"乃"、"而"都是表順接,"乃而"是二者的複合,仍然表示順接。"乃而"所連接的前後兩項,具有行爲上、時間上的先後承接性質。

（二）"然而"

"然而"有順承連詞和轉折連詞兩種用法,這一點有過多家討論,已達成共識。本書調查範圍内的 1 例"然而",表達的是順承語義,有"既然這

---

〔1〕　宋華强《新蔡簡和〈東大王泊旱〉的"乃而"》,簡帛網 2006 年 9 月 24 日（http://www.bsm.org.cn/show_article.php?id=425）。

樣,那麼……"的意思:

25. 訐(慎),惡(仁)之方也,肰(然)而丌(其)怎(過)不亞(惡)。
逨(速),怎(謀)之方也,又(有)怎(過)則咎。(性自命出49)

(三)"從而"
1例"從而",前後句子間是順承語義:

26. 旣生畜之,或(又)從而季(教)怎(誨)之,胃(謂)之聖,聖也
者、父悳(德)也。(六德20、21)

(四)"因此"
"因此"僅1例,並且用在句子的主謂之間,似還具有介詞結構的性
質,前後句子間是順承語義:

27. ……貴而罷(能)纏(讓),則民谷(欲)丌(其)貴之上也。反
此道也,民必因此至(重)也吕(以)遏(復)之。(成之聞之18、19)

(五)"因而"
"因而"1例,表語義的順承:

28. 大材褻(設)者(諸)大官,少(小)材褻(設)者(諸)少(小)
官,因而它(施)录(祿)安(焉),叟[使]之足吕(以)生,足吕(以)死,
胃(謂)之君。(六德13、14)

(六)"而況於"
"而況於"1例,表遞進語義:

29. 龜筮（筮）猷弗智（知），而皇（況）於人虗（乎）？（緇衣46）

五、楚簡複音連詞總結

綜上，十四種楚簡範圍内，複音連詞和具有連詞性質的固定結構共有 11 個，匯總如下表：

表 2　楚簡中的複音連詞（含具有連詞性質的固定結構，合計：96）

順　承　連　詞			結　果　連　詞		承接連詞[1]	遞進連詞
而後 18	然後 13	從而 1	是以 31	是故 21	乃而 1	而況於 1
然而 1	因此 1	因而 1	此以 7			

表 2 共有複音連詞（包括具有連詞性質的固定結構）96 例，占全部固定結構 228 例的 42.1%，可見，楚簡中的固定結構，有四成是用來作連詞，楚簡複音連詞比較豐富。

還可看出，楚簡複音連詞集中在順承和因果關係兩類。結合第二節表 3 對楚簡連詞系統的匯總，可以發現：楚簡單音連詞中，順承連詞本已比較豐富，而孳生的複音連詞，更使順承和結果連詞兩類變得發達。但是，像轉折、修飾、目的類語義關係，缺少專職連詞，只能靠多義連詞"而"、"以"幫助承擔，卻沒有複音連詞出現，其中的原因，我們在第二節再談。

實際上，楚簡複音連詞中，主要是使用這四個高頻連詞："是以" 31、"是故" 21、"而後" 18、"然後" 13，它們都是表順承（因果）語義，以連接分句、複句甚至句群爲主要功能，基本用於郭店簡，適宜於論説體文獻豐富複雜的表達需要，具有明確的語體偏向。應用類文獻的表達條例化、程式化，語段之間缺少聯繫，很少使用順承（因果）連詞。僅有的 5 例，是見於

---

[1]　我們所説的承接連詞，具有兩個特徵：該連詞前後兩項爲具體的動作行爲；具體的動作行爲在時間上一前一後貫發生。而順承連詞，指的是該連詞前後兩項在事理上相承，前項表示條件，後項表示結果，強調前後項之間的順承推導關係。

卜筮記錄、日書和史書這三種實録性質的文獻類型中。後文還會詳談。

第二節 從語義關係角度觀察 楚簡連詞系統

一、楚簡連詞分類説明

按照連詞所連接的前後項之間的語義關係,我們把楚簡連詞分爲十一類:順承連詞、並列連詞、時間承接連詞(以下簡稱承接連詞)、結果連詞、轉折連詞、假設連詞、選擇連詞、遞進連詞、修飾連詞、目的連詞、讓步連詞。

按語義關係對連詞進行分類,難以完全避免交叉和界限不清的問題。本文的分類,也存在這類問題,這裏做一些交待和界定。我們所説的時間承接連詞,具有兩個特徵:該連詞前後兩項爲具體的動作行爲或事件等;具體的行爲、事件等在時間上一前一後連貫發生,如:

1. 尖(小人)䰠(將)敳(捕)之,夫自剔(傷)。尖(小人)安(焉)戵(守)之旨(以)告。(包山 142)

2. 公不悦,揖而退之。(《魯穆公問子思》2)

我們所説的修飾連詞,指的是該連詞前後項之間是狀中關係,前項作狀語,修飾後項,後項爲謂詞性中心語,如:

3. 君黝(袀)襏(冕)而立於坄(阼),一宮之人不勑(勝)丌(其)敬。

4. 古(故)孷(君子)之立(蒞)民也,身備(服)善旨(以)先之,敬斳(慎)旨(以)肘(守)之,民必因此至(重)也旨(以)逻(復)之,可不斳(慎)虐(乎)?(成之聞之 18、19)

我們所説的順承連詞,指的是該連詞前後兩項在事理上相承接,前項表示條件,後項表示結果,强調前後項之間的順承推導關係,如:

> 5. 是古(故)谷(欲)人之悫(愛)弖(己)也,則必先悫(愛)人;谷(欲)人之敬弖(己)也,則必先敬人。(成之聞之20)
>
> 6. 凡人悫(僞)爲可亞(惡)也,悫(僞)旻(斯)殹(吝)壴(矣),殹(吝)旻(斯)慮壴(矣),慮旻(斯)莫与(與)之結壴(矣)。(性自命出48、49)
>
> 7. 衍(道)亙(恆)亡爲也,厌(侯)王能守之,而萬勿(物)牊(將)自悫(化)。(老子甲13)

本文順承連詞和結果連詞的區别是:連詞表順承語義時,强調後項對前項的順承、推導,前後項之間是條件—結果關係,有前者就會推導出後者,"則"是典型的順承連詞,《馬氏文通》説"則"是"直承順接之辭",是概括了它的實質;而本文的結果連詞,界定比較狹隘,處於原因—結果關係複句中的後分句,"故"、"是故"等是典型的結果連詞。

實際上,廣義的順承連詞,至少是包括時間承接連詞、結果連詞、目的連詞和以"則"爲代表的條件—結果連詞(有的著作也稱爲承接連詞)的,我們這裏爲了細緻分析楚簡連詞系統,把它們分開成四類,我們的順承連詞用其狹義,特指以連詞"則"爲代表的條件—結果連詞。

二、楚簡連詞分類

這一部分,根據連詞前後項間的語義關係,對楚簡連詞做分類匯總。在本章開頭已交代,楚簡連詞系統包括單音連詞18個,複音連詞(固定結構)11個。其中,如"此"、"是",還不能視爲完全的連詞,但它們具有連詞的一些特點,也具有一定的使用頻次,所以放入楚簡連詞系統一起討論。而像"從而"、"然而"、"因而"、"因此"、"乃而"、"而況於"6個複音連詞(固定結構),都只有1個用例,除了納入表3統計外,後文不作討論。

對這29個連詞(連詞性成分)的分類詳見下面表3,其中包括具有連詞性質的"此"和"是"等,後面不再一一説明。

表3　楚簡連詞匯總(含具有連詞性質的詞語)

	順承連詞	並列連詞	結果連詞	轉折連詞	修飾連詞	承接連詞	遞進連詞	目的連詞	假設連詞	選擇連詞	讓步連詞
焉 29	5					24					
此 16	16										
是 5	5										
斯 22	22										
苟 14									14		
故 52			52								
及 13		13									
既 30		30									
且 29		26					3				
如 7									7		
若 2	2										
雖 15											15
所 1									1		
又 59		59									
與 94		93								1	
則 150	149					1					
合計1:	199	221	52			25	3		22	1	15
而 323	68	37		104	27	34	38	10	5		
以 217		55	8		76	35		43			
合計2:	267	313	60	104	103	94	41	53	27	1	15
而後 18	18										
然後 13	13										
是以 31			31								
是故 21			21								
此以 7			7								

（續　表）

	順承連詞	並列連詞	結果連詞	轉折連詞	修飾連詞	承接連詞	遞進連詞	目的連詞	假設連詞	選擇連詞	讓步連詞
乃而1						1					
從而1	1										
然而1	1										
因此1	1										
因而1	1										
而況於1							1				
合計3:	302	313	119	104	103	95	42	53	27	1	15

從表3可以看出：

（1）楚簡連詞系統包括單音連詞18個，使用1 078次；複音連詞11個，使用96次，合計楚簡使用連詞1 174次。

（2）表中"合計1"之上的部分，是楚簡中除高頻、多義連詞"而"、"以"之外的其他單音連詞，可以看出，楚簡絶大部分單音連詞意義非常單純。楚簡除"而"、"以"之外的16個單音連詞的使用頻次之和是539。看起來，楚簡連詞系統並不算豐富。

（3）表中"合計2"之上的部分，是楚簡所有單音連詞的匯總，包括了高頻、多義連詞"以"、"而"。從中看出：

①修飾、目的兩種語義關係僅靠"而"、"以"來表達，轉折關係僅靠"而"來表達，其他連詞不能表達這三種語義關係。

②"而"、"以"使用頻次之和是540，占全部單音連詞使用頻次的一半，也就是説，"而"、"以"同其他16個單音連詞在楚簡連詞系統中的使用比重幾乎是平分秋色。

③"而"、"以"的加入，使楚簡連詞系統在並列、修飾、承接關係上增加了相當比重；"而"另使順承、轉折、遞進關係增加了相當比重；"以"另使目的關係增加了相當比重。這説明"而"、"以"集中表達上述語義關係。

④ 楚簡單音連詞在順承、並列、轉折、修飾、因果、承接、目的關係上使用頻次較高。

（4）表中"合計 3"之上的部分,是楚簡全部單音連詞、複音連詞的匯總。從中看出:

① 楚簡複音連詞集中於表達順承關係、因果關係,僅有 1 例表遞進關係。

② 楚簡僅順承連詞、並列連詞、結果連詞、承接連詞四類下包含連詞豐富,依次包含連詞 13、7、5、5 個,其他類別下,要麼只有一個連詞,要麼是依靠多義連詞"而"、"以",連詞數量很少。

以上是對楚簡連詞系統的總體印象,下面我們分類觀察。

三、楚簡連詞語義語法功能和 語體分佈的分類考察

這一部分,討論楚簡連詞系統內每一類別下連詞的總體特點及其內部差異和分工,也討論這一類別連詞的語體分佈和語體偏向。

每一類別下連詞的數量很不平均,像順承連詞這個類別下有 13 個連詞,而有些類別,下屬僅一個連詞。同一類別的多個連詞,必有其共同的語用,也必有其輕重主次與分工配合,這是我們的關注點之一;同一類別的連詞,在語體偏向上有沒有分工,這是另一個關注點。

（一）順承連詞

楚簡順承連詞有 13 個,具體情況見下表:

表 4 楚簡順承連詞匯總(合計: 302)

則 149	而 68	斯 22	而後 18	此 16	然後 13	焉 5
是 5	若 2	從而 1	然而 1	因而 1	因此 1	

楚簡順承連詞以"則"、"而"、"斯"、"而後"、"然後"爲主體,其中,僅"則"、"而"的使用頻次之和即占順承連詞總頻次的七成以上。

13 個順承連詞,"若"僅 2 例,"從而"、"然而"、"因此"、"因而"僅 1

例,不作分析。其餘順承連詞可分成四組來觀察。

(1)"則"、"斯"、"焉"的比較,"則"與"斯"的高相似度及"斯"的被淘汰

"則"、"斯"、"焉"都用來連接分句,在用法上非常接近,可從四方面分析:

① 所處句法位置。三者都只出現在結果分句中,都可處於小句之首。小句主語省略時,直接居謂語之前。差別是:"斯"、"焉"還可居主謂之間,而"則"作順承連詞時幾乎不見居主謂之間的例子;另外,"則"的主語較多省略,因爲它大量用於緊縮句。

② 前後分句的數量。連接前後各一個分句,是三者的常態。但"斯"、"焉"前後基本是一對一的分句,表達直接的條件—結果關係,而"則"少數情況下連接前後多個分句,尤其前面分句較多,表達較爲複雜的條件—結果關係。

③ 對用和排比連用的情況。"則"、"斯"這一特點非常突出。楚簡中"則"以對用和排比連用爲主,有 111 例,占其全部順承連詞用法 149 例的74.5%,表對舉性承接和排比性承接,是楚簡"則"的一大特點。"斯"的全部連詞用法是 22 例,而排比連用有 18 例,占其連詞用法的81.8%。"焉"則很少。

④ 用於緊縮句的情況。三者都用於緊縮句,句中主語常省略,句子形式短小緊湊。其中,由"則"構成的緊縮句有 86 例,占"則"全部順承連詞用法 149 例的57.7%;由"斯"構成的緊縮句 19 例,占其全部連詞用法的 86.4%。"焉"的這一特點比較弱,只少量出現在上博簡中。

通過比較,可以看出"則"與"斯"用法極爲接近,最突出特點是大量用於緊縮句,且排比連用,各緊縮句之間是平列對等或步步緊承的關係,形成強烈的表達效果。在這一點上,"斯"表現得更爲純粹,它的其他用法很少。

"斯"作爲連詞的高峰時期是在戰國時代,戰國末期以後,它就很少使用了。究其原因,可能正因爲"斯"所有的語義、語法功能都與"則"重合,

使用又過於單一純粹,遠不及"則"適應面廣、使用量大,所以最終被淘汰。

相比較"則"和"斯","焉"是很普通的順承連詞,可連用,可用於緊縮句,但用例有限。還有一點,"焉"所表達的語義關係同"則"、"斯"有所不同:"焉"在語義上更接近於"乃"、"才",而"則"、"斯"可理解作"就"、"便",二者意義微殊。從邏輯上説,"焉"前後分句間是必要條件—結果關係,而"則"前後是充分條件—結果關係,二者有區別,具體可見前文連詞"焉"個案研究部分。

(2)"而"同"則"、"斯"、"焉"的比較

"而"作順承連詞時,用於緊縮句中 17 例,占其全部順承連詞用法 68 次的 25%,各緊縮句間都是平列對等的關係。"而"所在的句子對用和連用共 33 例,占其全部順承連詞用法 68 例的 48.5%。

比較前文"則"、"斯"、"焉"的情況,可知:

① 前三者連接句子,"而"以連接謂詞性詞語爲主。

② "而"所在的句子也經常對用、連用,句子形式整齊,但這一特點不及"則"、"斯"突出。

③ "而"關聯的多個平行結構連用時,其間都是平列對等關係,營造的是鋪陳排比的效果;"則"、"斯"關聯的句子連用時,其間有平列對等關係,也有步步緊承關係,更具有强烈的層層推進的效果。可以對比:

8. 我無事而民自福(富),我亡爲而民自蠱(化),我好青(靜)而民自正,我谷(欲)不谷(欲)而民自樸(樸)。(老子甲 31、32)

9. 矜則民悝,正則民不斁(吝),龏(恭)則民不悁(怨)。(尊德義 33、34)

10. 惡(仁)之思也清,清則繲(察),清則繲(察),繲(察)則安,安則華,華則兑(悦),兑(悦)則憂(戚),憂(戚)則菥(親),菥(親)則惡(愛),惡(愛)則玉色,玉色則型(形),型(形)則惡(仁)。(五行 12、13)

所以,同樣作爲順承連詞,"而"同"則"、"斯"、"焉"相比,語義很虚,前後的順承、推導性質很弱,它更多體現出對韻律節奏的調節功能;而像"則",其承接、推導性質就非常强。

(3)"此"、"是"、"斯"的關係

三者都以作代詞爲主,同時都具有連接功能。"此"、"是"只是具有連詞性質,"斯"已經是連詞。下面表5可以説明問題:

表5　"此"、"是"、"斯"具有連接功能時的句法位置

	居小句主語位置	居小句主語之前	居主謂之間	用於緊縮句
此	9	3	4	
是	3		2	
斯		1(用於"苟……斯……"句式)	2	19

"此"、"是"以居小句主語位置、居主謂之間爲主,這種位置特點説明了它們不是典型的連詞。在楚簡中也不見二者用於緊縮句的例子,在傳世文獻中有極少的例子,如"有德此有人,有人此有土,有土此有財,有財此有用"(《禮記・大學》)。"斯"的連詞性質則很明確。"此"、"是"居小句主語位置、居主謂之間的例子如下,可與前文"斯"的用法比較:

11. 臨事之紀,斳(慎)旨(終)女(如)刢(始),此亡敗(敗)事矣。(老子甲11)

12. 斳(慎)丹(終)若訇(始),則無敗(敗)事丂(矣)。(楚簡《老子》丙12)

13. 女(如)牆(將)又(有)敗(敗),耽(雄)是爲割(害)。(語叢四16)

例11,"此"居小句主語位置,例12用來對比,兩例都出自楚簡。楚簡《老子》甲和《老子》丙的異文,可以明證上述"此"具有連接功能——前項

表條件,後項順承前文得出結果;但它們仍具有代詞性質—居於主語位置,復指前文内容,含有"在這種條件下,就……"的意味。例13,"是"居於小句主謂之間,且與假設連詞"如"配合,構成"如……是……"句式,也具有連詞性質。

(4)"而後"、"然後"的關係

① 語義重點的不同。"而後"的語義重點是表情況、行爲的先後承接,有前者接着出現後者;"然後"的重點在事理上的順承和推導,可以比較:

14. 智(知)忌(己)而句(後)智(知)人,智(知)人而句(後)智(知)豊(禮),智(知)豊(禮)而句(後)智(知)行。(語叢一26)

15. "叜(淑)人君子,亣(其)義(儀)罷(一)也"。能爲罷(一),肰(然)句(後)能爲君子,【君子】愻(慎)亣(其)蜀(獨)也。(五行16)

② 語法功能上。"而後"、"然後"都可以連接兩個動詞語和連接分句,所在的句子可以對用和排比連用。此時二者語義、語法功能相同。但"然後"主要用來連接分句,前後可以有多個分句,它表達的是較爲複雜的條件—結果關係。

(5)楚簡順承連詞的文獻分佈

楚簡順承連詞中,具有一定使用頻次的有:"則"149、"斯"22、"而後"18、"此"16、"然後"13,它們全部用於論説體的郭店簡,不見於其他類型文獻。

"焉"分屬承接連詞和順承連詞兩類,作爲順承連詞的5例,全部見於郭店簡。

高頻的順承連詞還有"而"68例,分別見於長臺關竹書2例,郭店簡61例,九店日書3例,史書《繫年》2例,其中前二者屬於論説體文獻。

這説明,楚簡順承連詞近乎全部用於論説體文獻,具有明確的語體屬性。

（6）楚簡順承連詞小結

楚簡順承連詞以"則"、"斯"、"而"、"而後"、"然後"爲主體,這幾個連詞個性鮮明。

首先,"則"、"斯"大量用於緊縮句,所在句子大量排比連用,句子間是平列對等或步步緊承的關係,具有鋪陳排比或層層推導的表達效果。因爲"斯"的功能完全覆蓋於"則"之下,使用非常單一,使用量又少,所以在戰國末期以後就基本被淘汰了。

其次,"而"以連接謂詞語爲主,連接句子較少,它的意義很虛,前後項順承、推導語義不強,它的作用,更多是在對句子、篇章韻律節奏的調節上,它與"則"、"斯"區別明顯。

第三,"而後"著重於兩個事項的先後接續發生,主要連接兩個動詞語;"然後"著重於事理的推導,主要連接句子,可以連接多個分句,表達稍複雜的條件—結果關係,這是二者的分工。

第四,"然後"、"則"都連接句子,都具有較強的順承、推導語義,但"然後"句不具備"則"的大量用於緊縮句、排比連用等特點,修辭表達效果有限。

由此可見,楚簡順承連詞多數具有自己的特點,分工明確,沒有實現分工的"斯"、沒有成熟起來的"是"、"此",最終被淘汰了。

楚簡順承連詞具有明確的語體屬性,它們近乎全部用於論説體的郭店簡。

（二）並列連詞

楚簡並列連詞有 7 個,共 313 例。按使用頻次高低排列,依次爲:"與"93,"又"59,"以"55,"而"37,"既"30,"且"26,"及"13。"又"的特點非常鮮明,就是連接整數和零數,如"二十又三（緇衣 47）"、"四十乘又三乘（曾侯乙 121）";或是連接多層級的數量關係。連接數量關係是"又"唯一的、也是爲其他連詞所不具備的功能。其他並列連詞可分作兩組來觀察,可參看表6。

表 6　楚簡主要並列連詞的使用情況

與 93		及 13		而 37	
連接名詞語 87	連接謂詞語 6	連接名詞語 12	連接句子 1	連接謂詞語 30	用於緊縮句 7
93.5%		92.3%		81.1%	
且 26		既 30		以 55	
連接分句 19	連接謂詞語 6	連接名詞語 1	連接分句 30	連接分句 45	連接謂詞語 10
73.1%			100%	81.8%	

（1）連接詞語的並列連詞——"與"、"及"、"以"、"而"、"且"

觀察表 6，聯繫簡文用例，可知：

①"與"、"及"以連接名詞語爲主，"而"、"以"、"且"通常連接謂詞語。

② 同樣是連接名詞語，"及"少用，尤其是楚簡應用類文獻不見使用，僅少量見於古書類文獻。"與"、"及"或存在時代和地域差異。

③"而"、"以"、"且"相比，"而"偏於連接謂詞語，"以"、"且"偏於連接並列分句。

④ 同樣是連接謂詞語，"而"連接動詞和形容詞性成分都比較多，有時前後項一爲動詞性成分，一爲形容詞性成分，其次是連接兩個主謂結構；"以"的前後項以單音節形容詞爲主；"且"的前後項以動詞語爲主。對比如下：

16. 身谷（欲）青（靜）<u>而</u>毋歓（滯），慮谷（欲）困（淵）<u>而</u>毋惡（僞），行谷（欲）悤（勇）<u>而</u>必至，富（貌）谷（欲）壯（莊）<u>而</u>毋枲（拔），谷（欲）柔齊<u>而</u>泊，憙（喜）谷（欲）智<u>而</u>亡末，樂谷（欲）睪（釋）<u>而</u>又（有）走（止），悤（憂）谷（欲）僉（斂）<u>而</u>毋惛，悲（怒）谷（欲）涅（盈）<u>而</u>毋暴，進谷（欲）孫（遜）<u>而</u>毋攷（巧），退（退）谷（欲）耑（端）<u>而</u>毋至（徑），谷（欲）皆夏（文）<u>而</u>毋湎（僞）。（性自命出 62、63、64、65）

17. 吕（以）道從事者必忨（託）亓（其）名，古（故）事城（成）<u>而</u>身

232

長。(太一生水 10、11)

18. 竺(孰)能濁邑(以)朿(靜)者,酒(將)舍(徐)清。(老子甲 9、10)

19. 禱於吝(文)伕(夫人),䢅宰(牢),樂虗(且)贛(貢)之。(新蔡乙一 11)

⑤ 同樣是連接謂詞語,"而"關聯的短語,常常多個排比連用;"以"、"且"不具備這個特點,如前面例 16、例 18、例 19。

(2) 連接分句的並列連詞——"既"、"以"、"且"

這三個連詞都可以連接並列的小句,用於"既……以……"、"既……且……"、"既……以……且……"等句式。另外,"以"可以連接多個並列分句,這是楚簡"以"的特點,在傳世文獻中幾乎不見;"既"的特點是,當它表並列語義時,必須有"以"、"且"等配合,不能單獨使用;"且"可以單用,連接並列分句,但使用量小。三者特點,可參下面例句:

20. △邑(以)不能飤(食),邑(以)心孚(悶),邑(以)歆,脑(胸)腁(脅)疾,尚△(望山_1_37)

21. △坪夜君貞(貞),既心念、瘇(胖)痕(脹),邑(以)百腈體疾。(新蔡甲三 189)

22. △念,虗(且)㾖不出,邑(以)又(有)瘧,尚遬(速)出,毋爲忧(憂)。(新蔡甲三 198、199-2)

23. △鄴少(小)司馬陳(陳)䰞愆邑(以)白霝(靈)爲君坪夜君貞,既心疾,邑(以)合於怀(背),虗(且)心痒△(新蔡甲三 233、190)

24. 占之:巫(恒)貞(貞)吉,少又(有)亞(惡)於王事,虗(且)又(有)慐(慼)於穿(躬身)。(包山 213)[1]

---

[1] 此句的"且"張玉金先生認爲是遞進連詞,我們認爲是並列連詞,可參前文連詞"且"有關章節。另見張玉金《出土戰國文獻虛詞研究》,人民出版社 2011 年,354 頁。

25. 公命郘(駒)之克先嘑(聘)于齊,取(且)邵(召)高之固曰：
"今旹亓(其)會者(諸)侯,子亓(其)與臨之。"(繫年66、67)

(3)楚簡並列連詞的語體分佈

不同於順承連詞集中於論説體文獻,並列連詞作爲滿足最基本表達需要的一類連詞,在應用類文獻和論説體中使用都多,但是其分佈頗具特點,尤其是體現出特定語法功能同特定文獻類型的對應關係。

連詞"與"是所有並列連詞中分佈最爲平均者,也是全部楚簡範圍內分佈面最廣的連詞,具體可見表7：

表7　連詞"與"文獻分佈情況

文獻類型	郭店	長臺關M1竹書	包山文書	包山卜筮	新蔡卜筮	望山M1卜筮	望山M2遣策	長臺關M1遣策	曾侯乙遣策	九店M56日書	繫年
"與"的頻次	14	2	12	5	6	7	1	4	28	1	13
所屬文獻字數	12 101	440	8 883	2 569	7 724	1 289	951	1 032	6 593	2 278	3 790

從表中數據看,"與"的使用同文獻類型關係不大。比如,同屬卜筮記録,它在望山1號墓簡和新蔡簡中使用差別很大；同屬遣策類,它在長臺關1號墓遣策和曾侯乙墓喪葬記録中使用較多,而在望山2號墓遣策中使用較少；同屬論説體文獻,它在長臺關竹書中使用比重高,在郭店簡文使用較少,但這兩種論説體文獻中"與"的使用比新蔡卜筮記録、望山2號墓遣策、九店日書要多。"與"作爲基本的、普適性的並列連詞,滿足各類文獻連接名詞性成分的基本需要,不呈現明顯的語體分佈差異。

不過,當"與"連接謂詞性成分時,僅有的6例,全部見於郭店簡和長臺關竹書,都屬於論説體文獻。如：

26. 聖与(與)智豪(就)壴(矣),悬(仁)与(與)宜(義)豪(就)壴(矣),忠(忠)与(與)訐(信)豪(就)【壴(矣)】。(六德1、2)

並列連詞"及"集中於史書《繫年》，極少量見於論説體，它的分佈可能取決於時代和地域因素，所以不見於楚地的即時記録文獻，只見於經過傳抄的古書類文獻。

並列連詞"又"語法功能單純，就是連接數量關係，它的功能特點決定了它具有語體偏向。"又"主要滿足應用類文獻和史書準確計數的需要，郭店簡僅見 2 例。

"既"、"以"、"且"、"而"四個並列連詞的文獻分佈情況可見表 8：

表 8　楚簡主要並列連詞的文獻分佈情況

	連　接　分　句		連　接　詞　語		
既 30	新蔡、包山、望山卜筮 29	郭店 1			
且 26	新蔡、包山、望山卜筮 13	繫年 6	新蔡卜筮 5（動·且·動）	郭店 1（形·且·形）	繫年 1（名·且·名）
以 55	新蔡、包山、望山卜筮 45		郭店 10（形·以·形 5、形·以·動 2、動·以·形 2、動·以·動 1）		
而 37			郭店 37〔1〕（連接謂詞性成分）		

從表 8 看出：並列連詞"而"不連接分句。"既"、"以"、"且"的主要功能是連接並列分句（其中"既"只能連接並列分句），用於特定句式"既……以……"，"既……以……以（且）……"，"既……且……"，"……以……以"等，且只用於特定的疾病貞内容。

連接詞語的並列連詞"以"、"且"、"而"，具有共同語法特點：基本都是連接謂詞性成分。其中，"以"、"而"連接謂詞性成分時全部見於郭店簡，二者所連接的謂詞性成分，一般是動詞性成分和形容詞性成分、或兩個形容詞性成分的組合，形容詞性成分的加入，使這類組合具有了一定的

---

〔1〕　此處包括少量緊縮句。緊縮句是以單句的形式表達複句的内容，此時"而"前後仍是謂詞性成分。

描述性,可以滿足論説體文獻的表達需要,所以用於郭店簡。而"且"連接謂詞性成分時,以連接動詞語爲主,所以多見於實録體文獻,因爲實録體文獻平實簡潔的表達,並不特別需要這種具有描述性的内容。如:

27. 寺(詩)員(云):虔(吾)大夫共(恭)虔(且)贛(儉),𣏟(靡)人不斂(斂)。(緇衣 26)

28. 竺(孰)能濁𢀠(以)束(靜)者,牺(將)舍(徐)清。(老子甲 9、10)

29. 身谷(欲)青(靜)而毋歆(滯),慮谷(欲)困(淵)而毋息(僞),行谷(欲)惠(勇)而必至……(性自命出 62、63、64、65)

所以,可以説,除了並列連詞"與"分佈較爲平均,楚簡多數並列連詞存在著一定語法功能同文獻類型的對應、匹配關係:並列連詞"又"主要用於連接數量關係,因而多用於簿書、遣策和史書;並列連詞"以"連接並列分句時全部見於卜筮記録,連接謂詞性詞語時全部見於郭店簡;並列連詞"且"連接並列分句和連接兩個動詞語時見於卜筮記録和史書,連接兩個形容詞時見於郭店簡,但它極少用於後者;並列連詞"既"只連接並列分句,基本只見於卜筮記録;語義關係極爲豐富的連詞"而",在表並列語義時只連接謂詞語,只見於郭店簡。

(4)楚簡並列連詞小結

對楚簡並列連詞的整體認識是:

第一,楚簡中,並列連詞"與"以連接名詞語爲主,"又"只連接整數和零數,或連接不同層級的數量關係,二者特點分明,没有其他連詞可以替代。

第二,"既"完全用於連接並列分句,不能連接詞語;"以"、"且"在楚簡中也以連接分句爲主;三個連接分句的並列連詞常常組成固定格式,全部使用於卜筮祭禱簡中的疾病内容。

第三,"而"、"以"、"且"都可以連接謂詞語,但"以"的前後多爲簡單的形容詞;"且"的前後多數爲動詞語;"而"的前後成分則豐富多樣,可以是兩個動詞語、兩個形容詞、兩個主謂結構或它們的混合。

可見,楚簡的並列連詞在連接詞語時各有特點和分工;在連接句子時,"既"、"以"、"且"三個連詞相互配合,組成固定格式,它們在句中的地位平等。而且,除了"與"文獻分佈比較平均、"又"語體偏向明確之外,"既"、"以"、"且"、"而"存在着一定語法功能同一定文獻類型的對應關係。

(三)轉折連詞

(1)語義語法功能

楚簡中沒有其他轉折連詞,僅靠多義連詞"而"來表轉折關係,有104例。"而"表轉折語義,包含平行式轉折和偏正式轉折兩種情況。平行式轉折,"而"前後語義平行、對等而轉折,74例,可分兩類:

第一類,前後項並列,但二者語義相對相反,6例。如:

30. 敚之爲言也,猷敚敚也,少(小)而尨多也。(六德32、33)

第二類,前後項並列,且其中一個成分包含否定詞"不、弗、無、未"等,形成語義上的對比和轉折,68例。如:

31. 果而弗伐,果而弗驕,果而弗矜,是謂果而不强。(老子甲7)

偏正式轉折,"而"連接分句,前後項之間關係一偏一正,語義上轉折,30例。如:

32. 九月戊申之日,郇(宛)陳(陳)午之里人藍訟登(鄧)聅尹之里人苟醬,㠯(以)亓(其)桑(喪)亓(其)子丹,而旻(得)之於龗之室。(包山92)

33. 視之不足見,聽之不足聞,而不可既也。(老子丙5)

所以,轉折連詞"而"主要是表平行式轉折,且以多個平列對等的

"而"字結構排比連用,形成節奏整齊、鋪陳排比的表達效果。連接分句,表偏正式轉折,是"而"次要的功能。

（2）轉折連詞的語體分佈

儘管楚簡只有一個轉折連詞"而",它仍然存在一定語法功能同文獻類型的對應、匹配關係:表平行式轉折的74例,全部用於郭店簡;表偏正式轉折、連接分句的"而",6例用於包山文書簡,4例見於史書《繫年》,20例見於郭店簡。轉折連詞"而"偏於論說體文獻,尤其長於組成"而"字結構,排比連用,具備充分的描述性和論辯性,營造出強烈的表達效果。僅在少數情況下,連接分句時,它出現於文書和史書中。

（四）修飾連詞

楚簡修飾連詞有"以"和"而","以"76例,"而"27例。

（1）"以"與"而"的語義語法功能和語體分佈

二者所連接的前後成分可見下表:

表9　修飾連詞"以"、"而"連接的成分

以 76	動·以·動	形·以·動	介賓·以·動		
	70	5	1		
而 27	動·而·動	數·而·動	形·而·動	名·而·動	介賓·而·動
	16	4	3	2	2

表9表明:

① "以"、"而"都以連接動詞語爲主,但"以"前後成分集中,絶大多數是兩個動詞語,"而"則前後成分多樣。

② 結合簡文,可以發現修飾連詞"以"和"而"的語體偏向。"以"作修飾連詞集中於包山文書、包山卜筮記錄和史書《繫年》,全部是"動·以·動"式,有70例,其中程式化表達就占了64例;另有5例"形·以·動"式全部見於郭店簡,如:

34. 顠(夏)柰之月乙丑之日,鄩正婁𤟥軈受晷(幾),八月乙亥

之日不遲（將）龏倉晶（以）廷，阩門又（有）敗（敗）。（包山 19）

35. 大司馬恕（悼）髆（愲）送（將）楚邦之帀（師）徒晶（以）救（救）郙戠＝（歲）啻（荆）层肻（之月）己卯音（之日），膂（許）吉晶（以）馭霝（靈）爲左尹㐌卣（貞）……（包山 234）

36. 王命莫囂（敖）昜（陽）爲衔（率）自（師）皀（以）定公室。（繫年 114、115）

37. 古（故）尹（君子）之立（蒞）民也，身備（服）善晶（以）先之，敬斳（慎）晶（以）肘（守）之，民必因此至（重）也晶（以）返（復）之，可不斳（慎）虖（乎）？（成之聞之 18、19）

　　例 34、35 和 36，分別代表着包山文書、包山卜筮記録和史書《繫年》程式化表達，都是“動·以·動”式，前一動詞都用“將”或“率”，都是“帶領”義。這種“動·以·動”式的特點是：前後兩個動作行爲同時進行，且前一動作行爲處於持續不斷狀態，前一動詞的賓語伴隨着主語同時進行後一動作行爲。例 37 是“形·以·動”式，它在表達上更具有描寫性，前項的形容詞表明後面動作行爲的狀態，只見於論説體的郭店簡。

　　“而”作修飾連詞時前後成分多樣，全部出現於郭店簡中。

　　（2）楚簡修飾連詞總結

　　修飾連詞“以”主要連接兩個動詞語，表動作行爲的伴隨進行，集中於文書、卜筮記録和史書三種實録體文獻中；修飾連詞“而”連接成分多樣，用於郭店簡中。兩個連詞對文獻類型各有選擇，語用上存在分工。

　　（五）結果連詞

　　楚簡結果連詞有 5 個，共 119 例。包括：“故”52 例，“是以”31 例，“是故”21 例，“此以”7 例，“以”8 例。

　　這 5 個結果連詞中，其他 4 個連詞都是連接句子，只有“以”特殊，它只連接動詞語，表示由前一行爲導致後面的結果，且多數是不好的結果，“以”可以理解爲“以致”、“因而”，如：

38. 是古（故）尖（小人）䕺（亂）天棠（常）㠯（以）逆大道，君子訇（治）人侖（倫）㠯（以）川（順）天悳（德）。（成之聞之 32、33）

39. 凡迨（過），正一㠯（以）遝（失）丌（其）迻（它）者也。（語叢二 40、41）

下面著重分析其他 4 個結果連詞。

（1）"此以"和"是以"的比較

"是以"比"此以"使用頻次高很多。在本文調查範圍內，可以觀察到的差別是：

① "此以"可以處在結果句之首或主謂之間，而"是以"只用在句首，"此以"還帶有介賓結構的性質，凝固化程度稍低。如：

40. 大人不新（親）亓（其）所殴（賢），而訐（信）亓（其）所戈（賤），喬（教）此㠯（以）遝（失），民此㠯（以）綅（變）。（緇衣 17、18）1

② "此以"多數處於複句中，連接前後各一個分句；也可以處於句群中，但它所在的結果句一般都是單句，只是原因部分比較複雜。"是以"可連接前後各一個分句，但它常用來連接多個分句甚至連接句群，前因後果有時都比較複雜；尤其是"是以"後面常連接複句。如：

41. 聖人之眚（性）與中人之眚（性），丌（其）生而未又（有）非之。節（即）於而也，則獣（猶）是也。唯（雖）丌（其）於善道也，亦非又（有）譯婁㠯（以）多也。及丌（其）專（博）長而厚大也，則聖人不可由與墀之。此㠯（以）民皆又（有）眚（性）而聖人不可莫（慕）也。（成之聞之 26、27、28）

42. 爲之者敗（敗）之，輮（執）之者遝（失）之。聖人無爲，古（故）無敗（敗）也；無輮（執），古（故）□□□。斳（慎）丹（終）若訇（始），則無敗（敗）事亝（矣）。人之敗（敗）也，歿（恆）於丌（其）虘

（且）城（成）也敗（敗）之。<u>是旵（以）</u>□人欲不欲，不貴戁（難）旻（得）之貨；斈（學）不斈（學），遐（復）眾斉（之所）迚（過）。（老子丙11、12、13、14）

例41，"此以"前是句群，後以一個單句作結；例42，"是以"前是句群，後是複句。

③ "是以"可以在句中連用，層層推進，説明前後的因果推理關係，"此以"不見這種用法。可參後文例43。

由比較可知，"是以"的語法功能更強，"此以"還多少具有介詞結構的性質。

（2）"故"和"是故"的比較

"故"、"是故"連接功能强大，都可以連接分句、複句、句群甚至語段。但相對來説，"是故"更多地用於連接句群和語段，它前後句子間的結合更加鬆散，這一點，以下情況可以證明：

① "故"處於因果複句中，連接前後各一個分句的情況有 11 例，占其總數的 21.2%；"是故"連接前後各一個分句的情況僅 1 例，占其連詞總數 20 例的 5%。

② "故"也連接複句或句群，表達複雜的因果關係，但總體不及"是故"前後的情況複雜。同樣，"是故"前後有時也有單句或單層複句，但遠比"故"前後要少。

③ "故"可用於緊縮句中，"是故"不可。

總而言之，"是故"比"故"更多地用來連接句群、語段，它所連接的句子有時關係鬆散，因果關係的起止界限需要細加辨析。

有些虛詞詞典把連接句群和語段的"故"視作他轉連詞，從楚簡相關分析可知，"故"、"是故"連接的前後句子，其實因果關係清楚，只是因爲其連接域過於寬大，句子關係變得鬆散而已。

（3）結果連詞的連接域問題

通過對上文兩組結果連詞的比較可知，"此以"、"是以"、"故"、"是故"在表因果關係時的連接域並不固定,它們沒有特別明確、嚴整的分工,彼此可以參差交錯使用,使行文表達富於變化。但一般來說:① "此以"的連接域多數情況下比較小;② "是以"、"故"的連接範圍比較靈活,可大可小;③ "是故"連接域可以達到最大,能夠連接語段,並經常性連接句群、語段,"故"在連接句群、語段方面的頻度與能力次於"是故","是以"有時更次之。下面一段話可作佐證:

43. 大(太)一生水,水反補(輔)大(太)一,是弖(以)城(成)天。天反補(輔)大(太)一,是弖(以)城(成)陞(地)。天陞(地)【返(復)相補(輔)】也,是弖(以)城(成)神明。神明返(復)相補(輔)也,是弖(以)城(成)侌(陰)昜(陽)。侌(陰)昜(陽)返(復)相補(輔)也,是弖(以)城(成)四時。四時返(復)補(輔)也,是弖(以)城(成)倉(寒)然(熱)。倉(寒)然(熱)返(復)相補(輔)也,是弖(以)城(成)淫澡(燥)。淫澡(燥)返(復)相補(輔)也,城(成)歲(歲)而坐(止)。古(故)歲(歲)者,淫澡(燥)斋(之所)生也。淫澡(燥)者,倉(寒)然(熱)斋(之所)生也。倉(寒)然(熱)者,四時【斋(之所)生也。四時】者,侌(陰)昜(陽)斋(之所)生。侌(陰)昜(陽)者,神明斋(之所)生也。神明者,天陞(地)斋(之所)生也。天陞(地)者,大(太)一斋(之所)生也。是古(故)大(太)一贖(藏)於水,行於時,迵(周)而或(又)□,□□□蠆(萬)勿(物)母。(太一生水 1、2、3、4、5、6、7)

上述觀察認識,從楚簡文本與傳世文獻的比照中可進一步確認。

申紅義將楚簡與傳世典籍的異文做了對比,[1]顯示出以下幾種情況:

① 楚簡作"此以",傳世本《禮記·緇衣》有改作"是以"的,2 例;改作

---

〔1〕 申紅義《出土楚簡與傳世典籍異文研究》,四川大學 2006 年博士論文,268—269 頁。之前有吳辛丑的相關研究,涉及《緇衣》簡本與今本的對照,見《简帛典籍异文研究》,中山大學出版社 2002 年,96 頁。

"故"和"是故"的,各1例:

44. 大人不斆(親)亓(其)所殴(賢),而訐(信)亓(其)所戔
(賤),斈(教)此昌(以)逿(失),民此昌(以)緀(變)。(緇衣17、18)
　　民是以親失,而教是以煩。(今本《緇衣》)

45. 君子言又(有)勿(物),行又(有)迻(格),此昌(以)生不可
敓(奪)志,死不可敓(奪)名。(緇衣37、38)
　　是以生則不可奪志,死則不可奪名。(今本《緇衣》)

46. 大臣之不斆(親)也,則忠敬不足,而賹(富)貴巳(已)迻
(過)也。邦豪(家)之不窋(寧)也,則大臣不台(治),而褮(褻)臣忼
(託)也。此昌(以)大臣不可不敬,民之蓋(蔽)也。(緇衣20、21)
　　故大臣不可不敬也,是民之表也。(今本《緇衣》)

47. 子曰:唯君子能好甘(其)馺(匹),少(小)人剴(豈)能好亓
(其)馺(匹)。古(故)君子之呰(友)也又(有)向(鄉),亓(其)亞
(惡)又(有)方,此昌(以)襪(邇)者不賊(惑),而遠者不㤗(疑)。
(緇衣42、43)
　　是故邇者不惑,而遠者不疑也。(今本《緇衣》)

② 楚簡作"是以",王弼本《老子》都改作"故",有4例:

48. 江海(海)所昌(以)爲百浴(谷)王,昌(以)亓(其)能爲百浴
(谷)下,是昌(以)能爲百浴(谷)王。(老子甲2、3)

49. 古之善爲士者,必非(微)溺(妙)玄達深不可志(識),是昌(以)
爲之頌(容):夌(豫)唐(乎)奴(如)目(冬)涉川……(老子甲8、9)

50. 夫天多昪(忌)韋(諱),而民爾(彌)畣(叛)……是昌(以)聖
人之言曰:我無事而民自福(富)……(老子甲30、31、32)

51. 上士昏(聞)道,董(僅)能行於丌(其)中……是昌(以)畫
(建)言又(有)之:明道女(如)孛(昧),遲(夷)道女(如)纇(纇),

【進】道若退（退）。（老子乙 9、10、殘 20、11）

③ 帛書本《老子》中，例 49 的"是以"是寫作"故"的，而下一句"故"寫作"是以"：

52. 君子居則貴左，甬（用）兵則貴右。古（故）曰兵囗囗囗囗旻（得）巳（已）而甬（用）之。鑣（銛）繲爲上，弗媞（美）也。訧（美）之，是樂殺人。夫樂囗囗囗呂（以）旻（得）志於天下。古（故）吉事上左，喪（喪）事上右。是呂（以）支（偏）𦛚（將）軍居左，上𦛚（將）軍居右，言呂（以）喪（喪）豊（禮）居之也。古（故）殺囗囗，則呂（以）恋（哀）悲位（莅）之；戠（戰）勑（勝），則呂（以）喪（喪）豊（禮）居之。（老子丙 6、7、8、9）

以上文獻改動情況至少説明：① "此以"和"是以"、"故"、"是故"意義相通，不過"此以"多出現在楚簡中，傳世文獻少用；② "此以"和"是以"更爲接近，後世常用"是以"代"此以"；③ "是以"和"故"性質相近、連接範圍相近，所以，二者常可互相替換；④ "故"在文獻中的適應性最強，連接域可大可小，經過長期選擇，在傳世文獻中多用。

（4）結果連詞的語體分佈

五個結果連詞的具體文獻分佈情況可見下表：

表 10　楚簡 5 個結果連詞的文獻分佈情況

	郭店簡（論説體）	史書《繫年》	新蔡卜筮記録	九店日書
故 52	52	——	——	——
是以 31	29		2	
是故 21	18	1	——	2
此以 7	7	——	——	
以 8	4	4		

表10可以清楚地説明：結果連詞具有明確的語體屬性，绝大多數見於論説體的郭店簡，在應用類文獻中罕見。

（5）楚簡結果連詞總結

本文對楚簡結果連詞的整體認識是：

第一，楚簡"以"只連接動詞語，表示由前一行爲導致後面的結果，且多數是不好的結果。

第二，"此以"、"是以"、"故"、"是故"可連接分句、多個複句甚至句群，各自没有明確、嚴整的連接域。但整體來説，"此以"多數情況下連接域偏小；"是以"和"故"性質相近，連接域可大可小，比較靈活；"是故"的連接域可以達到最大，它更多用來連接句群和語段。

第三，"此以"同"是以"、"故"區别不明顯，没有發展出獨特的功能，所以没有發展成熟，[1]後來被淘汰。

第四，楚簡結果連詞具有明確的語體屬性，幾乎全部用於論説體文獻。

（六）承接連詞

楚簡承接連詞有5個，95例。包括："而"34例，"以"35例，"焉"24例，"則"1例，"乃而"1例，都是表具體動作行爲一先一後接續發生。

其中，"焉"、"則"、"乃而"三個詞，從有限的用例看，都用來連接分句：

53. 王廷於藍郢之遊宫，安（焉）命大莫囂屈昜（陽）爲命邦人内（納）亓（其）桼（溺）典。（包山7）

54. 卲（昭）王既退（復）邦，女（焉）克麸（胡）、回（圍）鄴（蔡）。（繫年106）

55. "亦既見㞢（之），亦既詢（覯）㞢（之），我心則【兑（悦）】"，此之謂【也】。（五行10）

---

〔1〕 有一種看法是，"此"的指代性過强，影響了自身向連詞的轉化，也影響了"此以"向複音連詞的轉化。

56. 犧(犧)馬,先之昌(以)一璧,边(乃)而递(歸)之。避(逆)
吝(文)君之祝(説)之□△(新蔡甲三99)

"而"、"以"則主要是連接動詞語。下面具體分析:
(1)"而"和"以"的比較

二者都以連接動詞語爲主要功能,有時也連接分句,也都可以與"既"
組成固定格式,爲"既……以……"、"既……而……"式,表示在完成某事
後,接着做另一事。但二者在使用上還是有一定區别:

①"而"前後成分簡短,句式整齊,多以平行結構連用,這也是楚簡連
詞"而"的特點之一;"以"不具有這個特點。可以比較下面幾例:

57. 是古(故)大(太)一贊(藏)於水,行於時,边(周)而或(又)
【始】。(太一生水6)

58. 垚(舜)畍(耕)於鬵(歷)山,旬(陶)筥(🖐)於河匤(浦),立
而爲天子,塙(遇)尢(堯)也……觳(釋)板筥(築)而差(佐)天子,塙
(遇)武丁也……羿(舉)而爲天子市(師),塙(遇)周文也……觳
(釋)杕(械)樏(柙)而爲者(諸)灰(侯)想(相),塙(遇)齊逗(桓)
也……出而爲命(令)尹,塙(遇)楚臧(莊)也……觳(釋)板桎而爲
晉(朝)卿,塙(遇)秦穆。(窮達以時2、3、4、5、6、8、7)

59. 顕(夏)柰之月乙丑之日,鄣司赕(敗)李(李)🖐受昏(幾),
九月甲唇(辰)之日不卣(貞)周悃之奴昌(以)至(致)命,阩門又
(有)赕(敗)。(包山20)

②"而"可以連接名詞性成分,使它具有動詞性質;"以"只能連接動
詞語,如:

60.【唯】又(有)惪(德)者,肰(然)句(後)能金聖(聲)而玉晉

246

（振）之。（五行 20）

③ 34 例承接連詞"而"中,有 15 例用於論說體的郭店簡;35 例承接連詞"以",僅 4 例用於郭店簡,可以看出:在表承接語義時,連詞"而"和"以"都多用於實錄體文獻;其次,即便在這種單純表事件發生先後的語義環境下,"而"對實錄體文獻的語體偏向度仍舊不高,而"以"則偏向度非常高,仍舊反映出各自的語體特徵。

（2）承接連詞的文獻分佈

承接連詞"焉"集中使用於史書《繫年》,同其文獻性質密切相關,有少數例子用於包山文書,同樣是記敘表事件發生之先後(順承連詞"焉"前文分析過,全部用於郭店簡)。承接連詞"以"、"而"也偏於實錄體文獻,這同承接連詞的性質密切相關。

（3）楚簡承接連詞總結

第一,楚簡承接連詞以"而"、"以"爲主,二者主要連接動詞語;"焉"、"則"、"乃而"則只連接句子。

第二,"焉"、"而"、"以"都偏向實錄體文獻,這同承接連詞的性質相關。

（七）遞進連詞

楚簡遞進連詞有 3 個,42 例。包括:"而"38 例,"且"3 例,"而況於"1 例。

（1）遞進連詞的語義語法功能

"而"有 34 例是連接謂詞語,占其總數 38 例的 89.5%,僅 2 例連接分句。"且"3 例全是連接分句;"而況於"也是連接分句,如:

61. 命攻解於漸木立,虐（且）遞（徙）亓（其）尻而桓（樹）之。（包山 250）

62. 龜筮（筮）猷弗智（知）,而皇（況）於人虖（乎）？（緇衣 46）

63. 智而比卲（次）,則民谷（欲）亓（其）智之述（遂）也。福（富）

247

<u>而</u>貧(分)賤,則民谷(欲)丌(其)福(富)之大也。貴<u>而</u>罷(能)纕(讓),則民谷(欲)丌(其)貴之上也。(成之聞之 17、18)

所以,這三個遞進連詞分工很明確:"而"主要連接謂詞語;"且"、"而況於"連接句子;"而況於"與"且"的區別是,前者用於反問句,以反問的形式使語義更進一層。

(2) 楚簡遞進連詞的文獻分佈

楚簡遞進連詞"而"有 34 例用於郭店簡,僅 4 例用於包山文書和史書《繫年》。我們在分析連詞"而"時曾指出:它在表並列、平行式轉折和遞進語義時常用於平行結構,這些平行的"而"字結構排比連用,具有修辭作用和強烈的表達效果,反映出論說體文獻的語體特徵。遞進連詞"而"是明顯偏於論說體文獻的。

(八) 目的連詞

楚簡目的連詞有 2 個,53 例。包括:"以"43 例,"而"10 例。這兩個目的連詞都只連接動詞語,功能完全相同,但是,同前文承接連詞的情況相似,二者在使用中還是各有特點:① "而"不是典型的目的連詞,使用少,且前後成分簡短,句式整齊,這是偏於論說體文獻的連詞"而"獨具的特點;② "以"是典型的目的連詞,在使用頻次和語義上都強於"而";而且"以"的使用面更寬,主要分佈於包山文書、史書《繫年》和郭店簡,它在這幾類文獻的使用大體平均。可見下面的例子:

64. 聖人比丌(其)纇(類)<u>而</u>侖(論)會之,蓳(觀)丌(其)之〈先〉迲(後)<u>而</u>逆訓(順)之,體丌(其)宜(義)<u>而</u>卽(節)叟(文)之,里(理)丌(其)青(情)<u>而</u>出内(入)之,狀(然)句(後)返(復)呂(以)耆(教)。(性自命出 16、17、18)

65. 羕陞(陵)攻尹快與喬尹黃驈爲羕陞(陵)貪(貸)郯(越)異之黃金卅(三十)益(鎰)二益(鎰)呂(以)翟(糴)穜(種)。(包山 107)

66. 古(故)倀(長)民者章志旦(以)卲(昭)百眚(姓),則民至(致)行异(己)旦(以)敓(悦)上。(緇衣11)

例64反映的是目的連詞"而"的特點;例65"以"用於包山文書簡,同樣的文例有11例;例66是"以"用於郭店簡。

"以"作爲典型的目的連詞,爲多種文獻類型所需要,不具有明顯的語體使用差異,"而"則偏於論説體的郭店簡。

(九)假設連詞

楚簡假設連詞有4個,27例。包括:"苟"14例,"如"7例,"而"5例,"所"1例。

(1)"如"和"苟"的比較

"如"、"苟"都處於複句中的前一分句,前後分句間是假設條件—結果關係。二者使用上的差別是:

①"如"關聯的複句,前後分句是一對一的關係,語義簡單直接;"苟"常與其他關聯詞組合,形成多重複句。"苟"的常見句式有:"苟……則……"句式,"苟……必……"句式,"苟……雖……"、"雖……苟……"句式等,"如"基本只有"如……必……"句式。可見下面例子:

67. 生子,無俤(弟);女(如)又(有)俤(弟),必死。(九店_56號墓_25)

68. 厌(侯)王女(如)能獸(守)之,萬勿(物)酒(將)自賔(賓)。(老子甲18、19)

69. 赶(上)句(苟)昌(倡)之,則民鮮不從悆(矣)。(成之聞之9)

70. 句(苟)㠯(以)亓(其)青(情),唯(雖)悆(過)不亞(惡);不㠯(以)亓(其)青(情),唯(雖)難(戁)不貴。(性自命出50)

71. 子曰:句(苟)又(有)車,必見亓(其)敓(轍);句(苟)又(有)衣,必見亓(其)㡛(敝);人句(苟)又(有)言,必醌(聞)亓(其)

聖(聲);句(苟)又(有)行,必見甘(其)城(成)。(緇衣 40、40 反)

尤其如例 70 這樣的"苟……雖……"句式,或"雖……苟……"句式,"苟"常與表讓步假設的"雖"組合,組成形式簡潔的多重複句,強調在"苟"小句所給出的大前提下,無論其他條件怎樣變化,結果始終不變。相比之下,"如"關聯的複句,語義簡單直接。

②二者語義各有側重。二者同樣引出假設條件,但"苟"引出的是必要條件,前後句意義爲"只要……就……";"如"引出的是充分條件,前後句意義是"如果……就……"。可比較前面例 67、68 與例 69、70、71。

(2)"而"與"如"、"苟"的比較

可先看下面兩個例子:

72. 言而狗(苟),牂(牆)又(有)耳。(語叢四 1、2)

73. 宋人又(有)言曰:人而亡賌(恆),不可爲卜筮(筮)也。(緇衣 45、46)

"苟"、"如"作爲假設連詞,照應的是整個複句,二者的語義指向是在前後兩個分句間的關係,"苟"、"如"小句不能獨立存在,後面必須有分句與之呼應。"而"不同,它所在的小句可以獨立存在,如"人(而)無恒",但如果不用"而",則只是陳述事實"人無恒",後文的語義可以做多種推論,語義指向變得不明朗;加了"而"以後,"而"暗含著語義的轉折,起着調節音節、強調小句主語,尤其是暗示後文語義指向的作用。所以,我們說"而"是配合文義表假設,它跟"苟"、"如"直接表假設不同。

(3)楚簡假設連詞的文獻分佈

假設連詞"苟"、"而"全部見於郭店簡,"如"7 例,3 例見於郭店簡,4 例見於九店日書。可見,假設連詞主要分佈於論說體的郭店簡,只有"如"少量用於日書中的禁忌條例,假設某種情況,提醒相應的後果。

（4）楚簡假設連詞小結

第一，“而”與“苟”、“如”不同，它只是配合文義表假設，本身不直接表假設語義；“苟”、“如”直接表假設，小句不能單獨存在，必須有後面分句與之配合。

第二，“苟”、“如”關聯的假設複句，語義側重點不同。

第三，“苟”可與其他關聯詞配合組成多重複句，“如”前後分句的關係比較簡單直接。

第四，假設連詞這個類別偏於論説體文獻。

（十）選擇連詞

本書調查範圍内的選擇連詞只有“與”1 例。“與”連接兩個謂詞語，前後是一正一反兩種情況，二者選一。

74. 子左尹命漾陸（陵）之宣大夫𢦔【察】州里人墬鋤之與亓【其】父墬年同室與不同室。（包山 126）

楚簡選擇連詞匱乏，常以“或……，或……”句式來表選擇，但其中“或”不能視爲連詞，而是代詞或副詞，如：

75. 凡眚（性），或敫（動）之，或逆之，或交〈室（實）〉之，或萬（礪）之，或出之，或兼（養）之，或長之。（性自命出 9、10）

（十一）讓步連詞

楚簡讓步連詞僅有“雖”一個，15 例。

“雖”的特點是：① 與否定詞搭配，表讓步條件下的轉折關係，這是其基本特徵。②“雖”所關聯的複句，可以靈活地與假設複句組合，共同表達多層次的意義。常構成的是“苟……雖……”句式，“苟”小句提出大前提，“雖”小句提出反面的、極端的條件，從反面強調大前提所決定的結果不會改變。如：

    76. 是古（故）亡虞（乎）丌（其）身而廌（存）虐（乎）丌（其）訇（詞），唯（雖）厚丌（其）命，民弗從之忞（矣）。（成之聞之 4、5）

    77. 是古（故）孴（君子）之於言也，非從末流者之貴，窘（窮）溒（源）反查（本）者之貴。句（苟）不從丌（其）繇（由），不反丌（其）查（本），唯（雖）弜（強）之弗内（入）忞（矣）。（成之聞之 13、14、15）

讓步連詞"雖"全部出現於論説體的郭店簡中，不用於其他類型文獻，它具有明確的語體屬性。

四、楚簡每一類型連詞的語體分佈情況匯總

在對楚簡連詞的語義語法功能及語體分佈情況做分類考察之後，我們匯總分析楚簡每一類連詞的語體分佈規律。

需要説明的是：本表僅收入本書調查範圍内使用頻次 ≥5 的連詞，否則討論連詞語體分佈缺少意義；選擇連詞這個類別僅有 1 個連詞"與"，僅使用 1 次，所以收入；表中涂灰的連詞，在該類文獻的分佈處於優勢。

此表可與前文表 3 對照。綜合表 11 和簡文内容，得出的結論是：

第一，楚簡順承連詞、結果連詞幾乎全部用於論説體文獻，在其他類型文獻中僅使用 10 次，占其總使用頻次 421 的 2.38%，楚簡順承連詞和結果連詞具有明確的語體屬性。

第二，楚簡遞進連詞、讓步連詞，所屬連詞有限，幾乎全部用於論説體文獻，具有明確的語體屬性。

第三，楚簡轉折連詞、假設連詞，所領屬連詞也有限，绝大部分用於論説體文獻，具有明確的語體偏向。

第四，楚簡修飾連詞、承接連詞、目的連詞，主要都是由多義連詞"而"、"以"來充當，因而，"而"對論説體的語體偏向、"以"對應用類文獻和史書的語體偏向，在這三類連詞中得到整齊地反映："而"、"以"存在語

表 11　楚簡每一類型連詞的語體分佈情況匯總（頻次 ≥5）

	論説體文獻	應用類文獻	史書《繫年》
順承連詞 302[1]	則 149　斯 22　而後 18　此 16　然後 13　焉 5　而 63/68	而 3/68	而 2/68
並列連詞 313	而 37　與 14/93　以 10/55　又 2/59　既 1/30　且 1/26　及 2/13	與 66/93　以 45/55　又 44/59　既 29/30　且 18/26	及 11/13　且 7/26　與 13/93　又 13/59
轉折連詞 104	而 94/104	而 6/104	而 4/104
修飾連詞 103	而 26/27　以 7/76	以 51/76	而 1/27　以 18/76
結果連詞 119	故 52　是故 18/21　是以 29/31　此以 7	是以 2/31　是故 2/21	是故 1/21
承接連詞 95	而 15/34　以 4/35	以 9/35　而 11/34　焉 4/24	焉 20/24　以 22/35　而 8/34
遞進連詞 42	而 34/38	而 2/38	而 2/38
目的連詞 53	而 7/10　以 12/43	以 14/43　而 2/10	而 1/10　以 17/43
假設連詞 28	而 5　茍 14/14　如3/7	如 4/7	
選擇連詞 1		與 1	
讓步連詞 15	雖 15		

體分工，表同樣的語義時，"而"多用於論説體文獻，"以"多用於實録體文獻。僅有"以"作爲典型的目的連詞，在三類文獻中使用相對平均。

第五，楚簡並列連詞，是各類文獻中分佈最爲平均者。但"而"只用於論説體，仍反映自身語體特徵；其餘"以"、"既"、"且"、"又"偏於應用類文獻，尤其是"又"以外的三個連詞，多用於共同句式、特定文獻內容。

第六，楚簡選擇連詞極爲欠缺。

---

〔1〕　由於頻次<5 的連詞未列入，故本表中每一類別連詞使用頻次的總和不一定等於該類現有連詞使用頻次之和，如順承連詞尚有"若"2、"從而"1 等未列入。

第七,楚簡論説體文獻每一類連詞的使用都比較豐富,使用頻次高;楚簡應用類文獻的高頻連詞僅限於並列和修飾連詞,其高頻使用,是由於程式化表達史書《繫年》僅承接連詞使用頻次很高。整體上看,楚簡應用類文獻和史書《繫年》等實録體文獻連詞使用少而單調。

第三節　從語法功能角度觀察　楚簡連詞系統

對連詞語法功能的觀察,主要看其連接的句法成分。這一節將楚簡連詞按照前後的句法成分分爲三類:連接詞語(包括詞和短語)的連詞、連接分句的連詞、連接句子和句群的連詞,做綜合討論。

一、連接詞語的連詞

楚簡連接詞語的連詞有:"而"、"以"、"及"、"且"、"又"、"與"、"而後"、"然後",共8個。

(一) 連接體詞語的連詞

連接體詞語的連詞只有3個:"與"、"及"、"又",三者都是表並列語義關係。

(1)"與"的功能主要就是連接名詞語。

(2)"又"通常的功能是連接整數和零數,在楚簡中還連接不同層級的數量關係,如"受二臣,又二赤,又𤔲,又杓(新蔡甲三 211)",此時"又"看上去是連接兩個量詞,其實質是連接整數與不同層級的零數,可參連詞"又"個案研究部分。

(3) 本書調查範圍內,"及"連接名詞語集中於史書《繫年》,可能同"與"存在時代、地域分工,暫不做討論。

(二) 連接謂詞語的連詞

楚簡連接謂詞語的連詞比較豐富,包括:"而"、"以"、"與"、"且"、

"而後"、"然後",共6個。

(1)連接謂詞語時前後項的語義關係

"而"連接謂詞語時,其前後項間的語義關係有8種,囊括它所能連接的所有語義關係,由此可知,"而"的功能特點就是連接謂詞語。

"以"連接謂詞語時,其前後項間的語義關係有5種,同樣囊括它連接的所有語義關係,可見,"以"的功能特點也是連接謂詞語。

也就是説,"而"、"以"不論表達什麽語義關係,其功能主要就是連接謂詞語。另外,"與"、"且"連接謂詞語時,前後是並列語義;"而後"、"然後"連接謂詞語時,前後是順承語義。

(2)以連接動詞語爲主的連詞

具體來看,這6個連接謂詞語的連詞,又可以細分,觀察它們是偏於連接哪類謂詞。首先,它們都可以連接兩個動詞語。其中,"以"、"且"、"而後"、"然後"都以連接兩個動詞語爲主要特點;"而"在表目的、轉折、承接、遞進、修飾關係時以連接動詞語爲主,但不如其他5個連詞所占比重高。

(3)以連接形容詞性成分爲主的連詞

"而"、"以"、"與"、"且"可以連接兩個形容詞性成分。其中,"以"、"與"、"且"用例少,前後都是並列語義。唯有"而"特殊,用例較多,前後可以是並列和轉折語義。另外,"而"前後更多是動詞和形容詞性成分的組合。

(三)連接體詞語和謂詞語的連詞

楚簡可以連接體詞語和謂詞語的連詞只有"而",全部是連接名詞語和動詞語,僅9例,"而"前後是順承、修飾、承接、假設語義。

二、連接分句的連詞

(一)連接分句的連詞

楚簡除去連詞"又"、"與",其他連詞都可以連接分句。在楚簡連詞系統中,連接分句的連詞最爲發達。我們按這些連詞所處的位置爲其分類,這些連詞處於哪一個分句,跟它們所表達的語義關係密切相關。

(1)處於前分句的連詞

連接分句的連詞,能處於前分句的很少,僅"既"、"苟"、"如"、"而"、"雖"、"所"6個。

其中,4個表假設關係的連詞"苟"、"如"、"而"、"所"處於前分句。

"既"處於前分句,且必須與"以"、"且"等配合,構成並列句式。

"雖"表讓步轉折,處於前分句。

(2)處於後分句的連詞

楚簡連接分句的連詞多數處於後分句,這同其語義關係的表達密切相關。

① 所有順承連詞都處在後分句。

包括:"焉"、"此"、"是"、"斯"、"若"、"則"、"而"、"而後"、"然後"、"從而"、"然而"、"因此"、"因而",共13個。順承連詞處在後分句,是要承接前文内容,引出後面的結果或推論。

② 所有承接連詞都處在後分句。

包括:"焉"、"則"、"而"、"以"、"乃而",共5個。其中,"而"、"以"可與"既"組成"既……以……"、"既……而……"固定句式,表示兩事一先一後接續發生,但用例較少。

③ 除"以"以外的結果連詞都處在後分句。

包括:"故"、"是以"、"是故"、"此以",共4個。結果連詞處在後分句,是承接前文原因,引出後面結果。唯有"以"作結果連詞時,只連接動詞語。

④ 遞進連詞都處在後分句。

包括"而"、"且"、"而況於"3個連詞。三者用例都很少。

⑤ 轉折連詞"而"可以連接分句,處在後分句。

"而"表轉折關係時多數連接謂詞語,當連接分句時,處於後分句。

⑥ 並列連詞"以"、"且"連接分句時,處在後分句。

"以"、"且"與"既"組合,處在後分句,形成"既……以……"、

"既……且……"、"既……以……且……"等句式,用於卜筮祭禱類簡文,這是"以"、"且"在楚簡中的特殊用法。

（3）處於前後分句之間的連詞

並列連詞"而"和"及"連接分句時,處在兩個並列分句的中間,既不屬前,也不屬後。如"此㠯（以）綫（邇）者不賦（惑）,而遠者不悉（疑）（緇衣43）","而"連接"邇者不惑"和"遠者不疑"兩個分句。

（二）緊縮句中的連詞

這裏只談使用關聯詞的緊縮句。緊縮句是以單句的形式表達複句的內容,關聯詞前後並非分句,只是考慮到緊縮句屬於複句,所以放在此處討論。楚簡中能夠關聯緊縮句的連詞,主要有"斯"、"而"、"則"、"雖"、"故"和"焉",共6個。其中"焉"只在上博簡中關聯緊縮句,在本書調查範圍之外,所以不計入下面的表中。[1]

表 12　各連詞關聯的緊縮句數量及其占複句總數之比

斯	而	則	雖	故
19/22	47/86	86/149	5/15	6/52
86.4%	54.7%	57.7%	33.3%	11.5%

表12顯示:"則"關聯的緊縮句數量最多,有86例;"斯"關聯緊縮句的比重最高,達到86.4%;"而"關聯緊縮句的比重也較高;"雖"、"故"、"焉"關聯緊縮句很少。

（1）連詞在緊縮句中連接的成分

緊縮句主要用來連接動詞語。其中,"故"、"焉"所連接的都是動詞語。"斯"連接的主要是動詞語,也有少量形容詞性成分。"則"、"而"前後成分很複雜,但總體來説,基本是前後動詞語的組合,或兩個主謂結構的組合,或動詞性成分和形容詞性成分的組合。

---

〔1〕　上博簡中的用例是:"又（有）或安（焉）又（有）䵼（氣）,又（有）䵼（氣）安（焉）又（有）又（有）,又（有）又（有）安（焉）又（有）訇（始）,又（有）訇（始）安（焉）又（有）迣（往）者。（上博三_亙先_1）"

相比其他連詞,"則"、"而"、"斯"關聯的緊縮句中有更多的描寫性成分,且這些緊縮句往往排比連用,具有很強的描述性和論辯性,能夠產生強烈的修辭表達效果。

讓步連詞"雖"用於緊縮句時,就是與否定詞組成"雖……不……"或"雖……弗……"格式,表讓步轉折。

(2)各連詞所關聯的緊縮句的句法功能

① 由"則"構成的緊縮句多數對用或排比連用,較少單用。連用的各緊縮句,語義上是並列或排比緊承關係,尤以排比緊承爲多。如:

　　1. 和則叠(樂),叠(樂)則又(有)惪(德),又(有)惪(德)則邦豪(家)舉。(五行 29)

　　2. 不悉(愛)則不亲(親),不口則弗悪(懷),不叠(釐)則亡惧(畏),不忠(忠)則不訐(信),弗惪(用)則亡返(復)。(尊德義 32、33)

其中,例1三個緊縮句連用,語義步步緊承;例2五個緊縮句排比連用,語義上並列鋪陳,且"則"前後都是否定式,以增強語義。

② "故"字緊縮句都是成對出現,兩句語義並列。如:

　　3. 孕(君子)爪(其)它(施)也忠,古(故)繼(蠻)昜(親)專(附)也。爪(其)言尔(爾)弪(信),古(故)但(亶)而可受也。(忠信之道 7、8)

③ 由"斯"關聯的緊縮句絕大多數連用,各句間是並列或排比緊承關係,如:

　　4. 惪(喜)昇(斯)慆,慆昇(斯)畬(奮),畬(奮)昇(斯)乘(詠),乘(詠)昇(斯)猷(猶),猷(猶)昇(斯)迟(舞)。(性自命出 34)

④ 由"而"構成的緊縮句,可對用或排比連用,可作單句中的一個成分,或複句中的一個分句,位置最爲靈活。對用或排比連用的緊縮句,相互間基本是並列語義,從多角度鋪陳排比。如:

5. 忠訐(信)碄(積)而民弗晕(親)訐(信)者,未之又(有)也。(忠信之道1、2)

6. 未言而訐(信),又(有)娩(美)青(情)者也。未翥(教)而民丕(恆),眥(性)善者也。未賞而民懽(勸),含福者也。未型(刑)而民悁(畏),又(有)心悁(畏)者也。(性自命出51、52、53)

例5,"而"所關聯的緊縮句作句子主語;例6,多個"而"字緊縮句連用,語義並列,從多角度鋪陳文義。

⑤ "雖"用於緊縮句時,與否定詞搭配表讓步轉折關係。這個緊縮句常與假設複句套疊,出現在假設複句的結果分句中。如:

7. 凡人青(情)爲可兑(悦)也。句(苟)㠯(以)亓(其)青(情),唯(雖)怣(過)不亞(惡);不㠯(以)亓(其)青(情),唯(雖)難(戁)不貴。(性自命出50)

三、連接句子和句群的連詞

楚簡連接句子和句群的連詞主要有:"則"、"然後"、"故"、"是以"、"是故"、"此以",共6個。

其中,順承連詞"則"、"然後"以連接分句爲主,連接句子或句群的情況較少,且多數前面句子複雜,後面以單句作結。

結果連詞"此以"、"是以"、"故"、"是故"常連接句子和句群。其中,"是故"連接域最寬,多連接句群和語段,"故"也常連接句群。

第四節　楚簡連詞系統總結

本章從連詞的語義關係和語法功能兩個角度觀察了楚簡連詞系統。

按照連詞前後成分間的語義關係,我們將楚簡連詞分成十一類。在分析了每一類連詞的類別特點和内部差異之後,再整體觀察這十一類連詞,我們發現: 楚簡同類連詞,多數在語法功能上分工明確,少數功能交叉、合作而各有側重,後者集中在順承連詞和結果連詞兩類。

按照連詞的語法功能,我們將楚簡連詞分成三類: 連接詞語的連詞,連接分句的連詞,連接句子或句群的連詞。將不同語法功能的連詞,同它們表達的語義關係對照,我們發現: 楚簡連詞語法功能的實現,同其表達的語義關係有較爲整齊的對應和關聯。

下面分別做些説明。

一、楚簡同類連詞多數語法分工明確,
　　少數功能交叉、各有側重

這一部分,是對本章第二節有關内容的總結和深化,可參考第二節内容。

(一) 内部成員具有明確分工的三類連詞

楚簡並列連詞、遞進連詞、假設連詞、選擇連詞四類,内部分工十分明確。

並列連詞中,當連接詞語時,"與"以連接名詞語爲主;"以"的前後項以單音節形容詞爲主;"且"的前後項以動詞語爲主;"而"的前後成分則豐富多樣,可以是兩個動詞語、兩個形容詞、兩個主謂結構以及它們的分別組合。當連接並列分句時,主要用"既"、"以"、"且"三個連詞,它們相互配合,組成固定句式,地位平等。應該説,除了"而"的功能與其他成員有交叉,其他並列連詞分工都比較明確。

與語法功能上的分工相應,楚簡並列連詞也存在語體上的分工對應,

如"而"連接謂詞語時多用於論説體,"既"、"以"、"且"連接分句時用於卜筮記録,"以"連接謂詞語時一般用於論説體等。

遞進連詞中,"而"主要連接謂詞語,"且"、"而況於"連接句子;"而況於"與"且"的區别是,前者用於反問句,以反問的形式使語義更進一層。

假設連詞中,"而"處在主謂之間,配合文義表假設;"苟"、"如"直接表假設。"苟"、"如"關聯的假設複句,在句式上、語義的側重上都有分工。

以上是語法分工明確的三類連詞。遞進連詞和假設連詞兩類,整體上偏於論説體文獻,所以其内部各連詞在語體上不存在分工。

（二）内部成員單一的三類連詞

楚簡轉折連詞只有"而",讓步連詞只有"雖",選擇連詞只有"與",獨自擔當語義語法功能,單純明確。

（三）"而"、"以"爲主要成員的三類連詞及其分工

楚簡修飾連詞、承接連詞、目的連詞三類,主要成員都是連詞"而"和"以"。在這三類連詞中,"而"和"以"的表現大致相同:①"而"前後成分簡短,句式整齊,具有明顯特點;"以"所在句子特點不明顯。②"而"連接的成分豐富多樣,"以"主要連接動詞語。③"而"多用於論説體文獻,"以"多用於實録體文獻。這其實反映了連詞"而"、"以"的使用特點和語體分工。

承接連詞一類,還有連詞"焉",它的功能是連接分句,同以連接謂詞語爲主的"而"、"以"自然形成分工。

楚簡修飾、承接、目的三類連詞,因爲主要成員"而"、"以"的各具特點,而形成了内部的自然分工。

（四）内部成員兼容合作、各有側重的順承連詞和結果連詞

楚簡中順承連詞和結果連詞内部成員豐富,各成員功能多樣,彼此交叉兼容,分工不甚明確,但同時,使用頻次高的連詞都有自己的獨特之處。比如:

（1）"則"功能複雜,與其他順承連詞都有交叉重合之處,它的特點是

功能齊全,常用於緊縮句,常在句中對用和排比連用。

(2)"焉"具有其他順承連詞的幾乎所有功能,但特點都不明顯,它的特殊在於,只有它表達的是必要條件—結果關係,語義上有微殊。

(3)區別於其他順承連詞多連接分句,"而"以連接謂詞語爲主;"而"前後成分簡短整齊,所在小句位置靈活,組合隨意;多個"而"字結構往往排比連用,具有强烈的修辭表達效果;"而"的意義很虛,前後項順承、推導語義不强,它的作用更多表現在對句式和韻律節奏的促成與調節上。

(4)"而後"以連接動詞語,表行爲、事件的先後承接爲特點,且可以對用和排比連用,它同"然後"、"焉"有交叉也有分工。

(5)"然後"主要連接分句,表達複雜的條件—結果關係,這方面它强於其他順承連詞。

(6)"斯"具有特點,但它的功能完全被"則"覆蓋,最終被淘汰。

(7)"此"、"是"相比"則"、"斯"、"焉",功能上沒有特別分工,指代性又强,沒有完成虛化,也被淘汰。

結果連詞中,"以"只連接動詞語;"此以"、"是以"、"故"、"是故"都可連接分句、多個複句甚至句群,沒有明確、嚴整的連接域,功能交叉兼容。但整體來說,"是以"和"故"連接域可大可小,經常互換使用;"是故"更多用來連接句群和語段,它們都有自身的特點。"此以"的功能沒有强於其他三者,加之其他原因,沒有發展成熟,後來被淘汰。

語言中,表達順承語義關係和因果語義關係時,往往情況複雜,語義層次豐富。語義表達的層層推進,需要多個順承連詞(包括結果連詞)來分隔語義層次,並使行文中的語義關聯參差錯落,富於變化。因而,在使用需求高的順承連詞和結果連詞兩類中,匯集了較多成員,它們彼此交叉兼容,又各有側重,在系統中占有一席之地,功能上沒有獨特之處的連詞,則最終被淘汰。

把楚簡十一類連詞分成上述四種情況來討論後,可以看出:

(1)相同語義關係的連詞成員,多數有明確的語法分工,部分具有語體分工。

（2）只有在順承連詞和結果連詞中，各成員功能交叉兼容，但又各有側重，這是爲了滿足表達需要而長期自然生成的結果。

（3）"而"、"以"的多義性，一定程度上模糊了連詞的語法分工。

（4）另一方面，高頻、多義連詞"而"、"以"在句式、連接成分、語體類型的偏向上都表現出明顯的特點，彼此間又存在分工。

二、楚簡連詞語法功能的實現，同它表達的
語義關係有較爲整齊的對應和關聯

這一部分，是對本章第三節有關内容的總結和深化，可參考相關内容。

（一）連接同類詞語的連詞，對應的語義關係比較整齊

如第三節所揭示，連接體詞語的連詞，其前後成分間都是並列語義關係；連接動詞語的連詞，多數對應並列語義關係和順承語義關係，只有"而"、"以"特殊；連接形容詞性成分的連詞，對應並列關係，只有"而"較爲特殊。

（二）連接分句的連詞，所處位置同前後語義密切相關

處在前分句的連詞，只有假設連詞"苟"、"如"、"而"，讓步連詞"雖"，和連接並列分句的"既"；其餘連詞，處在後分句，表順承、因果、遞進、轉折、目的、承接等語義；並列連詞"而"和"及"，處在前後分句之間。連詞處在哪個分句，跟它所表達的語義關係密切相關。

（三）連接句子或句群的連詞，集中於因果和順承連詞

連接句子和句群的連詞有"則"、"然後"、"故"、"是以"、"是故"、"此以"，集中於因果和順承連詞。

前文分析過，楚簡複音連詞集中在順承連詞和結果連詞兩類；連詞功能複雜交叉、各有側重又彼此合作的也是在順承和結果連詞兩類；而楚簡連接句子或句群的連詞，仍舊集中在順承和結果連詞兩類，這三方面是一致的，反映出楚簡這兩類連詞的豐富複雜。語言表達複雜化、精確化以後，連詞系統中，順承連詞和結果連詞開始豐富起來，漢語史的發展可以

說明這一點。

　　另外,在楚簡連詞語法功能同語義關係的較爲整齊的對應中,又是
"而"、"以"兩個多義連詞起了干擾作用,模糊了其間原本整齊的對應
關係。

第六章　楚簡應用類文獻
連詞的語體特徵

本章摘要：

　　本章以古書類文獻作爲參照,分析連詞在應用類文獻和古書類文獻中的分佈差異,並分析應用類文獻內部連詞分佈差異,以及楚簡應用類文獻連詞的語體特徵。

　　楚簡連詞在應用類文獻和論説體文獻中整體分佈差異巨大,連詞的使用數量、使用頻次、連詞前後語義關係的豐富程度、語法功能的複雜程度等方面,二者都存在絶對差別。

　　對應用類文獻內部連詞使用的分析,可以説明文獻類型和文獻內容對連詞分佈的決定作用,還可以證明文獻內容和表達程式因素對連詞使用的重要影響——包括連詞的數量、分佈密度和連詞種類的豐富程度。

　　通過對應用類文獻高頻連詞"以"、"又"、"既"、"且"語義語法功能的分析,揭示出：這些連詞一定的語義、語法功能,同一定文獻類型有著整齊的對應；楚簡連詞因其自身功能和特點而對文獻類型(語體)具有一定的適應性、選擇性。

　　上一章,我們對戰國楚簡連詞系統做了分類調查,對楚簡每一類連詞的文獻分佈狀況和語體屬性做了分析。下面的兩章,將再從文本入手,分析楚簡主要語體類型(文獻類型)下,連詞表現出的語體差異和語體特徵。本章先討論應用類文獻和古書類文獻連詞的分佈差別,再應用類文獻連詞的語體特徵。

　　體類型(文獻類型)下,連詞表現出的語體差異和語體特徵。楚簡中,應用類文獻和古書類文獻是兩大文獻類別,應用類文獻,包括文書、卜筮祭禱記錄、遣策、日書、簿書等實用性記錄;古書類文獻,包括諸子學說、史書等古書典籍,二者連詞使用差別很大。應用類文獻整體性質單純,記敘平實,而闡述諸子學說的論說體講究表達的起承轉合和論辯力,二者在連詞使用上反差最大,所以,當我們分析應用類文獻連詞的語體特徵時,自然地引入論說體文獻作爲參照。古書類文獻中還有史書類,如清華簡《繫年》,其連詞使用同應用類文獻的文書、卜筮祭禱記錄差別不明顯,不用來作爲參照物。

　　本章討論楚簡全部應用類文獻,論說體文獻則以郭店簡文爲代表——郭店簡出土信息明確,內容完整、純粹,考釋充分,可以作爲諸子類論說體文獻的代表。

　　我們通過應用類文獻與古書類文獻連詞使用的對比,以及應用類文獻內部連詞使用的對比,來說明文獻類型對連詞所進行的選擇;後面再分析連詞自身的文獻類型偏好及其語法功能原因。這相對的兩方面,體現出語體與語法的互動,體現出連詞與特定文獻類型的相互選擇性。

第一節　應用類文獻與古書類
文獻連詞分佈的對比

　　表1是連詞在全部應用類文獻中的分佈情況,與郭店簡連詞使用相互對照。曹家崗5號墓簡文、五里牌406號墓簡文、仰天湖25號墓簡文、楊家灣6號墓簡文四種,不涉及連詞使用;夕陽坡2號墓簡文僅使用連詞1例,均不納入表格。

表 1　連詞在楚簡幾種主要文獻類型中的分佈

文獻類別	論説	文書	卜筮祭禱記録1	卜筮祭禱記録2	卜筮祭禱記録3	日書	遣策1	遣策2	遣策3	簿書
所屬墓葬	郭店	包山	包山	新蔡	望山M1	九店M56	望山M2	長臺關M1	曾侯乙〔1〕	新蔡
順承連詞	13/292〔2〕				1/3					
結果連詞	5/110			1/2	1/2					
轉折連詞	1/94	1/6								
並列連詞	7/67	2/14	4/22	4/64	4/24	1/1	2/3	2/12	2/35	1/19
遞進連詞	3/36	1/2	1/2							
修飾連詞	2/33	1/40	1/11							
假設連詞	3/22				1/4					
選擇連詞	1/20	1/1								
承接連詞〔3〕	3/20	3/16	1/1	4/8						
目的連詞	2/19	2/15		1/1						
讓步連詞	1/15									
合計	28/728〔4〕	5/94	5/36	8/75	4/24	4/10	2/3	2/12	2/35	1/19
文獻字數	12 101	8 883	2 569	7 724	1 289	2 278	951	1 032	6 593	1 881
連詞頻次占文獻字數之比	6.02%	1.06%	1.40%	0.97%	1.86%	0.44%	0.32%	1.16%	0.53%	1.01%
比值〔5〕		5.68	4.30	6.21	3.24	13.68	18.81	5.19	11.36	5.96

〔1〕　曾侯乙墓簡文内容主要是喪葬所用車馬的記録，與遣策性質類似，所以也放入遣策類。

〔2〕　“/”前爲連詞使用數量，“/”後爲連詞使用頻次。

〔3〕　上一章已交代，承接連詞具有兩個特徵：該連詞前後兩項爲具體的動作行爲，具體的動作行爲在時間上一前一後連貫發生，如“小人將捕之，夫自傷。小人焉守之以告”。承接連詞原本可以歸入順承連詞，這裏分類細化，目的是彰顯連詞的文獻分佈差別。

〔4〕　“/”前爲詞數總和，“/”後爲詞次總和。有些連詞是多義連詞，同一詞形，表達多種語義關係，見於多個子類，故詞數統計不是簡單相加。

〔5〕　此處是指按照單位文獻量來計算，郭店簡連詞與每一種應用類文獻連詞頻次之比。

表1直觀呈現出楚簡不同類型文獻中連詞使用的差別。首先是看應用類文獻與古書類文獻連詞使用的整體差別：應用類文獻總字數 33 200字,共使用連詞 305 次,連詞占其文獻總字數的 0.92%;郭店簡連詞使用頻次占其文獻總字數的 6.02%,郭店連詞總頻次是應用類文獻的 6.54 倍。具體來看：

一、連詞使用數量的差別極其明顯

古書類的郭店簡共使用連詞 28 個,應用類文獻中使用連詞最多的是新蔡簡的卜筮祭禱記錄,使用了 8 個連詞,而像新蔡簡的簿書,只使用了一個連詞"又"。

二、連詞使用頻次的差別明顯

古書類的郭店簡,連詞總使用頻次是 728 次,而連詞使用頻次最低的望山 2 號墓遣策,僅使用連詞 3 次。計算連詞頻次占所屬文獻總字數之比,可以更準確地反映這種差異。表1 最後一行,是在單位文獻範圍內,引入郭店簡作爲參照,得到的單位文獻量內郭店連詞頻次與應用類文獻連詞頻次之比,其中差距最小的是望山 1 號墓的卜筮祭禱記錄,郭店連詞總頻次是它的 3.24 倍;差距最大的是望山 2 號墓遣策,郭店連詞總頻次是它的 18.81 倍。

三、連詞使用種類的差別明顯

表1 考察了 11 個連詞小類在楚簡文獻中的分佈情況,可以看出,只有並列連詞和承接連詞,因其基本的連接名詞語或動詞語的功能,在應用類和古書類文獻中分佈差異較小。

分佈差異極其明顯的是讓步、順承、轉折、假設、選擇、因果、遞進七類連詞,它們在應用類文獻中少見或不見,在郭店簡中使用豐富。如讓步連詞不見於應用類文獻;順承連詞在郭店簡中使用高達 292 次,而應用類文獻中僅有九店日書出現 3 次,前者是後者的 97.3 倍,按照單位文獻量計算,也有 18.54 倍。其餘結果、選擇、遞進、轉折、假設連詞在郭店簡同應用類文獻的單位文獻量内使用頻次之比依次是 35.11 倍、14.68 倍、13.21 倍、11.50 倍、1.04 倍。最直觀的數據是:楚簡應用類文獻在上述七類連詞上只有 22 個用例,而其使用並列連詞有 261 例,其餘是修飾連詞 51 例,目的連詞 16 例,承接連詞 25 例——這就是楚簡應用類文獻所使用的全部連詞類別及使用頻次。

由數據可知,修飾連詞和目的連詞,在應用類文獻中使用高頻集中——其實,這兩類連詞都只用連詞"以"一身來承擔,其高頻使用,同其所在的文書、卜筮祭禱記錄的程式化表達密切相關,本章第三節會詳細說明。

總之,楚簡應用類文獻基本使用四類連詞——並列連詞、承接連詞、修飾連詞、目的連詞。

四、連詞語法功能的差別明顯

考察連詞在應用類和古書類文獻中連接各層級語法單位(詞、分句、句子、句群)的情況,可以瞭解其語法功能。先給出相關的三個表格。

先對表 2 的數據做些説明:古書類文獻中,使用連接分句和句子的連詞 458 次,占古書類文獻連詞總頻次 735 次的 62.31%,占楚簡全部連詞總頻次 1 047 次的 43.74%。應用類文獻共使用連詞 312 次,其中使用連接分句的連詞 105 次,連接詞語的連詞 207 次。其餘情況以此類推。

藉助表 2,可以得到的認識是:

表 2　不同語法功能的連詞在古書類和應用類文獻中的分佈比重

	全部連詞	連接詞語的連詞			連接分句和句子的連詞		
	合計 1 026	頻次	占本類文獻連詞之比	占楚簡全部連詞之比	頻次	占本類文獻連詞之比	占楚簡全部連詞之比
古書類	706	277	37.69%	26.46%	458	62.31%	43.74%
應用類	320	207	66.35%	19.77%	105	33.65%	10.03%

（一）所連接的語法成分有很大差異

應用類文獻中,連詞只能連接詞語和分句,但以連接詞語爲主,占其連詞使用總頻次的 65.57%;連接分句的連詞主要是"既"、"以""且"三個並列連詞,組成句式"既……以……以……","既……以……且"等,用於一定的貞問程式。如果除去這三個連詞,應用類文獻使用的句子間連詞極其有限,只有 21 例。

郭店簡中,連詞可以連接詞語、分句、句子和句群,但以連接分句和句子爲主,占其連詞總頻次的 62.52%。

（二）在連接相同語法成分時前後語義關係差別明顯

兩類文獻連詞所連接語法成分的共性是:都可以連接詞語和分句。差別在於:應用類文獻中,詞語間和分句間都以並列連詞爲主,而古書類文獻連詞使用頻次高,涵蓋表 1 所列各種語義關係。

（三）古書類文獻在各種功能的連詞的使用上都占據優勢

儘管古書類文獻以句間連詞爲主,但它連接詞語的連詞還是比應用類文獻比重要高——古書類文獻的詞語間連詞占所調查全部連詞的 26.45%,應用類占 19.31%。

概括起來就是:古書類文獻在連接詞語、分句、句子、句群等各種功能的連詞上都占據優勢,其連詞語法功能的複雜程度遠遠超過應用類文獻。

綜上,楚簡連詞在古書類和應用類文獻中的整體分佈差別是:① 並列連詞和承接連詞是古書類和應用類文獻中具有普適性的連詞。② 應用類文獻中,如果除去簡文程式因素,只有並列連詞使用頻次較高,種類豐富,其他連詞較少;像順承連詞、結果連詞,讓步連詞、轉折連詞、遞進連詞、選擇連詞、假設連詞七類,主要滿足古書類文獻中起承轉合的需要,應用類文獻中非常少見。③ 楚簡中連接詞語、分句、句子以至句群的連詞,都是在古書類文獻中發達;應用類文獻句子間連詞很少,詞語間使用並列連詞較多。

總結這一節就是:文獻類型和文獻內容,對連詞使用有決定性作用,決定了在不同類型文獻中，連詞在使用數量、使用頻次、連詞前後語義關係的豐富程度、語法功能的複雜程度等方面，都可能存在絶對差別。不同類型文獻根據自身表達需要，對連詞做相應的選擇與要求。

第二節　應用類文獻的連詞使用情況對比

一、應用類文獻內部連詞使用的整體觀察

應用類文獻內部連詞使用的差別仍然借助表 1 來觀察。

（一）應用類文獻內部的連詞分佈存在一定差異

連詞在應用類文獻內部的分佈存在一定差異，但相比它與古書類文獻的差別，這種差異要小得多。我們計算每一子類文獻中連詞頻次占所屬文獻總字數的比重，依次得到：卜筮祭禱記錄 1.14% > 文書 1.06% > 簿書 1.01% > 遣策 0.58% > 日書 0.44%，最大差距在卜筮祭禱記錄同日書之間，前者是後者的 2.60 倍。將這組資料同表 1 最後一行相比可知，各應用類文獻之間連詞使用的差別遠低於它們與古書類文獻連詞使用的差距。

（二）連詞分佈差異偏大的文獻類型——文獻類型和文獻內容的決定作用

結合表 1 和簡文可知，文書和卜筮祭禱記錄兩類文獻連詞使用頻次高，且前後語義關係豐富，而簿書和遣策只使用並列連詞“與”和“又”，“與”是連接名詞語，“又”只用於連接數量關係，如“十又三”。

上述兩點説明，即便在應用類文獻內部，仍是文獻內容和文獻類型對連詞的使用起決定作用——相比文書和卜筮祭禱記錄的記敍性質，相比二者使用連詞的豐富和複雜程度，日書、簿書和遣策使用連詞少而單純。

（三）連詞分佈各有側重的文獻類型——文獻表達程式因素的重要影響

同樣是連詞高頻使用的文獻類型，文書和卜筮祭禱記錄的連詞使用

也有區別。可見表3：

表3　四種應用類文獻中連詞的使用分佈

文獻種類	文書(包山2號墓),97				卜筮祭禱記錄(包山2號墓),50		日書(九店56號墓),10		遣策(望山2號墓),3	
連詞使用	修飾連詞 40	承接連詞 16	目的連詞 15	並列連詞 14	並列連詞 22	目的連詞 15	假設連詞 4	順承連詞 3	並列連詞 3	
	以40	以8　而5　焉3	以13　而2	與12　又2	與5　且6	以6　既5　以13　而2	如4	而3	與1	又2
	轉折連詞 6	遞進連詞 2	順承連詞 3	選擇連詞 1	修飾連詞 11	遞進連詞 2	結果連詞 2	並列連詞 1		
	而6	而2	焉3	與1	以11	且2	是故2	與1		
占文獻總字數之比	總8 882字 連詞占1.09%				總2 567字 連詞占1.95%		總2 278字連詞占0.44%		總960字連詞占0.31%	

文書的連詞使用更爲豐富多樣,如包山文書使用連詞達7類94次,而包山卜筮祭禱文獻只使用連詞4類36次。但按照單位文獻量計算,包山卜筮祭禱文獻連詞使用比重最高,爲1.14%,高於文書類的1.06%。這兩方面的情況説明：文書類文獻使用連詞豐富多樣,而單位文獻範圍内卜筮祭禱文獻使用連詞更多。結合簡文可知,包山文書簡内容豐富,包括名籍查驗、案件審理、借貸記録等,多敘述性表達;而包山卜筮祭禱文獻則表達形式相對單一,更加程式化。這就説明,除去文獻内容和文獻類型因素對連詞使用的決定作用,表達程式也會影響連詞使用的數量和密集程度,詳見下面第三節。

二、同一種應用類文獻内部的連詞使用對比

遣策的連詞使用相似,前文已交代。卜筮祭禱記録分別見於新蔡簡文、包山簡文和望山1號墓簡文,内容豐富,其中連詞的分佈如表4：

表 4　卜筮祭禱類文獻中連詞的使用分佈

出土地	使用連詞情況					連詞占所屬文獻總字數之比
新蔡 1 號墓 75 例	並列連詞 64		承接連詞 8		目的連詞 1	結果連詞 2	總 8 000 字 連詞占 0.94%
	以 30	且 11	而 5	焉 1	以 1	是以 2	
	既 17	與 6	以 1	乃而 1			
	85.33%		10.67%		1.33%	2.67%	
包山 2 號墓 50 例	並列連詞 22		目的連詞 15		修飾連詞 11	遞進連詞 2	總 2 567 字 連詞占 1.95%
	與 5	以 6	以 13		以 11	且 2	
	且 6	既 5	而 2				
	44.00%		30.00%		22.00%	4.00%	
望山 1 號墓 21 例	並列連詞 21						總 1 287 字 連詞占 1.63%
	以 9	既 4					
	與 7	且 1					

從表 4 可以觀察到：

（1）卜筮祭禱類文獻的共性是：都是以並列連詞爲主體，包括使用連詞"與"和使用"既……以……以……"、"既……以……且……"類並列句式，後者是卜筮祭禱文獻疾病貞内容的固定句式。[1]

（2）三者連詞使用的不同之處是：在並列連詞以外，包山簡其他連詞之和占 38.89%，新蔡簡只占 14.67%，望山 1 號墓簡文不使用其他連詞。結合簡文可知，包山簡的表達方式更加靈活多樣，具有更豐富的簡文程式；望山簡表達形式單一，句式少變化，但單位文獻量的連詞使用最多。這反映出：相同類型文獻中，簡文程式的豐富程度影響到連詞種類的豐

---

〔1〕　關於楚簡"既……以……以……"類句式的並列句性質，詳見劉凌《楚簡"既……以……"類並列句式討論——兼及連詞"以"的文獻分佈特點》，《中國文字研究》二十二輯，上海書店出版社，2015 年。

富程度,簡文程式的使用頻度影響到連詞的分佈密度。

（3）新蔡簡看似連詞使用多,但與其文獻總字數相比,連詞使用比重遠低於其他卜筮祭禱內容,但是這也同其簡文殘缺程度嚴重、部分連詞不能依據上下文得以判斷和呈現有關。

應用類文獻內部連詞使用的比較,同樣可以説明文獻類型和文獻內容對連詞分佈的決定作用,還可以證明文獻內容和表達程式因素對連詞使用的重要影響——包括連詞的數量、分佈密度和連詞種類的豐富程度。應用類文獻內部連詞使用的比較仍舊反映出:文獻根據自身表達需要對連詞做出選擇。

第三節　應用類文獻連詞語體特徵及其語法功能動因

一、楚簡中高頻連詞明確的文獻類型偏向

楚簡中的高頻和中頻連詞,是楚簡連詞使用的主體,最能反映連詞的文獻分佈特點,可用來做進一步觀察。

楚簡使用頻次在 20 以上的連詞包括:"而"305、"以"156、"則"150、"與"81、"故"52、"又"46、"是以"31、"既"30、"斯"22、"且"22、"是故"20。它們絕大多數具有明顯的文獻類型偏向,可見表 5。

從表 5 看出:

（1）"而"、"則"、"故"、"是以"、"斯"、"是故"明顯偏好古書類的郭店簡,在應用類文獻中少見或不見。唯有"而"在文書簡中有 15 個用例,跟文書簡具有一定敘述性質有關。

（2）"以"、"又"、"既"、"且"明顯偏好應用類文獻。

（3）唯有並列連詞"與",在各類文獻中分佈相對平均,文獻類型偏好不明顯,這跟"與"是基本的、普適性的並列連詞,用於最基本的名詞語的連接有關。

表 5 表明:楚簡裏的主要連詞、高頻使用的連詞,絕大多數具有明顯

表 5　楚簡中高頻連詞的文獻分佈

高頻連詞	政論	文書	卜筮祭禱記録1	卜筮祭禱記録2	卜筮祭禱記録3	遣策1	遣策2	遣策3	日書	簿書
	郭店	包山	包山	新蔡	望山M1	望山M2	長臺關M1	曾侯乙	九店M56	新蔡
而305[1]	280	15	1	5	—	—	—	—	3	—
以156	37	61	17	32	9	—	—	—	—	—
則150	149	—	—	—	—	—	—	—	—	—
與81	14	13	5	6	7	1	4	28	1	—
故52	52	—	—	—	—	—	—	—	—	—
又46[2]	2	2	—	—	—	2	8	7	—	19
是以31	29	—	—	2	—	—	—	—	—	—
既30	1	—	5	17	7	—	—	—	—	—
斯22	22	—	—	—	—	—	—	—	—	—
且22	2	—	8	11	1	—	—	—	—	—
是故20	18	—	—	—	—	—	—	—	2	—

的文獻類型偏好。下面就具體分析楚簡應用類文獻中的四個高頻連詞
"以"、"既"、"且"、"又",尋找它們對特定文獻類型做出選擇的語法
原因。

二、連詞"以"的分佈規律及其語法功能動因

連詞"以"是常用連詞,它在古書類和應用類文獻中都屬於高頻連

---

〔1〕　長臺關竹書屬於古書類文獻,包含1例順承連詞"而",1例順承連詞"則",2例並
列連詞"與",不當納入本表統計範圍,所以表中"而"、"則"、"與"三處統計數字共缺少了
4例。

〔2〕　本文統計範圍内,連接數量關係的"又"有46例,但九店簡中有一段文字是計量
"薔、梅等數量",其性質類似於簿書或講衡量換算的算術表,總共只有174字,集中使用6個
連詞"又",不在本表統計範圍内。

詞,但在應用類文獻中是最高頻連詞。"以"在所調查文獻中總使用頻次是 156 次,在應用類文獻中使用 119 次,占了 76.28%。"以"在語義關係和語法功能兩個方面,都表現出與特定文獻類型的整齊對應,詳見表 6。

表 6　楚簡連詞"以"語義關係、語法功能、文獻類型的對應

修飾關係 58			承接關係 13		目的關係 26	
動·以·動 52	形·以·動 5	介賓·以·動 1	動·以·動 10	複句 3	動·以·動 26	
文書 40　卜筮 10	政論 5	卜筮 1	文書 8　政論 1	政論 3	文書 13	政論 12
政論 2			卜筮 1		卜筮 1	
並列關係 55					因果關係 4	
複句 45	形·以·形 5	形·以·動 2	動·以·形 2	動·以·動 1	動·以·動 4	
卜筮 45	政論 5	政論 2	政論 2	政論 1	政論 4	

（一）連詞"以"在一定語義關係上與文獻類型的整齊對應

由表 6 看出,在應用類文獻和作爲參照的郭店簡中,"以"都存在着一定語義關係和一定文獻類型的對應,在應用類文獻中,這種對應關係非常整齊,這同簡文的程式化表達密切相關:

第一,連詞"以"表修飾關係最集中,見於應用類文獻是 51 例,其中 49 例出現在包山簡的程式化表達中(作爲對照的郭店簡使用修飾連詞"以"7 例)。如:

　　1. 大司馬悼髏（惜）迭楚邦之帀（師）徒呂（以）我（救）郙戩（之歲）酲（荆）尿肻（之月）己卯酓（之日）,篙吉以琛豙爲左尹扡盲（貞）……（包山 226）

這種固定表達見於卜筮祭禱文獻,有 10 例,都是用於以事紀年。

2. 八月己巳之日,司豐司敗(敗)鄝頜受台(幾),辛未之日不遲(將)倷(集)獸(獸)黃辱、黃蟲(蚰)㠯(以)廷,阩門又(有)敗(敗)。(包山 21)

這種固定格式的"受幾"簡有 39 例,都屬於文書類文獻。

第二,連詞"以"表並列關係也非常集中,見於應用類文獻的是 45 例,全部連接並列分句,全部見於包山簡、新蔡簡、望山簡的卜筮祭禱記録(作爲對照的郭店簡使用並列連詞"以"10 例)。如:

3. △貞,既肧(背)雘(膺)疾,㠯(以)䐓(胛)疾,㠯(以)心△(新蔡甲三 100)

4. △以不能飤(食),以心孚(悶),以歔,脳(胸)臄(脅)疾,尚△(望山_1_37)

第三,"以"表目的關係,見於應用類文獻的是 14 例,其中 11 例是用於包山文書簡("貣金")的程式化表達(作爲對照的郭店簡使用目的連詞"以"12 例)。如:

5. 株昜(陽)莫囂邵壽君與喬差(佐)瘖爲株昜(陽)貣(貸)邶(越)異之黃金七益(鎰)㠯(以)翟(糴)穜(種)。(包山 108)

第四,"以"表承接關係有 13 例,其中 9 例用於應用類文獻,且 8 例集中于文書。

第五,"以"僅有表結果關係的 4 例,全部用於古書類的郭店簡。

這五點分析説明,"以"主要用於應用類文獻,多用於程式化表達,它所表達的語義關係同所處文獻類型有着整齊的對應:"以"表修飾關係見於文書和卜筮祭禱記録,表並列關係用於卜筮祭禱記録,表目的關係見於文書。"以"只有少數用於古書類的郭店簡,也存在着一定語義關係同其文獻類型的對應:"以"表因果關係全部見於郭店簡(僅 4 例);表並列關係且當連接並列的動詞性和形容詞性成分、或連接兩個形容詞性成分時,它只見於郭店簡(有 10 例)。"以"只有在表目的關係時在古書類和應用類文獻中都常用。

(二)連詞"以"在語法功能上與文獻類型的整齊對應及其原因

首先看連詞"以"前後的語法成分及其文獻對應:

當"以"用在應用類文獻中時,包括:"動·以·動"結構[1] 73例,"介賓·以·動"結構 1 例,關聯並列分句 45 例。這説明:連詞"以"在應用類文獻中的功能非常單純:連接兩個動詞語,或連接並列的分句。

當"以"用在政論類的郭店簡中時,包括:"動·以·動"結構 20 例,"形·以·動"結構 7 例,"形·以·形"結構 5 例,"動·以·形"結構 2例,連接分句 3 例。這説明:連詞"以"在古書類文獻中的功能偏於複雜,但總量少而分佈零碎;當"以"前後一爲動詞或形容詞性成分,一爲形容詞性成分時,它基本只處在古書類文獻中。[2]

將"以"的語法功能加以綜合,就是:"以"的主要功能是連接兩個動詞語(有 93 例,這占其連接詞語的全部用法 108 例的 86.11%);其次的功能是連接並列分句;最爲次要的功能,是連接動詞性成分和形容詞性成分、或連接兩個形容詞性成分(只占其連接詞語用法的12.96%)。

---

〔1〕 "動·以·動"結構,其中的"動"指的是動詞和動詞性短語,其餘"形·以·形"等以此類推。動詞性短語和分句的界限有時難以明確,此處判别標準從嚴,凡可視作動詞性短語的,不作分句考慮。

〔2〕 古書類的郭店簡和上博簡中共有 18 例這種連接謂詞性成分的"以",都是表示並列關係。而應用類文獻的並列連詞"以"都是連接並列分句,全部見於卜筮祭禱文獻,有 45例。即,論説體文獻的並列連詞"以"全部連接謂詞語,應用類文獻的並列連詞"以"全部連接分句,它對不同類型文獻的功能偏向是非常明顯的。

　　當"以"用於應用類文獻中時,它的高頻、集中分佈主要是因爲其程式化表達,這些程式化表達,主要是表修飾關係、承接關係、目的關係,而這些語義關係的表達,需要借助它的最主要功能——連接動詞語的功能來實現;它高頻分佈的第二個方面,是用於固定句式——"既……以……"類並列句式,這一點是依靠它的第二大功能——連接並列分句的功能來實現。唯有"以"最次要、少用的功能——連接動詞性成分和形容詞性成分、或連接兩個形容詞性成分,在應用類文獻中得不到施展,因爲應用類文獻平實簡潔的表達,並不特別需要這種具有描寫性特點的內容,所以這類功能集中在郭店簡中,如:

　　6. 喬(教)昌(以)豊(禮),則民果昌(以)至。喬(教)昌(以)樂,民圥惪(德)清酒(將)。喬(教)昌(以)支(辯)兌(説),則民㩟(褻)陞(陵)倀(長)貴昌(以)忘(妄)。喬(教)昌(以)㩟(勢),民埜(野)昌(以)靜(爭)。喬(教)昌(以)只(技),則民少(小)昌(以)咠(吝)……(郭店_尊德義 13、14、15、16)

　　因此,我們説,"以"的文獻分佈特點,它在應用類文獻的高頻、集中,是由它的功能特點決定的。這一點,還可以拿古書類文獻的最高頻連詞"而"來做比較。連詞"以"同連詞"而"有交集——都可以連接動詞和形容詞性成分,或連接兩個形容詞性成分——但二者具有完全不同的文獻類型偏好:"而"是功能強大的連詞,前後語義關係豐富多變,常組成"動·而·形"、"形·而·形"、"形·而·動"結構,以四字格、五字格爲主,這種結構或單用,或嵌入句中,或大量排比連用,使用靈活,表達意義豐富,具有充分的描寫性,所以"而"主要用在古書類文獻豐富複雜的表達中,如下面兩句:

　　7. 遠而㨟(莊)之,敬也。敬而不嬾(懶),嚴(嚴)也。嚴(嚴)而

畏之,隙(尊)也。隙(尊)而不喬(驕),共(恭)也。共(恭)而尃(博)交,豊(禮)也。(五行 36、37)

8. 身谷(欲)靑(靜)而毋歈(滯),慮谷(欲)困(淵)而毋愿(僞),行谷(欲)愚(勇)而必至,畜(貌)谷(欲)壯(莊)而毋杲(拔)……(性自命出 62、63、64、65)

"而"所在的結構是以形容詞和動詞性成分的組合爲主,具有很強的修飾性、描寫性。而連詞"以"主要由介詞虛化而來,功能相對單純,它所在的結構以兩個動詞性成分的組合爲主,缺少描寫性;偶爾"以"連接動詞和形容詞性成分,具有一定描寫性,就是用在古書類文獻中。所以説,是連詞"以"的功能與特點决定了它更適合性質單純的應用類文獻,而應用類文獻的程式化表達,使得連詞"以"使用高度集中。這反映出:連詞自身的功能與特點,决定了它對文獻類型的偏好。

二、連詞"既"的分佈規律及其語法功能動因

楚簡高頻連詞"既"全部用於並列句。僅 1 例出現于郭店簡,其餘 29例都是用於卜筮祭禱文獻,包括"既……以……"或"既……以……以(且)……"類並列句式 27 例,用於疾病貞内容;另有 2 例"既……且……"式,如:"既臂(皆)告虔(且)禱也△"(新蔡甲三 138)。

楚簡高頻並列連詞"既"的語法功能單一,就是連接並列分句,用於卜筮祭禱記録,連接不同的疾病内容,極少數是連接兩個動作行爲。

三、連詞"且"的分佈規律及其語法功能動因

連詞"且"有 22 例,僅 2 例用於郭店簡,其餘全部用在卜筮祭禱記録中,文獻類型偏向明顯。具體情況如表 7:

表7　楚簡連詞"且"語義關係、語法功能、文獻類型的對應

	郭店簡 2	包山卜筮祭禱記録 8	新蔡卜筮祭禱記録 11		望山卜筮祭禱記録 1
並列連詞 19	形·且·形 1	連接分句 6	連接分句 6	動·且·動 5	連接分句 1
遞進連詞 3	連接分句 1	連接分句 2	—		—

表7顯示："且"的功能集中於它作並列連詞的情況,包括：連接並列分句,連接謂詞性詞語。連接的並列分句有三種類型：

第一種是僅用"且"連接並列分句,全部用於包山簡卜筮祭禱記録的固定表達：

9. 占之：死（恒）貞（貞）吉,少又（有）亞（惡）於王事,虐（且）又（有）慼（戚）於穿（躬身）。（包山 213）〔1〕

第二種是"既……且……"式,全部見於新蔡簡卜筮祭禱記録的固定表達：

10. △既膚（皆）告虐（且）禱也△（新蔡甲三 138）

第三種,是"既……以……且……"或"（既）……且……以……"式,見於望山簡和新蔡簡卜筮祭禱記録的固定表達：

11. △念,虐（且）瘠不出,昌（以）又（有）瘥,尚遬（速）出,毋为憂。（新蔡甲三 198、199－2）

12. 既心疾,昌（以）合於怀（背）,虐（且）心瘠△（新蔡甲三

〔1〕　這種句式裏的"且",張玉金以爲是遞進連詞,我們比對文例、文意,認爲是並列連詞。可見本書第三章第三節相關內容。

233、190）

以上是"且"連接並列分句的情況，它連接謂詞性詞語的功能，6 例中有 5 例是連接並列的動詞語，如：

13. 日於九月鳶（薦）虙（且）禱之，吉△（新蔡甲三 401）

僅 1 例連接兩個形容詞，是在郭店簡中：

14. 虔（吾）夫（大夫）共（恭）虙（且）譆（儉），烗（靡）人不敓（敘）。（郭店_緇衣 26）

連詞"且"的語義特點和語法功能總結如下：

並列連詞"且"的主要功能是連接並列分句和並列的動詞性詞語，此時它全部用於楚簡卜筮祭禱文獻；並且，三種並列句式各自對應簡文的一定表達程式，這是"且"在應用類文獻高頻出現的原因，也再一次證明：應用類文獻的表達程式對連詞使用有重要影響，影響其使用數量和分佈密度。

第二，"且"表遞進關係很少，只能連接分句，多數用於卜筮祭禱文獻。

第三，當連接並列的形容詞性成分時，"且"見於郭店簡，僅 1 例，這種結構具有一定的形容、修飾性質。

總結連詞"且"、"以"、"既"在語義關係、語法功能上與文獻類型的對應關係，發現：它們都以連接動詞性結構、連接並列分句爲主，缺少描寫、修飾性，正是這種功能和語義特點，決定了它們適合於應用類文獻簡潔平實的表達，決定了它們對應用類文獻的偏好。

四、連詞"又"的分佈規律 及其語法功能動因

並列連詞"又"主要是用來連接數量關係，僅 2 例見於郭店簡，其餘

44 例全部見於應用類文獻,用於簿書、遣策、文書等的數量記錄。其中有通常的用法,如:"大凡瑤(四十)盤(乘)又三盤(乘)"(曾侯乙 121),"灘(席)十又二"(望山_2_49),共 19 例;還有特殊的用法:並列連詞"又"在楚簡中發展出了新的功能——連接由高到低、不同層級的計量單位,它集中在新蔡簡和九店簡中,有 25 例,如:

  15. △受二臣,又二赤,又𣢠,又籿。(新蔡甲三 211)

  16. 方七,廩一,舊五稑又六來,舊四【籅(擔)。方审,□一,舊十】籅(擔)又三籅(擔)三赤二篁。(九店_56 號墓_4)

例 15、16 中,除"稑(稑)"、"來"可能是計量帶梗的穀類的單位外,其他"臣"、"赤"、"𣢠"、"籿"、"檐(担)"、"篁"、"方"、"廩"等都是容量單位,"又"前後的計量單位不屬於同一級別。出現這種格式,主要同計量物的性質有關:所計量的是顆粒狀穀物,當大的量器量之不足時,轉而用較小的容器計量,再量之不足,再使用更小級別的量器,直到量盡爲止。"又"連接多層級的容量單位,也就是連接多層級的數量關係,其實質同"十又二"中的"又"無別,仍舊是連接整數和零數。

這種連詞"又"的性質單純,純粹用於計數,其來源是副詞,本是表數量的追加;靜態地觀察時,多數語法著作把它處理爲連詞。[1] 連詞"又"功能單純,它的連接整數和零數的單一功能,決定了它主要用在遣策、簿書等需要準確計數的文獻中。

綜上,楚簡"以"、"既"、"且"、"又"四個高頻連詞,不論在語義關係還是語法功能上,都顯示出與特定文獻類型的整齊對應:連詞"以"表修飾關係集中于卜筮祭禱文獻和文書,表並列關係見於卜筮祭禱文獻,表目的關係集中于文書,其主要功能是連接兩個動詞語和連接並列的分句;連

---

〔1〕 具體可參見劉凌:《戰國楚簡"又"連接數量關係的特殊情況——兼談"又"的意義源流》,《中國文字研究》二十輯,上海書店出版社,2014 年。

詞“既”主要用於卜筮祭禱文獻,只用於連接並列分句;連詞“且”主要用於卜筮祭禱文獻,主要用於連接並列分句和連接兩個動詞語;連詞“又”用於遣策、簿書等,純粹用於連接數量關係。總結這四個連詞的文獻分佈特點,得出這樣的認識:應用類文獻連詞的文獻分佈規律,是由連詞的語法功能和自身特點決定的——連詞連接動詞語、連接並列分句或連接數量關係,都屬於簡單平實、非描寫性的表達,它們適合於應用類文獻;而一旦它們連接形容詞性成分,則往往具有描寫、修飾性,一般出現於古書類文獻中,儘管數量很少。總體來説,上述應用類文獻的高頻連詞語法功能單純,所連接内容缺少描寫性,因而同應用類文獻平實、程式化的表達相互適應。

至此,楚簡連詞與文獻類型的相互選擇性清晰呈現出來:文獻類型和文獻内容對連詞使用起決定作用,文獻内容和表達程式因素,也對應用類文獻的連詞分佈有重要影響;同時,是連詞的語法功能和特點,決定了它對特定文獻類型的適應與選擇。因此,楚簡連詞與一定文獻類型具有相互選擇性。

第七章 楚簡論説體文獻連詞的語體特徵

本章摘要:

　　本章討論以郭店簡爲代表的論説體文獻連詞的語體特徵,同時以史書《繫年》作比,連帶分析史書類文獻的語體特徵。

　　論説體文獻連詞的語體特徵主要有三方面。第一,論説體文獻連詞的語義語法功能決定了它們與這一語體的相互適應與選擇;第二,論説體文獻連詞具有强烈的修辭表達作用;第三,論説體文獻的連詞使用呈現出一定的個性化風格。

　　上述特徵,通過對論説體文獻六個中高頻連詞"而"、"則"、"斯"、"故"、"是故"、"是以"語義語法功能的分析得出。這六個連詞集中表順承和因果語義,語法功能豐富,滿足論説體文獻豐富複雜的表達需要,以及對修辭表達效果的追求。

　　在分析各類文獻的語體特徵後,可以得出結論:文獻類型對連詞具有明確的選擇性;另一方面,楚簡連詞因其自身語義語法功能而對文獻類型(語體)具有選擇性——這説明,楚簡連詞與文獻類型(語體)具有明確的相互選擇性。

上一章我們分析了楚簡應用類文獻中連詞的語體特徵及其語義語法功能原因,本章接着分析古書類文獻的主體類型——論説體文獻連詞的語體特徵。

本章討論仍以郭店簡文爲論説體的代表。郭店簡内容屬於諸子類典籍,涉及儒家和道家學説,是純粹的論説體,内容完整,考釋充分,作討論的主要材料。另以上博簡論説體文獻爲參照。

另外,在分析應用類文獻、論説體文獻連詞語體特徵的基礎上,再簡單分析清華簡《繫年》的語體特徵,討論連詞語體特徵背後的語法功能動因。

第一節　論説體——郭店簡連詞的語體特徵

第六章表 5 給出了楚簡中高頻連詞的具體文獻分佈情況,從中可以看出:"以"、"又"、"既"、"且"明顯偏好應用類文獻,上一章已詳細分析這四個連詞的文獻分佈規律及語法功能動因,證明它們同應用類文獻具有相互選擇性;下面要分析的是明顯偏好論説體的"而 323"、"則 150"、"故 52"、"是以 31"、"斯 22"、"是故 21"六個連詞,同樣分析其文獻分佈規律和語義語法功能特點。

一、連詞語體特徵的決定因素——連詞自身的語義和語法功能

楚簡連詞系統中,最爲發達的是順承、並列和因果連詞,每一類下的連詞數量多,使用頻次高。其中並列連詞是應用類文獻使用的主體;而順承和因果連詞,適應於論説體文獻複雜的起承轉合表達,在彰顯語義邏輯、分隔語義層次方面起著重要作用。從句法功能上看,此處六個高頻連詞,除多義連詞"而"以連接謂詞語爲主,其餘全是句子間連詞,多數可以連接複雜的句群,也可以連接分句、複句,可以在句子間對用、排比連用,

滿足論説體文獻豐富複雜的表達需要,以及對修辭表達效果的追求。是這些連詞在語義、語法功能上的特點,決定了它們與論説體文獻的相互選擇、相互適應。下面分類説明。

(一)順承連詞"則"、"斯"的語義語法功能特點

語法功能上,"則"、"斯"都用於連接分句,都以在複句間對用和排比連用爲主;並且,都主要在緊縮句中排比連用,因而句子形式往往短小緊湊,形成步步推進、語義緊承、意義濃縮的表達。

(1)二者以在複句間對用和排比連用爲主,複句間語義往往平列對等或前後相承

郭店簡中,"則"對用和排比連用的情況占其全部連詞用法的 75.8%;"斯"則占其全部連詞用法的 81.8%,如:

1. 善(教)吕(以)豊(禮),則民果吕(以)巠。善(教)吕(以)樂,則民中悳(德)清㴔(將)。善(教)吕(以)攴(辯)兑(説),則民㩅(爽)陸(陵)倀(長)貴吕(以)忘(妄)。善(教)吕(以)㺇(勢),則民埜(野)吕(以)静(爭)。善(教)吕(以)只(技),則民少(小)吕(以)叟(吝)。善(教)吕(以)言,則民話(訏)吕(以)㝨(寡)訐(信)。善(教)吕(以)事,則民力㩻(嗇)吕(以)面(湎)利。善(教)吕(以)懽(權)愳(謀),則民淫㤰遠豊(禮)亡㪰(親)㥈(仁)。(尊德義 13、14、15、16)

(2)二者多數關聯緊縮句,在緊縮句間對用或排比連用,語義平列對等或排比緊承

郭店簡内,由"則"關聯的緊縮句占其全部連詞用法的 57.3%,"則"用於緊縮句時基本是對用或排比連用,各緊縮句間意義平列對等或排比緊承,尤以排比緊承爲多。"斯"排比連用時基本只見於緊縮句中。如:

2. 悬(仁)之思也清,清則𡧛(察),清則𡧛(察),𡧛(察)則安,安
則𡘍,𡘍則兑(悦),兑(悦)則亹(戚),亹(戚)則新(親),新(親)則悉
(愛),悉(愛)則玉色,玉色則型(形),型(形)則悬(仁)。(五行12、13)

3. 凡人愍(僞)爲可亞(惡)也,愍(僞)昪(斯)娌(吝)亘(矣),
娌(吝)昪(斯)慮亘(矣),慮昪(斯)莫与(與)之結亘(矣)。(性自命
出48、49)

例2、例3,各緊縮句間都是步步緊承的推導關係,邏輯關係和語義層
次非常清楚。

(二)因果連詞"故"、"是故"、"是以"的語義語法功能特點

不同於順承連詞"則"、"斯"大量見於緊縮句並排比連用,語義關係
簡明直接,這三個因果連詞功能強大,可以連接分句、複句和句群,用於區
分複雜的語義層次,彰顯邏輯關係。三者還可以連用,表語義的層層推
進,以及一環套一環的因果關係。

(1)三者可以連接分句、複句和句群,表達複雜的因果語義關係

三者可以連接分句、多個複句甚至句群,各自沒有明確、嚴整的連接
域,可以參差交錯使用,使行文表達富於變化。但整體來説,"故"在文獻
中的適應性最強,連接域可大可小;"是以"的連接域亦可大可小,但整體
偏小;"是故"的連接域可達到最大,往往前文做大段的論述,爲句群或語
段,"是故"後以單句或複句(包括多重複句)作結,所以"是故"常處在段
末或下一段之首。[1] 下面一段話可作説明:

4. 大(太)一生水,水反補(輔)大(太)一,是昌(以)城(成)天。
天反補(輔)大(太)一,是昌(以)城(成)陞(地)。天陞(地)【返(復)
相補(輔)】也,是昌(以)城(成)神明。神明返(復)相補(輔)也,是昌

---

[1] 由於"故"、"是故"常用來連接複句和句群,句子間關係鬆散,連接域不容易確定,
有的語法著作把它們視作他轉連詞。

（以）城（成）佘（陰）昜（陽）。佘（陰）昜（陽）返（復）相補（輔）也,<u>是旦</u>
<u>（以）</u>城（成）四時。四時返（復）補（輔）也,四時返（復）補（輔）也,<u>是</u>
<u>旦（以）</u>城（成）倉（寒）然（熱）。倉（寒）然（熱）返（復）相補（輔）也,
<u>是旦（以）</u>城（成）溼澡（燥）。溼澡（燥）返（復）相補（輔）也,城（成）
歲（歲）而辵（止）。古（故）歲（歲）者,溼澡（燥）斋（之所）生也。溼
澡（燥）者,倉（寒）然（熱）斋（之所）生也⋯⋯天陸（地）者,大（太）
一斋（之所）生也。<u>是古（故）</u>大（太）一贜（藏）於水,行於時,迶（周）而
或（又）□,□□□釐（萬）勿（物）母。（太一生水 1、2、3、4）

例4,"是以"連用,表層層推進、一環套一環的因果關係,這 7 個"是
以"句組成一個句群;"故"居中,分隔出兩個句群,彰顯前後兩個句群的
因果層次;"是故"居段末作結,是在前兩個句群的基礎上得出結論。所
以,這三個因果連詞的使用,分隔了多級語義層次,形成三個層級的因果
關係;而每個層級內,又有並列的多個因果關係。

（2）三者可以在複句間對用和連用,彰顯平列對等或層層推進的因
果關係

例 4 是"是以"連用,"故"的連用如下例所示:

5. 君子之立孝,忢（愛）是甬（用）,豊（禮）是貴（貴）。<u>古（故）</u>爲
人君者,言人之君之不能夏（使）亓（其）臣者,不與言人之臣之不能
事亓（其）君者;<u>古（故）</u>爲人臣者,言人之臣之不能事亓（其）君者,不
與言人之君之不能夏（使）亓（其）臣者。<u>古（故）</u>爲人父者,言人之父
之不能畜子者,不與言人之子之不孝者;<u>古（故）</u>爲人子者,言人之子
之不孝者,不與言人之父之不能畜子者。<u>古（故）</u>爲人倪（兄）者,言
人之倪（兄）之不能憗（慈）俤（弟）者,不與言人之俤（弟）之不能承
（承）倪（兄）者;<u>古（故）</u>爲人俤（弟）者言人之俤（弟）之不能承（承）
倪（兄）【者,不與言人之倪（兄）之不能憗（慈）俤（弟）者。<u>故</u>】曰:與
君言,言夏（使）臣;與臣言,言事君。與父言,言畜子;與子言,言孝

父。與侃（兄）言，言慈（慈）俤（弟），與俤（弟）言，言永（承）侃（兄）。
（上博四_内豊_1、2、3、4、5、6）

例5連用了七個"故"（其中一個是據文例補充）。所有這七個"故"
及其所連接的前後句，都是在第一個原因句基礎上推論出的結果；而第七
個"故"所在句群，又是前六個"故"字句的總結。

和"是以"、"故"相比，"是故"的連用所占篇幅更長，因果關係更爲複
雜糾纏，如：

6. 君子之於善（教）也，亓（其）道（導）民也不憲（浸），則丌（其）
淳也弗深悉（矣）。是古（故）亡虐（乎）丌（其）身而鷹（存）啻（乎）丌
（其）訇（詞），唯（雖）厚丌（其）命，民弗從之悉（矣）。是古（故）畏
（威）備（服）型（刑）罰之嶁（屢）行也，繇（由）止（上）之弗身也。昔者
君子有言曰：戰與型（刑）人，君子之述（墜）憙（德）也。是古（故）止
（上）句（苟）身備（服）之，則民必有甚安（焉）者。君黔（袀）襪（冕）而
立於复（阼），一宮之人不勑（勝）丌（其）敬；君衰綕（絰）而凥（處）立
（位），一宮之人不勑（勝）【其】△一軍之人不勑（勝）丌（其）戠（勇）。
止（上）句（苟）昌（倡）之，則民鮮不從悉（矣）。唯（雖）肰（然），丌（其）
鷹（存）也不厚，丌（其）重也弗多悉（矣）。是古（故）君子之求者（諸）
吕（己）也深。不求者（諸）丌（其）杳（本）而攻（攻）者（諸）丌（其）末，
弗昱（得）悉（矣）。是[1]君子之於言也，非從末流者之貴，寙〈窋
（窮）〉蕊（源）反杳（本）者之貴。句（苟）不從丌（其）繇（由），不反丌
（其）杳（本），未有可昱（得）也者。君上鄉（享）城（成）不唯杳（本），工
（功）□□□□。戎（農）夫炙（務）飤（食）不斁（强）唧（耕），糧（粮）弗
足悉（矣）。士城（成）言不行，名弗昱（得）悉（矣）。是古（故）孾（君

---

〔1〕 此"是"下脱一"故"字，從裘按。荆門市博物館《郭店楚墓竹簡》，文物出版社 1998
年，169 頁。

子)之於言也,非從末流者之貴,竆(窮)淉(源)反杏(本)者之貴。句(苟)不從亓(其)繇(由),不反亓(其)杏(本),唯(雖)弜(强)之弗内(入)悉(矣)。(成之聞之4、5、6、7、8、9、10、11、12、13、14、15)

例6,是六個"是故"連用,[1]前後語義層層推進,有了前一個因,推出後一個果,果又爲因,推出進一步的結果。而"是故"所在的複句(或多重複句),其中又有錯綜複雜的因果或順承語義關係。

(三) 多義連詞"而"的文獻分佈及其語義語法功能特點

連詞"而"在郭店簡和應用類文獻中分別出現280次和24次,以單位文獻量計算,[2]前者使用頻次約是後者的32.1倍。郭店簡連詞"而"前後語義關係豐富,使用頻次高,且呈現出鮮明的兩大特點,其中之一——連接謂詞性成分,具備充分的描述性這一特點,在應用類文獻中絲毫不曾體現。我們先分析郭店連詞"而"使用情況,再做對比。

(1) 郭店簡連詞"而"的語義語法功能特點

郭店簡中,"而"用於單句187次,占其全部連詞用法的66.8%;用於緊縮句46次,這是以單句的形式表達複句的内容;[3]"而"純粹用於連接分句的只有47次,占其全部連詞用法的16.8%。這反映出"而"主要是詞語間連詞,它作爲句子間連詞的功能是次要的。

"而"連接詞和短語時,語義語法功能特點可綜合如表1。

"而"以連接謂詞性成分爲特點,即連接動詞(動詞性結構)或形容詞(形容詞性結構),它關聯緊縮句時,前後成分仍是謂詞性的。郭店簡連詞"而"的使用,反映出它的兩大特點。

---

〔1〕 其中一處"是"下脱一"故"字,從裘按。荆門市博物館《郭店楚墓竹簡》,文物出版社1998年,169頁。
〔2〕 郭店簡總字數12101字,應用類文獻總字數33200字,史書《繫年》總字數3790字。
〔3〕 對"而"所關聯的複句(包括緊縮句)的判别,本文從何樂士的判别標準:雙主謂結構且前後主語不同的,一律歸爲複句,如"有大罪而大誅之,簡也"(五行38)。此句"而"前後是雙主謂,前後主語不同,且主語都省略,則屬於緊縮複句,這個緊縮句又作單句中的一個句法成分。可參見何樂士《〈左傳〉虛詞研究》,商務印書館1989年,447頁。

表 1　郭店簡連詞"而"相同語法結構下語義關係的分佈

動・而・動（136 例）							
平行而轉折 41	順承 27	遞進 18	承接 15	連接狀中 15	並列 10	目的 7	偏正式轉折 3
動・而・形（7 例）		形・而・形（23 例）		形・而・動（21 例）			
平行而轉折 4	遞進 3	平行而轉折 6	並列 17	平行而轉折 4	狀中 3	遞進 10	並列 3	順承 1

説明："動"指的是動詞或動詞性結構，餘者依次類推。

　　表語義的前後順承，是"而"的一大特點，這時"而"前後主要是動詞性成分。

　　"動・而・動"結構情況最爲複雜，可以表達各種語義關係，而其中的順承、承接、[1]狀中和目的關係，具有相關性，它們都是表達"而"前後語義的相承，這是"而"的一大特點，所以《馬氏文通》將它歸入"承接連字"，視爲"承接過遞"之詞，就是廣義的順承連詞。

　　第二，"而"的另一大特點是：連接謂詞性成分（包括形容詞性結構和動詞性結構），形成形式簡潔、意義濃縮的"而"字結構，且多個平列對等的"而"字結構連用，從不同角度對主語（通常是話題主語）進行反復陳述或説明，具有充分的描寫性和論辯説理色彩。這是"而"更大的特點，超過其作爲順承連詞的比重。

　　具體來看，在"形・而・動"、"動・而・形"和"形・而・形"結構中，"而"主要是對應並列、平行而轉折、遞進三種語義關係，在"動・而・動"結構中，這三種語義關係所占的比例也將近一半，可見表中塗灰的部分。在這三種語義關係下，"而"所在的往往是多個平列對等的"而"字結構，郭店簡中這種平行結構高達 121 例，超過其表順承語義關係的 83 例。這是一些什

---

〔1〕　承接關係、順承關係、目的關係和狀中關係，實際都是表達事理上的順承，是廣義的順承語義關係。其中，承接關係和順承關係的區別是：前者著重具體的動作行爲在時間上前後接續發生；後者著重事理上的順承，有了前面的條件（原因），產生後面的結果。

麼樣的平行結構？它們反映了連詞"而"的什麼特點？我們看下面的例子：

7. 善者果而巳（已），不㠯（以）取跥（强）。果而弗戁（伐），果而弗喬（驕），果而弗孙（矜），是胃（謂）果而不跥（强）。（老子甲 7）

這組句子包含"形·而·形"結構和"形·而·動"結構，前後是轉折語義。

8. 身谷（欲）青（靜）而毋猷（滯），慮谷（欲）囷（淵）而毋愿（僞），行谷（欲）悳（勇）而必至，富（貌）谷（欲）壯（莊）而毋枼（拔），谷（欲）柔齊而泊，惪（喜）谷（欲）智而亡末，樂谷（欲）罼（釋）而又（有）峀（止），㤅（憂）谷（欲）斂（斂）而毋惛，蕬（怒）谷（欲）浧（盈）而毋暴，進谷（欲）孫（遜）而毋攷（巧），退（退）谷（欲）峕（端）而毋㞷（徑），谷（欲）皆夏（文）而毋愿（僞）。（性自命出 62、63、64、65）

這組句子中有"形·而·形"和"形·而·動"結構，前後語義關係並列。

9. 智而比即（次），則民谷（欲）帀（其）智之述（遂）也。福（富）而貧（分）賤，則民谷（欲）帀（其）福（富）之大也。貴而罷（能）纕（讓），則民谷（欲）帀（其）貴之上也。（成之聞之 17、18）

這組句子都是"形·而·動"結構，前後是遞進語義關係。

從這些例句可以觀察到：

① 這種平列對等的"而"字結構，以四字格、五字格爲主，多個結構排比連用，它們形式簡潔，意義濃縮，形成充分有力的表達效果，帶有強烈的論辯説理色彩。

② 每一個"而"字結構中，前後都是謂詞性成分，前後語義關係集中於並列、轉折和遞進關係，但實際上，其中包含的基本語義都是並列關係。

像"身欲靜而毋滯"，"而"的語義可作表並列、表轉折兩種理解；"富而分賤",可作表並列、表遞進、表轉折三種理解,這三者界限並不分明,需要結合上下文辨析。原因是,"而"的前後兩項以並列關係爲核心,雙方共處於一個語義背景下,即便表轉折,也是在並列對等基礎上的轉折,前後語義沒有太多的輕重差別,更强調的是兩方面的對比;同樣,一部分具有遞進關係的前後項也隱含着並列關係,語義内容彼此對等不相容,只是遞進意義强於其並列意義。〔1〕"而"的意義取決於它前後項的語義關係,尤其當處於平列對等的結構中時,它的語義更爲模糊,符號性很强。"而"的功能特點,較多體現在對句子、篇章韻律節奏的促成與調節上,後文會論及。

③ 與上述"而"字結構類似的,是"而"關聯的緊縮句,雖表達複句的内容,但其呈現形式爲單句,前後同樣是動詞或形容詞性成分,同樣具有描寫性,如:

10. 我亡爲而民自蝨(化)。我好青(静)而民自正。我谷(欲)不谷(欲)而民自樸。(老子甲 32)

(2)應用類文獻中"而"的語義語法功能特點
楚簡應用類文獻連詞"而"的語義和語法功能分佈情況可見表 2。

表 2 　應用類文獻連詞"而"語義關係和語法功能分佈

	動・而・動(17 例)					複句(7 例)	
	偏正式轉折	承接	順承	目的	遞進	偏正式轉折	承接
包山・文書	4	4	—	2	2	2	1
包山・卜筮記録	—	1	—	—	—	—	—
新蔡・卜筮記録	—	1	—	—	—	—	4
九店・日書	—	—	3	—	—	—	—

---

〔1〕 "而"的這個特點,保留在現代漢語中,相關研究多有論及。可參見嚴麗明《表示對比的連詞"而"》,《暨南大學華文學院學報》(《華文教學與研究》)2009(1),89—94 頁;李琳《現代漢語書面語中連詞"而"的考察》,《勵耘學刊》(語言卷)2011(1),55—69 頁。

　　應用類文獻共使用連詞"而"24次,集中於包山文書、新蔡卜筮祭禱記録和九店日書這三種具有一定敘述性的文獻類型,其他如簿書、遣策類,缺少敘述性,不使用連詞"而"。語義關係上,以表偏正式轉折、承接、順承語義關係爲主;句法功能上,只用於兩種情況:連接兩個動詞語和連接分句,無一例連接形容詞性成分的情況。

　　將表2同表1對比,可以清楚看出連詞"而"在兩類文獻的使用差別:應用類文獻連詞"而"只體現它作爲順承連詞的特徵,只連接動詞性成分,連接分句很少,且"而"使用有限。與其相對照的是,"而"連接動詞或形容詞性成分,"而"字結構排比連用,具備充分的描述性,是論說體文獻連詞"而"的使用特徵,其中"而"前後是並列、平行式轉折和遞進語義關係,這三類語義關係在應用類文獻中非常少見。究其原因,是應用類文獻的表達方式單一而程式化,一般不需要描寫性的表達,語句間的複雜聯繫也少。

　　除了"而"字結構具有充分的描寫性,順承連詞"則"、"斯"常處於緊縮句中,結構與其相似,前後同樣是以動詞或形容詞性成分爲主,同樣具有很强的描述性,如"不蓋則亡畏,不忠則不信,弗用則亡復"(尊德義32、33)。"而""則""斯"的這種特點,同古書類文獻的表達需要相匹配,在應用類文獻中不見。

　　(四)連詞的語義語法功能同所屬文獻類型相互適應

　　以上分析了論說體文獻六個高頻連詞的語義語法功能特點,這些特點,適應論說體文獻複雜的表達需要以及對表達效果的追求。順承連詞"則"、"斯"偏用於緊縮句,且常常在緊縮句間對用和排比連用,其間語義關係平列對等或層層推進,因而可以充分展開論述,彰顯語義邏輯,形成强烈的表達效果;因果連詞"故"、"是故"、"是以"以連接複句和句群爲主,長於彰顯複雜的邏輯關係、區分語義層次;連詞"而"多用於連接詞和短語,以連接謂詞性成分爲主,"而"字結構形式簡短且常排比連用,具有很强的描寫性,連詞"則"、"斯"具有類似性質,三者可以充分展開描寫與論述,從多角度鋪陳排比,取得强烈的表達效果。

　　論說體文獻,相比應用類文獻單一而程式化的表達,其表達語義起承轉合的需要强烈,因而用多個順承連詞(包括因果連詞)來彰顯邏輯關係,分隔語義層次,分擔不同的句法功能,使行文參差錯落,富於變化;同時,論説體文獻在表情達意、營造特定表達效果方面有較高要求。上述六個連詞的語義語法功能特點,決定了它們在論説體文獻的高頻使用。

二、論説體文獻中連詞的修辭表達作用

關於虛詞所起的修辭作用,前人論述頗豐,尤其近年關於韻律句法學的研究,發現了韻律與句法、語義、語用的相互作用及其結果,將相關研究提升到一個新的高度。本文不做展開,只簡單從節奏韻律、邏輯層次、情感表達、文氣語勢方面略作説明。

(一)節奏與韻律效果——"而"、"則"、"斯"的使用

漢語篇章中歷來講究節奏與韻律之美,講究文氣暢通、語勢充沛,連詞"而"在這方面起了非常重要的作用,以往諸家多有討論。

具體到楚簡中,"而"字結構常常是整齊的四字格、五字格或七字格,這些平行結構往往句法結構整齊一致、前後語義關係相同相近,形成非常整齊的語音、語法和語義形式;這些平行結構多數排比連用,達到形式簡潔,節奏整齊,韻律和諧,表情達意豐富而濃縮的效果,可見前文例7、8、9等。

除了平行結構排比連用所形成的强烈韻律節奏感,每個"而"字結構内部同樣具有韻律節奏之美。楚簡"而"字結構前後成分可對稱,如"剛而簡"、"考後而歸先"、"慎於言而謹於行"、"輕絶貧賤而重絶富貴",前後音節數對等,節奏整齊,韻律和諧。但楚簡"而"字結構最多四字格、五字格,如"貴而能讓"、"果而弗矜"、"未賞而民勸"等。四字格往往"而"前爲單音節,"而"後雙音節,同樣符合漢語韻律結構的一般規則。[1] 郭店簡中大量四字格、五字格的使用,是由相應的句法結構規則來促成的,典

---

〔1〕 這種結構的特點是"後重",就是較重、較長、偏複雜的成分居後,而較輕、較短、簡單的成分往往在前,表現在"而"字結構中,就是單音節在前、雙音節在後。見馮勝利《漢語韻律、語法與句法》,65—71頁,北京大學出版社1997年。劉睿涵《並列連詞"而"的韻律組配規律研究》,28頁,華中師範大學2014年碩士論文。

型的是使用對比式否定和緊縮句。

對比式否定的使用,使"而"字結構形式短小整齊、語義對比鮮明、節奏整齊。表對比的手段有兩種:一種是用意義相對相反的詞語形成對照,如"富而分賤""賤而民貴之";另一種是用否定詞幫助對比,後一種情況非常多——以一肯定一否定的並列形式表語義的對比,增強表達效果,這是"而"的獨特之處。如"果而弗伐,果而弗驕,果而弗矜,是謂果而不強"(老子甲 7)。

緊縮句也是促成"而"字結構簡潔整齊的一種方式,其中較多爲五字格。如下例:

11. 未言而訐(信),又(有)娩(美)青(情)者也。未喬(教)而民丕(恆),眚(性)善者也。未賞而民懽(勸),含福者也。未型(刑)而民悢(畏),又(有)心悢(畏)者也。(性自命出 51、52、53)

例中的"未言而信","而"前後主語都省略,結構極爲凝練,意義濃縮,是緊縮句和對比式否定兩種語法結構的結合。

再看下面一個例子:

12. 智(知)而行之,義也。行之而時,惪(德)也。見叞(賢)人,明也。見而智(知)之,智也。智(知)而安之,悬(仁)也。安而敬之,豊(禮)也。(五行 27、28)

例中,"行之而時"這種結構——"而"前兩個音節、"而"後一個音節——在楚簡中極爲少見,之所以存在,明顯有篇章照應,湊成整齊的四字格的原因。連詞"而"的句法結構和功能同其所産生的韻律節奏效果關聯密切。

連詞"則"、"斯"多構成緊縮句且排比連用,其結構形式類似於"而"字結構,如"戚則親,親則愛,愛則玉色,玉色則形,形則仁"、"慍斯憂,憂斯感,感斯嘆",同樣具有韻律與節奏之美,平行結構排比連貫,有助於增強語勢,渲染情感。

(二) 排比連用,增強語勢,渲染情感——"而"、"則"、"斯"的使用

順承連詞"則"、"斯"可以在複句間連用,句間是並列關係,從多角度鋪陳語義,如:

13. 鄔(聞)芺(笑)聖(聲),則冀(鮮)女(如)也旃(斯)熹(喜)。昏(聞)訶(歌)諑(謠),則舀(陶)女(如)也旃(斯)奞(奮)。聖(聽)盇(琴)幵(瑟)之聖(聲),則諤(悸)女(如)也旃(斯)戁(歎)。蕹(觀)埜(賚)武,則齊女(如)也昪(斯)复(作)。蕹(觀)卲(韶)頣(夏),則免(勉)女(如)也昪(斯)僉(斂)。(性自命出 24、25、26)

更多是在緊縮句間連用,如:

14. 熹(喜)昪(斯)慆,慆昪(斯)奞(奮),奞(奮)昪(斯)羕(詠),羕(詠)昪(斯)猷(猶),猷(猶)昪(斯)沶(舞)。沶(舞),熹(喜)之丹(終)也。恖(慍)昪(斯)意(憂),意(憂)昪(斯)感,感昪(斯)戁(歎),戁(歎)昪(斯)𢆥,𢆥昪(斯)通(踊)。通(踊),恖(慍)之丹(終)也。(性自命出 34、35)

順承連詞"則"、"斯"的排比連用,使得語義環環緊扣、形成一種簡潔有力、步步緊承的表達效果,具有明顯的充分描述、增強語勢、渲染情感的功用。

連詞"而"的使用具有同樣的修辭效果,前文已舉例。再如:

15. 遠而殆(莊)之,敬也。敬而不𢓜(懈),嚴(嚴)也。嚴(嚴)而畏之,隯(尊)也。隯(尊)而不喬(驕),共(恭)也。共(恭)而専(博)交,豊(禮)也。(五行 36、37)

此例一、三句"遠而莊之""嚴而畏之"對應,二、四句"敬而不懈""尊而不驕"對應,對句法結構、表義的對稱以及對節奏韻律之美的要求可見一斑。

（三）彰顯語義邏輯與層次——"是以"、"故"、"是故"的使用

因果連詞"故"、"是故"、"是以"可以連用,同樣是表達語義的層層推進、因果關係的環環相扣,但因爲這三個連詞以連接複句和句群爲主,前後聯繫不夠簡明直接,因而不像"則"、"斯"、"而"那樣表現力強,缺少強烈的步步緊承的語勢。它們的特點是:通過因果連詞的連續使用,彰顯層層推進、一環套一環的因果關係,區分語義不同層次,同時凸顯語義焦點,強化語義關係。前文例(4)、(5)、(6)等可以清楚呈現這種表達效果。

三、論説體文獻中連詞使用的個性化風格

六個高頻連詞的使用,除了滿足文獻內容表達需要以及營造表達效果的需要,還反映了一定的個性化風格——這是程式化、條例化的應用類文獻所缺少的。下面就郭店簡情況做些分析。

（一）連詞"而"在郭店簡各篇的分佈差別與特點

表3　連詞"而"在郭店簡各篇中的分佈情況

篇　名	五行	性自命出	老子	唐虞之道	成之聞之	尊德義	緇衣	語叢四
"而"的使用頻次	46	36	34	32	23	22	20	14
各篇字數	1 231	1 548	1 740	704	960	915	1 154	404

篇　名	忠信之道	窮達以時	六德	語叢一	太一生水	魯穆公	語叢二	語叢三
"而"的使用頻次	11	10	7	7	6	4	4	2
各篇字數	259	287	953	689	303	143	343	468

表注:統計數字不包括複音虛詞和固定結構。郭店共使用連詞"而"280次。

"而"在《五行》、《性自命出》、《老子》、《唐虞之道》等篇中使用較多，在《唐虞之道》、《忠信之道》、《窮達以時》、《語叢四》、《五行》中分佈密集。此處選擇連詞"而"使用豐富、個性特徵鮮明的幾篇加以比較。先看《五行》篇：

16. 聋（聞）君子道，聰（聰）也。聋（聞）而智（知）之，聖也。聖人智（知）而〈天〉道也。智（知）而行之，義也。行之而時，惪（德）也。見殹（賢）人，明也。見而智（知）之，智也。智（知）而安之，悬（仁）也。安而敬之，豊（禮）也。（五行 26、27、28）

17. 見而智（知）之，智也。智（知）而安之，悬（仁）也。安而行之，義也。行而敬之，豊（禮）也。（五行 30、31）

18. 吕（以）亓（其）审（中）心與人交，兑（悦）也。审（中）心兑（悦）蟗（然），爨（遷）於娣（兄弟），嚢（戚）也。嚢（戚）而訐（信）之，新（親）。新（親）而管（篤）之，恶（愛）也……审（中）心敌（辯）肰（然）而正行之，植（直）也。惪（直）而述（遂）之，逸也。逸而不畏勥（强）語（禦），果也。不吕（以）少（小）道寓（害）大道，束（簡）也。又（有）大辠（罪）而大豉（誅）之，行也……吕（以）亓（其）外心與人交，遠也。遠而湆（莊）之，敬也。敬而不📎（懈），嚴（嚴）也。嚴（嚴）而畏之，隮（尊）也。隮（尊）而不喬（驕），共（恭）也。共（恭）而専（博）交，豊（禮）也。（五行 32、33、34、35、36、37）

《五行》篇中，"而"多使用統一的結構"×而×之"，有 32 例，占《五行》篇"而"全部用例的 69.6%，該句式中，"而"所表語義關係也集中，绝大部分表遞進語義，其次是順承語義。

《性自命出》篇"而"的使用：

19. 未言而訐（信），又（有）娸（美）青（情）者也。未喬（教）而民死（恆），眚（性）善者也。未賞而民懽（勸），含福者也。未型（刑）而民慲（畏），又（有）心慲（畏）者也。戔（賤）而民貴之，又（有）惪（德）者也。貧而民聚安（焉），又（有）衍（道）者也。蜀（獨）屍（處）而樂，又（有）内蕅者也。亞（惡）之而不可非者，達於義者也。非之而不可亞（惡）者，管（篤）於悬（仁）者也。（性自命出51、52、53、54、55）

20. 身谷（欲）青（靜）而毋猷（滯），慮谷（欲）困（淵）而毋愚（偽），行谷（欲）惪（勇）而必至，富（貌）谷（欲）壯（莊）而毋果（拔），谷（欲）柔齊而泊，慁（喜）谷（欲）智而亡末，樂谷（欲）睪（釋）而又（有）屵（止），憂（憂）谷（欲）僉（斂）而毋惛，惹（怒）谷（欲）淫（盈）而毋暴，進谷（欲）孫（遜）而毋攷（巧），退谷（欲）耑（端）而毋坙（徑），谷（欲）皆夏（文）而毋愚（偽）。（性自命出62、63、64、65）

例19和例20是《性自命出》篇"而"所在的代表句式，句式非常整齊，語義關係亦集中，從多角度鋪陳排比，其中"而"的使用特點是：① "而"前後語義關係多數平列對等（或相互補充，或相對相反），合占該篇全部36例"而"的66.7%；② 多使用帶有否定詞的固定格式"未……而……"、"……而毋……"等。

再看《唐虞之道》篇"而"的使用：

21. 湯（唐）吴（虞）之道，徟（禪）而不偒（傳）。（堯）埊（舜）之王，利天下而弗利也。徟（禪）而不偒（傳），聖之盛也。利天下而弗利也，忎（仁）之至也。（唐虞之道1、2）

22. 夫古者埊（舜）伵（居）於茅（艸茅）之中而不惪（憂），升爲天子而不喬（驕）。伵（居）茅（艸茅）之中而不惪（憂），智（知）命也。升爲天子而不喬（驕），不渼也。（唐虞之道15、16、17）

301

23. 徝(禪)也者,上直(德)受(授)曼(賢)之胃(謂)也。上直(德)則天下又(有)君而世明,受(授)曼(賢)則民興效(教)而蜗(化)虖(乎)道。(唐虞之道 20、21)

《唐虞之道》篇"而"前後以平行而轉折語義爲多,16 例,占全篇"而"使用的 50%。其句式特點是: ① 多使用"……而不……"否定式;② 表達方式上,先總説,後分承説明,爲其他各篇所少見。

如果用一句話來概括,則《五行》篇的"而"多用"×而×之"句式,該句式多表語義遞進和順承,各句間是並列對等關係;《性自命出》中"而"多表正反對比,且大量相同結構的"而"字結構排比並列,鋪陳排比,語勢最強;《唐虞之道》篇,"而"也多表正反對比,但句式不同,且前後句子間是總述與分承説明的順承關係。

另如連詞"而"使用不多但密集的《窮達以時》、《語叢四》等篇,也是個性化特點突出,與前述三篇又有不同。像《語叢四》,"而"處於假設—結果關係複句中,表達特定的語義關係,爲郭店各篇所不見;又表順承語義,其特點與其他各篇亦不同,不再舉例。

郭店簡中連詞"而"在一定篇目集中分佈,這些篇目中,在一篇之内,"而"前後的語義關係往往純粹而集中,句子結構相似而集中;各篇之間,即便語義關係相同,句式表達也不同,差別明顯,各有風格。這些,除去"而"自身語義語法功能所決定的使用特點,一定程度上反映出作者的行文表達習慣,也包括對修辭表達效果的追求。

(二) 連詞"則"、"斯"在郭店簡各篇的分佈差別與特點

郭店簡有 22 例連詞"斯",其中 20 例出自《性自命出》篇,使用相當集中。其行文風格如前文例 3、例 14 所示,是以緊縮句形式排比連用,使用頂真格,語義層層推進,反映出强烈的個人風格以及對表達效果的追求。

"則"在郭店簡都是表順承語義,它在《五行》、《緇衣》、《尊德義》三篇分佈最爲集中。

表4　高頻連詞"則"在郭店簡各篇中的分佈情況

篇　　名	五行	緇衣	尊德義	性自命出	成之聞之	語叢三
"則"的使用頻次	36	28	25	19	13	8
各篇字數	1 231	1 154	915	1 548	960	468
篇　　名	老子	六德	語叢四	唐虞之道	忠信之道	語叢一
"則"的使用頻次	7	6	4	2	2	2
各篇字數	1 740	953	404	704	259	689

《尊德義》中"則"的代表性句式：

24. 喬（教）㠯（以）豊（禮），則民果㠯（以）㠱（巠）。喬（教）㠯（以）樂，則民𠂤惪（德）清𥻆（將）。喬（教）㠯（以）攴（辯）兌（説），則民撰（襃）陚（陵）𢓉（長）貴㠯（以）忘（妄）。喬（教）㠯（以）撵（勢），則民埜（野）㠯（以）静（爭）。喬（教）㠯（以）只（技），則民少（小）㠯（以）㾈（吝）。喬（教）㠯（以）言，則民話（訏）㠯（以）㶴（寡）訐（信）。喬（教）㠯（以）事，則民力㾐（嗇）㠯（以）面（湎）利。喬（教）㠯（以）懽（權）愳（謀），則民淫悁遠豊（禮）亡𣂤（親）㤅（仁）。（尊德義13、14、15、16）

25. 悉（愛）則不𣂤（親），不囗則弗㤅（懷），不畬（釐）則亡懼（畏），不宧（忠）則不訐（信），弗惠（用）則亡返（復）。𥝌則民悋，正則民不㾈（吝），龏（恭）則民不悁（怨）。（尊德義32、33、34、35、36）

例24"則"連接兩個分句，以大量的"教以……，則……"複句排比連用；例25，大量的"則"字緊縮句連用，緊縮句的格式是"不（弗）……則不（弗、亡）……"或"……則……不……"，語義上鋪陳排比，從多角度論述，具有强烈的表達效果。

由此可以看出《尊德義》中"則"的使用特點：以特定句式排比連用，

從多角度鋪陳語義,各句間是平列對等的關係。

《五行》中"則"的代表性句式:

26. 惥(仁)之思也清,清則𤔲(察),𤔲(察)則安,安則𤙸,𤙸則兌(悅),兌(悅)則𩁹(戚),𩁹(戚)則𣎴(親),𣎴(親)則惡(愛),惡(愛)則玉色,玉色則型(形),型(形)則惥(仁)。智之思也悵(長),悵(長)則旻(得),旻(得)則不亡(忘),不亡(忘)則明,明則見䢜(賢)人,見䢜(賢)人則玉色,玉色則型(形),型(形)則智。聖之思也翠(輕),翠(輕)則型(形),型(形)則不亡(忘),不亡(忘)則聰(聰),聰(聰)則聳(聞)君子道,聳(聞)君子道則玉音,玉音則型(形),型(形)則聖。(五行 12、13、14、15、16)

這反映出《五行》篇中"則"的使用特點:句子緊縮,排比連用,使用頂真格,語義層層推進,形成強烈的表達效果。

下面是《緇衣》篇中"則"的用法:

27. 正(政)之不行,孝(教)之不城(成)也,則埜(刑)罰不足恥,而雀(爵)不足懽(勸)也。(緇衣 27、28)

28. 子曰:爲上可踵(望)而智(知)也,爲下可頪〈顀(述)〉而箣(志)也,則君不惌(疑)亓(其)臣,臣不惑於君。(緇衣 3、4)

29. 子曰:可言不可行,君子弗言;可行不可言,君子弗行。則民言不隑(危)行,【行】不隑(危)言。(緇衣 30、31、32)

30. 大臣之不𣎴(親)也,則忠敬不足,而𩛜(富)貴巳(已)㐴(過)也。邦豪(家)之不窋(寧)也,則大臣不台(治)而褻(褻)臣忼(託)也。(緇衣 20、21)

《緇衣》中"則"的特點有二:一是表達複雜的條件(原因)和結果關

係,條件部分常常是並列的分句(或複句),"則"後引出結果,結果部分也常常是並列的分句(或複句),如例 27—29;二是,如例 30,以"則……也"式,表達前果後因的關係,這種用法的"則",只出現在《緇衣》篇中。[1]

　　"則"在這三篇的高度集中與使用特點,同樣與行文的個性化風格有關,也包含對修辭表達效果的追求。

　　(三) 連詞"故"、"是以"、"是故"在郭店簡的分佈差別與特點

　　因果連詞"故"、"是以"、"是故",包括"此以"、"是以",在郭店簡各篇中的分佈雖不像前文"而"、"則"、"斯"那樣高度集中,卻也頗具特點:《老子》多用"是以"和"故",《成之聞之》多用"是故",《緇衣》相對多用"此以"和"故",《太一生水》多用"是以"。[2] 郭店簡中表因果關係的這些連詞(固定結構),可以連接分句、複句甚至句群,其連接範圍不固定,彼此雖各有側重,但沒有形成明確分工,常常配合使用。所以,對這些因果連詞(固定結構)的選擇,更多是行文個性風格、表達習慣、變化錯落使用等因素所決定,而非單純的語法分工。

　　六個高頻連詞的使用之所以具有個性化風格,是因爲其語義關係和語法功能的豐富性提供了足夠彰顯個性的空間,説到底,是連詞自身的語義語法功能決定了其使用特點。

第二節　連詞與語體的相互選擇性

　　本章主要是以郭店簡爲主要樣本分析了論説體文獻連詞的語體分佈特徵。上一章,我們對應用類文獻連詞的語體分佈特徵做了詳細分析,並對二者做了比較,其間差異非常大。

　　在與應用類文獻對比之外,我們再選取古書類文獻的另一個類

---

〔1〕 這種前果後因的"則……也"式,其中的"則"存在判爲連詞還是副詞的分歧。可參前文連詞"則"個案討論部分。

〔2〕 (1)"故"52 例,主要見於《老子》篇 14 例,《緇衣》12 例。(2)"是以"31 例,主要見於《老子》篇 13 例,《太一生水》7 例。(3)"是故"20 例,主要見於《成之聞之》10 例。

別——清華簡史書《繫年》,作爲比照對象,驗證論説體連詞的語體分佈特徵。[1]

一、與史書《繫年》的比較——再觀察論説體連詞的語體分佈特徵

清華簡《繫年》頻次在 10 以上的連詞有:"以 61"、"焉 20"、"而 18"、"又 13"、"與 13"、"及 11"。其中"與"、"及"全部作並列連詞,連接名詞語;"又"亦爲並列連詞,連接整數和零數,用於紀年;"與"、"又"同樣是楚簡應用類文獻主要的高頻連詞,語義語法功能單純,《繫年》使用特徵與其一致。

"焉"作承接連詞,語義關係簡單明確,只用來表示動作行爲的先後相承;其語法功能單純,或連接分句,或用於單句的主謂之間。[2]

需要討論的是"以"和"而"兩個連詞。其中,連詞"而"使用情況可見表 5。

表 5　清華簡《繫年》連詞"而"語義與語法功能的綜合

動·而·動 15						複句 3	
承接 8	偏正式轉折 2	順承 1	遞進 2	連接狀中 1	目的 1	偏正式轉折 2	順承 1

可將表 5 與表 2 郭店連詞"而"的使用做對比。《繫年》連詞"而"以表廣義的順承語義關係爲主,其次表語義轉折;功能有二:以連接動詞語爲主,少量連接分句。其中,郭店簡論説體中連詞"而"的突出特點——連接動詞和形容詞性成分,具有充分的描述性和説理性——在《繫年》中絲毫不曾體現。

---

〔1〕　主要參考了李守奎、肖攀《清華簡〈繫年〉文字考釋與構形研究》,中西書局 2015年;馬楠《清華簡〈繫年〉輯證》,中西書局 2015 年;陳民鎮《清華簡〈繫年〉研究》,煙臺大學 2013 年碩士學位論文。

〔2〕　單句中主謂之間的"焉"虛化程度稍低,還可看出由兼詞虛化而來的痕跡,此處統一處理爲連詞。參陳民鎮《清華簡〈繫年〉研究》,274—275 頁。

最後看《繫年》連詞“以”使用情況。《繫年》的連詞“以”全部連接動詞語,或是連接分句。所表語義關係有承接、修飾、目的和結果四種,分别出現 22、18、17、4 次,前三種語義關係用例較多,尤其是可以看到一些較爲固定的敘述程式。如表修飾關係的 18 例“以”,出現了 14 例固定程式:

31. 秦康公衒(率)自(師)㠯(以)(送)癰(雍)子。(繫年_十_54)

此處“以”前後都是動詞性結構,前後項是狀中關係,[1] 我們稱此處的“以”爲修飾連詞,形成“率師/諸侯+以+動詞語”的固定程式。

表承接關係的 22 例中,有“動詞性結構+以+歸/伐”等固定程式 14 例,如:

32. 文王敗之於新(莘),獲(獲)哀侯㠯(以)歸。(繫年_五_26)

表目的關係的 17 例中,出現“以救……”,“以複……之師”等固定程式 6 例,如:

33. 齊臧(莊)公涉河(襲)朝訶(歌),㠯(以)复(復)坪(平)侌(陰)之自(師)。(繫年_十七_94)

在上一章,我們討論過文書、卜筮祭禱記録中連詞“以”的使用: 連詞“以”所表達的語義關係同所處文獻類型有着整齊的對應——“以”表修

〔1〕 有些文章將例 31 中的“以”視爲結果連詞或順承連詞。實際上,“率師”和“送雍子”是同時發生的,且“率師”是一種持續的行爲狀態,伴隨着後一行爲“送雍子”一直進行,前者是在表明後者的狀態或方式,所以此處將“以”處理爲修飾連詞。這種情況,“以”前往往是表“奉陪、帶領”義的動詞。可參趙大明《〈左傳〉介詞研究》,首都師範大學出版社 2007 年,194—197 頁。

飾關係見於文書和卜筮祭禱記錄，51 例，其中程式化表達占這兩類文獻修飾連詞"以"總數的 96.1%；表並列關係只用於卜筮祭禱記錄，45 例，其中程式化表達佔 100%；表目的關係只見於文書，13 例，程式化表達佔 78.6%。比較《繫年》連詞"以"的使用情況可以看出：《繫年》作爲較早的編年體史籍，具有記事簡潔、條例化的表達特徵，因而會有相對固定、程式化的表達，同應用類文獻中的文書、卜筮祭禱記錄比較，彼此在連詞"以"的使用上有許多共同點。

另一方面，連詞"以"在論説體的郭店簡中使用有限：表因果關係和承接關係各 4 例；表修飾關係 7 例；表目的關係 12 例；表並列關係 10 例，此時其前後項分別爲動詞性和形容詞性成分、或兩個形容詞性成分，這種情況只見於論説體，因爲具有描述性，如"耆（教）㠯（以）豊（禮），則民果㠯（以）㤴……則民㩜（爽）陵（陵）倀（長）貴㠯（以）忘（妄）……則民少（小）㠯（以）㖟（㖟）"（郭店_尊德義 13、14、15、16）。

由對比可見：連詞"以"的語義語法功能適應實錄體文獻的表達需要；《繫年》同文書、卜筮祭禱記錄都屬於實錄類文獻，其中連詞"以"的使用在語義語法功能方面頗多相似，而同論説體差異明顯；但《繫年》作爲史籍，比文書、卜筮祭禱記錄要少許多程式化因素。

整體而言，史書《繫年》的 6 個高頻連詞，除"與"在各類文獻都不具有明顯語體差異、"及"情況特殊外，"以"、"焉"、"又"、"而"的語義語法功能都同其文獻屬性非常匹配，滿足簡潔、準確地記錄史實的需要。

二、連詞與語體的相互選擇性

通過本章對論説體文獻連詞使用的討論，結合第六章對楚簡應用類文獻連詞使用的調查，結合史書《繫年》連詞使用情況，可以得出結論：連詞具有一定的語體偏向和語體屬性，連詞與文獻類型（語體）相互適應，相互選擇。具體來説：

第一，文獻類型和文獻內容，對連詞使用起決定作用，不同文獻類型（語體）的文獻，其高頻連詞使用各有類別，各有特點，同文獻類型對應整齊。

第二,應用類文獻中,文獻内容和表達程式因素,對連詞使用有重要影響。尤其是文書和卜筮祭禱記録中,程式化因素和表達需要決定了"既"、"且"、"又"等並列連詞和多義連詞"以"的高頻使用。

第三,古書類文獻裏的論説體,在文獻類型和文獻内容因素之外,寫作者個人風格、修辭表達因素對連詞使用有重要影響。論説體豐富複雜的表達需要和對表達效果的追求,通過順承(因果)連詞"則"、"斯"、"故"、"是以"、"是故"和多義連詞"而"的大量使用得以實現。

第四,古書類文獻裏的史籍一類,與應用類文獻的文書、卜筮祭禱記録,所使用高頻連詞在語義語法功能上多有相似之處,只是史書類的程式化程度偏低,並且另有高頻承接連詞"焉"和"以",用來表明事件發生之先後。以上方面,體現出文獻類型對連詞的選擇。

另一方面,楚簡絶大多數高頻、中頻連詞具有明顯的語體偏向:楚簡使用頻次在 20 以上的連詞,只有並列連詞"與"具有普適性,文獻類型偏好不明顯;"而"、"則"、"故"、"是以"、"斯"、"是故"明顯偏好論説體文獻;"以"、"又"、"既"、"且"明顯偏好應用類文獻;"以"、"焉"、"又"高頻使用於史書《繫年》。逐一分析楚簡高、中頻連詞的使用,發現:楚簡連詞的文獻類型偏好,是由其自身語法功能和特點決定的。應用類文獻的高頻連詞,以表並列語義關係爲主,以連接動詞語、連接並列分句或連接數量關係爲主,這些都屬於簡單平實、非描寫性的表達,適合於應用類文獻。史書《繫年》的高頻連詞,以表並列語義關係和承接關係爲主,同樣多連接動詞語、連接數量關係,記敘簡單平實,所以我們把應用類文獻和史書《繫年》統稱爲實録體文獻。而論説體的高頻連詞,或大量用於順承和因果關係複句(句群),表達複雜的語義層次和語義邏輯;或連接動詞和形容詞性成分且形式整齊,具有很强的描寫性、説理性;或以相似的結構排比連用,產生語音、語義和語法結構上的整齊與美感;這些連詞在充分表情達意、營造表達效果、形成形式與韻律之美、彰顯行文個性化風格方面作用顯著,是這些連詞自身豐富的個性決定了它們在論説體文獻中的充分發揮。即,楚簡連詞因其自身功能和特點而對文獻類型(語體)具有選擇性。

綜合以上兩方面得出結論: 楚簡連詞與文獻類型(語體)具有明確的相互選擇性。

參 考 文 獻

B

白於藍《包山楚簡零拾》,《簡帛研究》第 2 輯,法律出版社 1996 年 9 月。

白於藍《〈郭店楚墓竹簡〉讀後記》,《中國古文字研究》第 1 輯,吉林大學出版社 1999 年 6 月。

白於藍《〈包山楚簡文字編〉校訂》,《中國文字》新 25 期,(臺北)藝文印書館 1999 年 12 月。

白於藍《郭店楚簡拾遺》,《華南師範大學學報》2000 年第 3 期。

白於藍《釋"孚"、"斡"》,《古文字研究》第 22 輯,2000 年 7 月。

白於藍《郭店楚簡補釋》,《江漢考古》2001 年第 2 期。

白於藍《郭店楚墓竹簡考釋(四篇)》,《簡帛研究二〇〇一》,廣西師範大學出版社 2001 年 9 月。

白於藍《郭店楚墓竹簡釋讀札記》,《古文字論集(二)》(《考古與文物》叢刊第 4 號),2001 年 11 月。

白於藍《曾侯乙墓竹簡中的"鹵"和"櫓"》,《中國文字》新 29 期,(臺北)藝文印書館 2003 年 12 月。

白於藍《簡牘帛書通假字字典》,福建人民出版社 2008 年 1 月。

白玉林、遲鐸《古漢語虛詞詞典》,中華書局 2004 年 5 月

邴尚白《楚國卜筮祭禱簡研究》,暨南國際大學中國語文學系碩士論文,1999 年 5 月。

邴尚白《葛陵楚簡研究》,臺灣大學中國文學研究所博士論文,2007 年 1 月。

C

曹錦炎《包山楚簡中的"受期"》,《江漢考古》1993 年第 1 期。

陳昌來《介詞與介引功能》,安徽教育出版社 2002 年 12 月

陳劍《郭店簡〈窮達以時〉、〈語叢四〉的幾處簡序調整》,《國際簡帛研究通訊》第 2 卷第 5 期,2002 年。

陳偉《關於包山"受期"簡的讀解》,《江漢考古》1993 年第 1 期。

陳偉《包山司法簡 131～139 號考析》,《江漢考古》1994 年第 3 期。

陳偉《包山楚簡初探》,武漢大學出版社 1996 年 8 月。

陳偉《望山竹簡所見的卜筮與禱詞——與包山楚簡相對照》,《江漢考古》1997 年第 2 期。

陳偉《九店楚日書校讀及其相關問題》,《人文論叢》1998 年卷,武漢大學出版社 1998 年 10 月。

陳偉《郭店楚簡別釋》,《江漢考古》1998 年第 4 期。

陳偉《包山楚簡中的宛郡》,《武漢大學學報》1998 年第 6 期。

陳偉《郭店竹書別釋》,湖北教育出版社 2002 年 12 月。

陳偉《包山楚司法簡 131～139 號補釋》,《簡帛研究匯刊》第 1 輯,(臺北)中國文化大學史學系 2003 年 5 月。

陳偉《新蔡楚簡零釋》,《華學》第 6 輯,紫禁城出版社 2003 年 6 月。

陳偉《讀新蔡簡札記(三則)》,簡帛研究網 2004 年 1 月 30 日(http://www.jianbo.org/admin3/list.asp?id=l096)。

陳偉《葛陵楚簡所見的卜筮與禱祠》,《出土文獻研究》第 6 集,上海古籍出版社 2004 年 12 月。

陳偉《也說葛陵楚簡中的"以起"》,簡帛網 2009 年 5 月 9 日(http://www.bsm.org.cn/show_article.php?id=1049)。

陳偉等《楚地出土戰國簡冊(十四種)》,經濟科學出版社 2009 年 9 月。

陳煒湛《包山楚簡研究(七篇)》,《容庚先生百年誕辰紀念文集》,廣東人民出版社 1998 年 4 月。

陳永正《西周春秋銅器銘文中的聯結詞》,《古文字研究》第十五輯,1986 年 6 月。

陳振裕《望山一號墓的年代與墓主》,《中國考古學會第一次年會論文集》,文物出版社 1980 年 12 月。

陳宗棋《出土文獻所見楚國官制中的幾種身分》,"第一屆出土文獻學術研討會"論文,(臺北)中研院歷史語言研究所 2000 年 6 月。

程湘清主編《兩漢漢語研究》,山東教育出版社 1992 年 3 月。

崔立斌《孟子的指示代詞》,《語文研究》1993 年第 4 期。

崔永東《兩周金文虛詞集釋》,中華書局 1994 年 5 月。

D

大西克也《並列連詞"及""與"在出土文獻中的分佈及上古漢語方言語法》,郭錫良《古漢語語法論集》,語文出版社 1998 年 6 月

大西克也《關於包山楚簡"凶"字的訓釋》,《東京大學中國文學研究室紀要》第 3 號,2000 年 4 月。

董琨《郭店楚簡〈老子〉異文的語法學考察》,《中國語文》2001 年第 4 期。

董珊《新蔡楚簡所見的"顓頊"和"雎漳"》,簡帛研究網 2003 年 12 月 7 日(http://www.bamboosilk.org/admin3/html/dongshan01.htm)。

董珊《出土文獻所見"以謚爲族"的楚王族——附說〈左傳〉"諸侯以字爲謚因以爲族"的讀法》,復旦大學出土文獻與古文字研究中心網站 2008 年 2 月 17 日(http://www.guwenzi.com/SrcShow.asp?Src_ID=341)。

董珊《楚國簿記與楚國量制研究》,《考古學報》2010 年第 2 期。

F

范曉《說語義成分》,《漢語學習》2003 年第 1 期。

方有國《〈詩經〉"斯"字研究》,《西南大學學報》2009 年第 2 期。

方有國《上古漢語語法研究》,巴蜀書社 2001 年 12 月。

馮勝君《談談郭店簡〈五行〉篇中的非楚文字因素》,《簡帛》第 1 輯,上海古籍出版社 2006 年 10 月。

G

葛英會《包山楚簡治獄文書研究》,《南方文物》1996 年第 2 期。

葛英會《包山簡文釋詞兩則》,《南方文物》1996 年第 3 期。

谷口滿《包山楚簡受期簡釋地——楚國歷史地理研究的新史料》,《先秦楚國歷史地理研究——丹陽、郢都位置問題》,東北學院大學文學部 2003 年。

關樹法《"焉"並非兼詞——兼論兼詞形成的條件》,《遼寧大學學報》1986 年第 1 期。

管燮初《西周金文語法研究》,商務印書館 1981 年 10 月。

管燮初《殷墟甲骨刻辭的語法研究》,中國科學院出版,1953 年 10 月。

廣瀨薰雄《新蔡楚簡所謂"賵書"簡試析——兼論楚國量制》,《簡帛》第 1 輯,上海古籍出版社 2006 年 10 月。

郭錫良《古代漢語虛詞研究評議》,《語言科學》2003 年第 1 期。

郭錫良《漢語史論集》,商務印書館 1997 年 8 月。

郭錫良《介詞"以"的起源和發展》,《古漢語研究》1998 年第 1 期。

郭錫良《漢語語法論集》,語文出版社 1998 年。

H

何金松《虛詞歷時詞典》,湖北人民出版社 1994 年 5 月。

何樂士《〈左傳〉虛詞研究》(修訂本),商務印書館 2004 年 12 月。

何樂士《古代漢語虛詞詞典》,語文出版社 2006 年 2 月。

何樂士《古代漢語虛詞通釋》,北京出版社 1985 年 5 月。

何樂士《古漢語語法研究論文集》,商務印書館 2000 年 5 月。

何樂士《專書語法研究的回顧與展望》,《湖北大學學報》2001 年第 11 期。

何琳儀《信陽楚簡選釋》,《文物研究》第 8 期,黃山書社 1993 年 10 月。

何琳儀《包山楚簡選釋》,《江漢考古》1993 年第 4 期。

何琳儀《戰國古文字典》,中華書局 1998 年 9 月。

何琳儀《信陽竹書與墨子佚文》,《安徽大學學報》2001 年第 1 期。

何琳儀《鄂君啓節釋地三則》,《古文字研究》第 22 輯,中華書局 2002 年 7 月。

何琳儀《新蔡竹簡選釋》,《安徽大學學報》2004 年第 3 期。

何琳儀《第二批滬簡選釋》,《上博館藏戰國楚竹書研究續編》,上海書店出版社 2004 年 7 月。

何有祖《包山楚簡試釋九則》,簡帛網 2005 年 12 月 15 日(http://www.bsm.org.cn/show_article.php?id=132)。

河南省文物考古研究所《新蔡葛陵楚墓》，大象出版社 2003 年 10 月。

洪波《論平行虛化》，《漢語史研究集刊》(二)，巴蜀書社 2000 年 2 月。

侯學超《現代漢語虛詞詞典》，北京大學出版社 1998 年 5 月。

湖北省博物館《曾侯乙墓》，文物出版社 1989 年 7 月。

湖北省荊沙鐵路考古隊《包山楚簡》，文物出版社 1991 年 10 月。

湖北省荆州地區博物館《江陵天星觀 1 號楚墓》，《考古學報》1982 年第 1 期。

湖北省文物考古研究所《江陵九店東周墓》，科學出版社 1995 年 7 月。

湖北省文物考古研究所《江陵望山沙塚楚墓》，文物出版社 1996 年 4 月。

湖北省文物考古研究所、北京大學中文系《望山楚簡》，中華書局 1995 年 6 月。

湖北省文物考古研究所、北京大學中文系《九店楚簡》，中華書局 2000 年 5 月。

湖北省文物考古研究所、隨州市考古隊《隨州孔家坡漢墓簡牘》，文物出版社 2006 年 6 月。

胡波《秦簡副詞研究》，西南大學碩士論文，2010 年。

湖南省博物館、湖南省文物考古研究所、長沙市博物館、長沙市文物考古研究所《長沙楚墓》，文物出版社 2000 年 1 月。

湖南省文物管理委員會《長沙仰天湖第 25 號木椁墓》，《考古學報》1957 年第 2 期。

黃德寬《楚系文字中的"孛"》，"中國古文字研究會第九屆學術討論會"論文，南京 1992 年。

黃德寬《説將》，《古文字研究》第 24 輯，中華書局 2002 年 7 月。

黃德寬、徐在國《郭店楚簡文字考釋》，《吉林大學古籍整理研究所建所十五周年紀念文集》，吉林大學出版社 1998 年 12 月。

黃德寬、徐在國《郭店楚簡文字續考》，《江漢考古》1999 年第 2 期。

黃錫全《〈包山楚簡〉部分釋文校釋》，《湖北出土商周文字輯證》，武漢大學出版社 1992 年 10 月。

黃錫全《試説楚國黃金貨幣稱量單位"半益"》，《江漢考古》2000 年第 1 期。

J

吉仕梅《睡虎地秦墓竹簡連詞考察》，《樂山師範學院學報》2003 年第 2 期。

吉仕梅《秦漢簡帛語言研究》，巴蜀書社 2004 年 9 月。

賈連敏《新蔡葛陵楚簡中的祭禱文書》，《華夏考古》2004 年第 3 期。

金昌吉《談動詞向介詞的虛化》，《語文學習》1996 年第 2 期。

K

孔仲溫《望山卜筮祭禱簡文字初釋》，《第七屆中國文字學全國學術研討會論文集》，(臺北)萬卷樓圖書公司 1996 年 4 月。

L

李家浩《包山楚簡研究(五篇)》，"第二屆國際中國古文字學研討會"論文，香港中文大學 1993 年 10 月。

李家浩《江陵九店五十六號墓竹簡釋文》，《江陵九店東周墓》附錄二，科學出版社 1995 年 7 月。

李家浩《信陽楚簡中的"柿枳"》,《簡帛研究》第 2 輯,法律出版社 1996 年 9 月。

李家浩《包山竹簡"簸"字及其相關之字》,《第三屆國際中國古文字學研討會論文集》,香港中文大學中國文化研究所、中國語言及文學系 1997 年 10 月;收入《著名中年語言學家自選集·李家浩卷》,安徽教育出版社 2002 年 12 月。

李家浩《信陽楚簡"樂人之器"研究》,《簡帛研究》第 3 輯,廣西教育出版社 1998 年 12 月。

李家浩《釋文與考釋》,湖北省文物考古研究所、北京大學中文系《九店楚簡》,中華書局 2000 年 5 月。

李家浩《包山祭禱簡研究》,《簡帛研究二〇〇一》,廣西教育出版社 2001 年 9 月。

李家浩《包山二六六號簡所記木器研究》,《著名中年語言學家自選集·李家浩卷》,安徽教育出版社 2002 年 12 月。

李家浩《九店楚簡"告武夷"研究》,《簡帛研究匯刊》第 1 輯,(臺北)中國文化大學史學繫,2003 年 5 月。

李家浩《戰國官印考釋三篇》,《出土文獻研究》第 6 集,上海古籍出版社 2004 年 12 月。

李家浩《包山卜筮簡 218～219 號研究》,《長沙三國吳簡暨百年來簡帛發現與研究國際學術研討會論文集》,中華書局 2005 年 12 月。

李家浩《關於郭店楚墓竹簡〈語叢二〉51 號簡文的釋讀》,《新出楚簡國際學術研討會會議論文集(郭店·其他簡卷)》,武漢大學 2006 年 6 月。

李家浩《談包山楚簡"歸鄧人之金"一案及其相關問題》,《出土文獻與古文字研究》第 1 輯,復旦大學出版社 2006 年 12 月。

李傑群《連詞"則"的起源和發展》,《中國語文》2001 年第 6 期。

李零《包山楚簡研究(占卜類)》,《中國典籍與文化論叢》第 1 輯,中華書局 1993 年 9 月。

李零《讀九店楚簡》,《考古學報》1999 年第 2 期。

李零《讀〈楚系簡帛文字編〉》,《出土文獻研究》第 5 集,科學出版社 1999 年 8 月。

李零《郭店楚簡校讀記》(增訂本),北京大學出版社 2002 年 3 月。

李零《長臺關簡〈申徒狄〉研究》,《揖芬集——張政烺先生九十華誕紀念文集》,社會科學文獻出版社 2002 年 5 月。

李零《曹沫之陳釋文考釋》,《上海博物館藏戰國楚竹書(四)》,上海古籍出版社 2004 年 12 月。

李零《簡帛古書與學術源流》(修訂本),三聯書店 2008 年 1 月。

李明曉《戰國楚簡語法研究》,武漢大學出版社 2010 年 3 月。

李守奎《江陵九店 56 號墓竹簡考釋四則》,《江漢考古》1997 年第 4 期。

李守奎《楚文字考釋(三組)》,《簡帛研究》第 3 輯,廣西教育出版社 1998 年 12 月。

李守奎《古文字辨析三組》,《吉林大學古籍整理研究所建所十五周年紀念文集》,吉林大學出版社 1998 年 12 月。

李守奎《楚文字編》,華東師範大學出版社 2003 年 12 月。

李守奎《〈九店楚簡〉相宅篇殘簡補釋》,《新出土文獻與古代文明研究》,上海大學出版社 2004 年 4 月。

李守奎《包山楚簡中的"彭"》,《簡帛》第 1 輯,上海古籍出版社 2006 年 10 月。

李守奎《上海博物館藏戰國楚竹書文字編(1—5)》,作家出版社 2007 年 12 月。

李守奎《包山楚簡 120—123 號簡補釋》,"出土文獻與傳世典籍的詮釋——紀念譚樸森先生逝世兩周年國際學術研討會"論文,上海,2009 年 6 月。

李守奎《包山楚簡文字全編》,上海古籍出版社 2012 年 12 月。

李天虹《〈包山楚簡〉釋文補正》,《江漢考古》1993 年第 3 期。

李天虹《郭店楚簡文字雜釋》,《郭店楚簡國際學術研討會論文集》,湖北人民出版社 2000 年 5 月。

李天虹《郭店楚簡與傳世文獻互徵七則》,《江漢考古》2000 年第 3 期。

李天虹《郭店竹簡〈性自命出〉研究》,湖北教育出版社 2002 年 12 月。

李天虹《新蔡楚簡補釋四則》,簡帛研究網 2003 年 12 月 17 日 (http://www.jianbo.org/admin3/html/litianhong02.htm)。

李學勤《論包山楚簡中一祖先名》,載《文物》1988 年第 8 期。

李學勤《竹簡卜辭與商周甲骨》,《鄭州大學學報》1989 年第 2 期。

李學勤《長臺關竹簡中的〈墨子〉佚篇》,《徐中舒先生九十壽辰紀念文集》,巴蜀書社 1990 年 6 月;收入《簡帛佚籍與學術史》,江西教育出版社 2001 年 9 月。

李學勤《楚簡所見黃金貨幣及其計量》,《中國錢幣論文集》第 4 輯,中國金融出版社 2002 年 9 月。

李學勤《論葛陵楚簡的年代》,《文物》2004 年第 7 期。

李運富《楚國簡帛文字構形繫統研究》,岳麓書社 1997 年 10 月。

李佐豐《古代漢語語法學》,商務印書館 2004 年 9 月。

連劭名《包山簡所見楚地巫禱活動中的神靈》,《考古》2001 年第 6 期。

廖名春《郭店楚簡〈六德〉篇校釋》,《清華簡帛研究》第 1 輯,清華大學思想文化研究所 2000 年 8 月。

廖名春《郭店楚簡老子校釋》,清華大學出版社 2003 年 6 月。

林海雲《〈詩經〉中的"斯"字考察》,《古漢語研究》2010 年第 1 期。

林密《"則"字在〈呂氏春秋〉中的特殊用法》,《齊齊哈爾師範學院學報》1996 年第 4 期。

林素清《讀〈包山楚簡〉札記》,"中國古文字研究會第九屆學術討論會"論文,南京 1992 年。

林澐《讀包山楚簡札記七則》,《江漢考古》1992 年第 4 期。

劉彬徽《常德夕陽坡楚簡考釋》,《早期文明與楚文化研究》,岳麓書社 2001 年 7 月。

劉波《包山楚簡語言研究》,北京師範大學碩士論文,2005 年 5 月。

劉國勝《包山二七八號簡釋文及其歸屬問題》,《中國文字學學術研討會論文集》,(臺北)萬卷樓圖書有限公司 2002 年 4 月。

劉國勝《楚喪葬簡牘集釋》,武漢大學博士論文,2003 年 5 月。

劉國勝《九店〈日書〉"相宅"篇釋文校補》,《簡帛研究二〇〇二、二〇〇三》,廣西師範大學出版社 2005 年 6 月。

劉堅、曹廣順、吳福祥《論誘發漢語辭彙語法化的若干因素》,《中國語文》1995 年第 3 期。

劉景農《漢語文言語法》(新 1 版),中華書局 1994 年 6 月。

劉樂賢《九店楚簡日書研究》,《華學》第 2 輯,中山大學出版社 1996 年 12 月。

劉信芳《九店楚簡日書與秦簡日書比較研究》,《第三屆國際中國古文字學研討會論文集》,香港中文大學 1997 年 10 月。

劉信芳《望山楚簡校讀記》,《簡帛研究》第 3 輯,廣西教育出版社 1998 年 12 月。

劉信芳《荊門郭店竹簡老子解詁》,(臺北)藝文印書館 1999 年 1 月。

劉信芳《郭店竹簡文字考釋拾遺》,《江漢考古》2000 年第 1 期。

劉信芳《郭店簡〈緇衣〉解詁》,《郭店楚簡國際學術研討會論文集》,湖北人民出版社 2000 年 5 月。

劉信芳《包山楚簡解詁》,(臺北)藝文印書館 2003 年 1 月。

劉信芳《新蔡葛陵楚墓的年代以及相關問題》,《長江大學學報》2004 年第 1 期。

劉雨《信陽楚簡釋文與考釋》,《信陽楚墓》附錄,文物出版社 1986 年 3 月。

劉釗《包山楚簡文字考釋》,(香港)《東方文化》1998 年 1、2 期合刊。收入《出土簡帛文字叢考》,臺灣古籍出版有限公司 2004 年 3 月。

劉釗《郭店楚簡校釋》,福建人民出版社 2005 年 1 月。

龍丹萍《郭店楚簡〈老子〉詞類研究》,陝西師範大學碩士論文,2008 年 4 月。

呂叔湘《現代漢語八百詞》(增訂本),商務印書館 1999 年 1 月。

羅運環《釋包山楚簡或敢宦及相關制度》,《簡帛研究二〇〇二、二〇〇三》,廣西師範大學出版社 2005 年 6 月。

M

馬承源主編《上海博物館藏戰國楚竹書(一)》,上海古籍出版社 2001 年 11 月。

馬承源主編《上海博物館藏戰國楚竹書(二)》,上海古籍出版社 2002 年 12 月。

馬承源主編《上海博物館藏戰國楚竹書(三)》,上海古籍出版社 2003 年 12 月。

馬承源主編《上海博物館藏戰國楚竹書(四)》,上海古籍出版社 2004 年 12 月。

馬承源主編《上海博物館藏戰國楚竹書(五)》,上海古籍出版社 2005 年 12 月。

馬承源主編《上海博物館藏戰國楚竹書(六)》,上海古籍出版社 2007 年 7 月。

馬承源主編《上海博物館藏戰國楚竹書(七)》,上海古籍出版社 2008 年 7 月。

馬漢麟《古漢語語法提要》(增訂本),陝西人民出版社 1985 年 11 月。

馬建忠《馬氏文通》(新 1 版),商務印書館 1983 年 9 月。

馬王堆漢墓帛書整理小組《馬王堆漢墓帛書老子》,文物出版社 1976 年 3 月。

P

潘玉坤《古漢語中"以"的賓語前置問題》,《殷都學刊》2000 年第 4 期。

潘玉坤《西周銅器銘文中連接分句的連詞》,《漢字研究》第一輯,學苑出版社 2005 年 6 月。

潘允中《漢語語法史概要》,中州書畫出版社 1982 年 8 月。

裴學海《古書虛字集釋》,中華書局 1954 年 10 月。

彭浩《楚墓葬制初論》,《中國考古學會第二次年會論文集》,文物出版社 1982 年 6 月。

彭浩《包山二號楚墓卜筮祭禱竹簡的初步研究》,《楚文化研究論集》第 2 集,湖北人民出版社 1991 年 3 月。

彭浩《包山楚簡反映的楚國法律與司法制度》,《包山楚墓》附錄二二,文物出版社 1991 年 10 月。

彭浩《包山二號楚墓卜筮和祭禱竹簡的初步研究》,《包山楚墓》附錄二三,文物出版社 1991 年 10 月。

彭浩《郭店一號墓的年代及相關的問題》,《本世紀出土思想文獻與中國古典哲學研究論文集》,輔仁大學出版社 1999 年 4 月。

彭笠《〈孟子〉連詞研究》,首都師範大學碩士論文,2008 年 5 月。

蒲立本著、孫景濤譯《古漢語語法綱要》，語文出版社 2006 年 4 月。

Q

齊滬揚、張誼生、陳昌來《現代漢語虛詞研究綜述》，安徽教育出版社 2002 年 12 月。

錢宗武《今文尚書語法研究》，商務印書館 2004 年 10 月。

邱理萌《〈郭店楚墓竹簡〉中的介詞》，《北方論叢》2007 年第 2 期。

裘錫圭《郭店楚墓竹簡》"按語"，文物出版社 1998 年 5 月。

裘錫圭《郭店〈老子〉簡初探》，《道家文化研究》第 17 輯（郭店楚簡專號），三聯書店 1999 年 8 月。

裘錫圭《讀〈郭店楚墓竹簡〉札記三則》，《上海博物館集刊》第 9 輯，上海書畫出版社 2002 年 12 月。

裘錫圭《談談上博簡和郭店簡中的錯別字》，《華學》第 6 輯，紫禁城出版社 2003 年 6 月。

裘錫圭《釋戰國楚簡中的"叴"字》，《古文字研究》第 26 輯，中華書局 2006 年 11 月。

裘錫圭、李家浩《曾侯乙墓竹簡釋文與考釋》，《曾侯乙墓》附錄一，文物出版社 1989 年 7 月。

S

商承祚《戰國楚竹簡匯編》，齊魯書社 1995 年 11 月。

邵敬敏《漢語語法學史稿》，上海教育出版社 1990 年 11 月。

邵敬敏《說"又"——兼論副詞研究的方法》，《漢語語法的立體研究》，商務印書館 2000 年 8 月。

邵敬敏等《漢語語法專題研究》（增訂本），北京大學出版社 2009 年 1 月。

申紅義《出土楚簡與傳世典籍異文研究》，四川大學博士論文，2006 年 5 月。

沈家煊《"語法化"研究綜觀》，《外語教學與研究》1994 年第 4 期。

沈家煊《實詞虛化的機制——〈演化而來的語法〉評介》，《當代語言學》1998 年第 3 期。

沈培《從戰國看古人占卜的"蔽志"——兼論"移祟"說》，"第一屆古文字與古代史學術研討會"論文，（臺北）中研院歷史語言研究所 2006 年 9 月。

施謝捷《隨縣包山望山江陵郭店楚簡釋文》未刊稿（電子版），2003 年。

施謝捷《楚簡文字中的"糞"字》，《楚文化研究論集》第 5 集，黃山書社 2003 年 6 月。

史存直《漢語語法史綱要》，華東師範大學出版社 1986 年。

史存直《文言語法》，中華書局 2005 年 7 月。

史傑鵬《關於包山楚簡中的四個地名》，《陝西歷史博物館館刊》第 5 輯，西北大學出版社 1998 年 6 月。

史傑鵬《讀包山司法文書簡札記三則》，《簡帛研究二〇〇一》，廣西教育出版社 2001 年 9 月。

史傑鵬《包山楚簡研究四則》，《湖北民族學院學報》2005 年第 3 期。

史樹青《信陽長臺關出土竹書考》，《北京師範大學學報》1963 年第 4 期。

史錫堯《副詞"又"的語義及其網絡系統》，《語言教學與研究》1990 年第 4 期。

睡虎地秦墓竹簡整理小組《睡虎地秦墓竹簡》，文物出版社 1990 年 9 月。

宋華強《新蔡簡所記卜龜考》，簡帛研究網 2005 年 12 月 2 日（http://www.jianbo.org/admin3/2005/songhuaqiang004.htm）。

宋華強《由新蔡簡"肩背疾"說到平夜君成所患爲心痛之癥》，簡帛研究網 2005 年 12 月

17 日（http://www.jianbo.org/admin3/2005/songhuaqiang005.htm）。

宋華强《釋新蔡簡中的一個祭牲名》，簡帛網 2006 年 5 月 24 日（http://www.bsm.org.cn/show_article.php?id=352）。

宋華强《新蔡楚簡所記量器“䖵（釜）”小考》，《平頂山學院學報》第 21 卷第 4 期，2006 年 8 月。

宋華强《新蔡簡中記有縣辭的一組簡文的釋讀》，簡帛網 2006 年 11 月 12 日（http://www.bsm.org.cn/show_article.php?id=461）。

宋華强《新蔡簡中的祝號簡研究》（連載一），簡帛網 2006 年 12 月 5 日（http://www.bsm.org.cn/show_article.php?id=478）。

宋華强《新蔡簡中的祝號簡研究》（連載二），簡帛網 2006 年 12 月 9 日（http://www.bsm.org.cn/show_article.php?id=479）。

宋華强《新蔡葛陵楚簡初探》，武漢大學出版社 2010 年 3 月。

宋紹年、郭錫良《二十世紀的古漢語語法研究》，《古漢語研究》2000 年第 1 期。

宋紹年《〈馬氏文通〉研究》，北京大學出版社 2004 年 11 月。

蘇傑《釋包山楚簡中的“阩門有敗”》，《中國文字研究》第 3 輯，廣西教育出版社 2002 年 10 月。

孫錫信《漢語歷史語法要略》，復旦大學出版社 1992 年 12 月。

T

太田辰夫著、蔣紹愚等譯《中國語歷史文法》（第二版），北京大學出版社 2003 年 1 月。

湯餘惠《包山楚簡讀後記》，《考古與文物》1993 年第 2 期（先前曾在 1992 年“中國古文字研究會第九屆學術研討會”發表）。

唐啓運《論“以爲”》，《華南師範大學學報》（社科版）1986 年第 1 期。

唐鈺明《四十年來的古漢語語法研究》，《中國語文研究四十年紀念文集》，北京語言學院出版社 1993 年 10 月。

滕壬生《楚系簡帛文字編》，湖北教育出版社 1995 年 7 月。

W

王海棻《古漢語虛詞詞典》，北京大學出版社 1996 年 12 月。

王暉《古文字中記數使用“又”字的演變及其斷代作用考》，《陝西師大學報》1991 年第 2 期。

王克仲《先秦虛詞“與”字的調查報告》，中國科學院語言研究所古代漢語研究室《古代漢語研究論文集》，北京出版社 1982 年 7 月。

王力《漢語語法史》，商務印書館 2005 年 1 月。

王連成《從郭店楚簡〈老子〉乙第 5、6、7、8 簡的釋讀看帛書本與今本〈道德經〉的衍變》，簡帛研究網 2007 年 1 月 27 日（http://www.jianbo.org/admin3/2007/wangliancheng002.htm）。

王引之《經傳釋詞》，岳麓書社 1984 年 1 月。

王穎《包山楚簡詞彙研究》，廈門大學出版社 2008 年 5 月。

魏德勝《〈睡虎地秦墓竹簡〉語法研究》，首都師範大學出版社 2000 年 6 月。

巫雪如《包山楚簡姓氏研究》，臺灣大學中文所碩士論文，1996 年 6 月。

吳福祥《漢語伴隨介詞語法化的類型學研究——兼論 SVO 型語言中伴隨介詞的兩種演化模式》，《中國語文》2003 年第 1 期。

吴福祥《語法化與漢語歷史語法研究》,安徽教育出版社 2006 年 7 月。
吴辛丑《關於楚竹書中"是"的用法及其他》,《廣州廣播電視大學學報》2004 年第 6 期。
吴辛丑《簡帛典籍異文研究》,中山大學出版社 2002 年 1 月。
吴鬱芳《包山楚簡卜禱簡牘試讀》,《考古與文物》1996 年第 2 期。
武振玉《兩周金文"及"字用法試論》,《東北師大學報》2007 年第 3 期。
武振玉《兩周金文詞類研究(虚詞篇)》,吉林大學博士論文,2006 年 6 月。
武振玉《兩周金文虚詞研究》,綫裝書局 2010 年 12 月。

X

向熹《簡明漢語史》(下),高等教育出版社 1998 年。
蕭聖中《曾侯乙墓楚簡釋文補正暨車馬制度研究》,武漢大學博士論文,2005 年 5 月。
蕭聖中《曾侯乙墓竹簡編聯與綴合關係的局部調整與考察》,《武漢大學學報》2006 年第 5 期。
解惠全《談實詞的虚化》,《語言研究論叢》(四),南開大學出版社 1987 年 1 月。
熊永祥、錢宗武《今文〈尚書〉並列連詞的語例分析、特徵及其形成機制》,《湘潭大學學報》2007 年第 5 期。
徐少華《包山楚簡釋地八則》,《中國歷史地理論叢》1996 年第 4 期。
徐少華《包山楚簡釋地十則》,《文物》1996 年第 12 期。
徐通鏘《結構的不平衡性和語言演變的原因》,《中國語文》1990 年第 1 期。
徐在國《包山楚簡文字考釋四則》,《于省吾教授百年誕辰紀念文集》,吉林大學出版社 1996 年 9 月。
徐在國《釋"咎繇"》,《古籍整理研究學刊》1999 年第 3 期。
徐在國《新蔡葛陵楚簡札記》,簡帛研究網 2003 年 12 月 7 日(http://www.jianbo.org/admin3/list.asp?id=1062);後刊於《中國文字研究》第 5 輯,廣西教育出版社 2004 年 11 月。
徐在國《新蔡葛陵楚簡札記(二)》,簡帛研究網 2003 年 12 月 17 日(http://www.jianbo.org/admin3/list.asp?id=1069)。
徐在國《新蔡葛陵楚簡札記(二)》,簡帛研究網 2003 年 12 月 17 日(http://www.jianbo.org/admin3/list.asp?id=1069)。
禤健聰《新蔡楚簡短札一則》,簡帛研究網 2003 年 12 月 28 日(http://www.jianbo.org/admin3/list.asp?id=1079)。

Y

顏世鉉《包山楚簡地名研究》,臺灣大學中國文學研究所碩士論文,1997 年 6 月。
顏世鉉《包山楚簡釋地八則》,《中國文字》新 12 期,(臺北)藝文印書館 1997 年 12 月。
顏世鉉《郭店楚簡〈六德〉箋釋》,《歷史語言研究所集刊》第 72 本第 2 分,(臺北)中研院史語所 2001 年 6 月。
嚴麗明《表示對比的連詞"而"》,《暨南大學華文學院學報》(《華文教學與研究》)2009 年第 1 期。
嚴修《二十世紀的古漢語研究》,書海出版社 2001 年 4 月。
晏昌貴《新蔡竹簡拼接舉例》,簡帛研究網 2004 年 2 月 22 日(http://www.jianbo.org/admin3/list.asp?id=1108)。
晏昌貴《天星觀"卜筮祭禱"簡釋文輯校》(修訂稿),簡帛網 2005 年 11 月 2 日(http://

www.bsm.org.cn/show_article.php?id=31)。

晏昌貴《新蔡葛陵楚簡"上逾取禀"略說》,《楚地簡帛思想研究(三)》,湖北教育出版社
2007 年 6 月。

楊伯峻、何樂士《古漢語語法及其發展》(修訂本),語文出版社 2001 年 8 月。

楊伯峻《〈論語〉譯注》所附《〈論語〉詞典》,中華書局 2004 年 5 月。

楊伯峻《〈孟子〉譯注》所附《〈孟子〉詞典》,中華書局 2005 年 1 月。

楊伯峻《古漢語虛詞》,中華書局 1981 年 2 月。

楊逢彬《殷墟甲骨刻辭詞類研究》,花城出版社 2003 年 9 月。

楊華《新蔡簡所見楚地祭禱禮儀二則》,《楚地簡帛思想研究(二)》,湖北教育出版社
2005 年 4 月。

楊華《新蔡祭禱簡中的兩個問題》,《簡帛》第 2 輯,上海古籍出版社 2007 年 11 月。

楊啓乾《常德市德山夕陽坡二號楚墓竹簡初探》,《楚史與楚文化研究》,《求索》雜誌社
1987 年。

楊樹達《詞詮》,中華書局 1954 年 11 月。

楊澤生《信陽楚簡第 1 組 38 號和 3 號研究》,《簡帛研究二○○一》,廣西師範大學出版
社 2001 年 9 月。

楊澤生《戰國竹書研究》,中山大學博士論文,2002 年 4 月。(楊澤生 2002)

殷國光《〈呂氏春秋〉詞類研究》,商務印書館 2008 年 1 月。

殷國光《上古漢語語法研究》,中國大百科全書出版社 2002 年。

尹君《文言虛詞通釋》,廣西人民出版社 1984 年 12 月。

于成龍《楚禮新証——楚簡中的紀時、卜筮與祭禱》,北京大學博士論文,2004 年 5 月。

于弗《新蔡葛陵楚墓竹簡中的繇辭》,《文物》2005 年第 1 期。

袁國華《包山楚簡文字考釋》,《第二屆國際中國古文字學研討會論文集》,香港中文大
學中文系 1993 年 10 月。

袁國華《〈包山楚簡〉文字諸家考釋異同一覽表》,《中國文字》新 20 期,(臺北)藝文印書
館 1995 年 12 月。

袁國華《〈新蔡葛陵楚墓竹簡〉文字考釋》,《康樂集——曾憲通教授七十壽慶論文集》,
中山大學出版社 2006 年 1 月。

袁金平《新蔡葛陵楚簡字詞研究》,安徽大學博士論文,2007 年 4 月。

Z

曾憲通《包山卜筮簡考釋(七篇)》,《第二屆國際中國古文字學研討會論文集》,香港中
文大學中文系 1993 年 10 月。

張富海《郭店楚簡〈緇衣〉篇研究》,北京大學碩士論文,2002 年 6 月。

張富海《讀楚簡札記五則》,《古文字研究》第 25 輯,中華書局 2004 年 10 月。

張光裕主編、袁國華合編《包山楚簡文字編》,(臺北)藝文印書館 1992 年 11 月。

張光裕、袁國華《讀包山竹簡札移》,《中國文字》新 17 期,(臺北)藝文印書館 1993 年
3 月。

張光裕、袁國華《望山楚簡校録》,(臺北)藝文印書館 2004 年 12 月。

張光裕、陳偉武《戰國楚簡所見病名輯證》,《中國文字學報》第 1 輯,商務印書館 2006 年
12 月。

張桂光《〈郭店楚墓竹簡〉釋注續商榷》,《簡帛研究二○○一》,廣西師範大學出版社

2001 年 9 月;收入《古文字論集》,中華書局 2004 年 10 月。

張國艷《居延漢簡虛詞研究》,華東師範大學博士論文,2005 年 4 月。

張萍《漢語"以"字研究》,南京大學博士論文,2011 年 5 月。

張勝波《新蔡葛陵楚墓竹簡文字編》,吉林大學碩士論文,2006 年 4 月。

張守中《包山楚簡文字編》,文物出版社 1996 年 8 月。

張鐵慧《曾侯乙墓竹簡釋文與考釋讀後》,《江漢考古》1996 年第 3 期。

張新俊《上博楚簡文字研究》,吉林大學博士論文,2005 年 4 月。

張新俊《釋新蔡楚簡中的"柰(祟)"》,簡帛網 2006 年 5 月 3 日(http://www.bsm.org.cn/show_article.php?id=336)。

張誼生《現代漢語虛詞》,華東師範大學出版社 2000 年 10 月。

張玉金《出土戰國文獻中的虛詞"既"》,《殷都學刊》2010 年第 3 期。

張玉金《出土戰國文獻中的虛詞"及"》,《古漢語研究》2010 年第 4 期。

張玉金《出土戰國文獻中虛詞"與"和"及"的區別》《語文研究》2012 年第 1 期。

張玉金《出土戰國文獻中"焉"的研究》,《語言科學》2008 年第 4 期。

張玉金、莫艾飛《戰國時代連詞"與"研究》,《中國文字研究》第十五輯,2011 年 12 月。

張玉金《出土戰國文獻虛詞研究》,人民出版社 2011 年 3 月。

張玉金《甲骨文虛詞詞典》,中華書局 1994 年 3 月。

張玉金《甲骨文語法學》,學林出版社 2001 年 9 月。

張玉金《西周漢語語法研究》,商務印書館 2004 年 8 月。

張鈺《郭店楚簡"斯"、"此"、"安"的連詞用法考察》,《河北師範大學學報》2008 年第 5 期。

趙大明《〈左傳〉介詞研究》,首都師範大學出版社 2007 年 12 月。

趙平安《釋曾侯乙墓竹簡中的"綽"和"桿"》,《簡帛》第 1 輯,上海古籍出版社 2006 年 10 月。

中國社會科學院語言研究所古代漢語教研室《古代漢語虛詞詞典》,商務印書館 1999 年 2 月。

中山大學古文字研究室楚簡整理小組《一篇浸透着奴隸主思想的反面教材——談信陽長臺關出土的竹書》,《文物》1976 年第 6 期。

中山大學古文字研究室楚簡整理小組《江陵邵固墓若干問題的探討》,《中山大學學報》1977 年第 2 期。

周波《〈九店楚簡〉釋文注釋校補》,《江漢考古》2006 年第 3 期。

周法高《中國古代語法・稱代編》,中華書局 1990 年 1 月。

周鳳五《〈余釋命案文書〉箋釋——包山楚簡司法文書研究之一》,臺灣大學《文史哲學報》第 41 期,1994 年。

周鳳五《包山楚簡〈集箸〉〈集箸言〉析論》,《中國文字》新 21 期,(臺北)藝文印書館 1996 年 12 月。

周鳳五《讀郭店竹簡〈成之聞之〉札記》,《古文字與古文獻》試刊號,(臺北)楚文化研究會籌備處 1999 年 10 月。

周鳳五《郭店楚簡〈忠信之道〉考釋》,《中國哲學》第 21 輯,遼寧教育出版社 2000 年 1 月。

周鳳五《九店楚簡告武夷重探》,《歷史語言研究所集刊》第 72 本第 4 分,(臺北)中研院史語所 2001 年 12 月。

周鳳五《上博四〈柬大王泊旱〉重探》,《簡帛》第 1 輯,上海古籍出版社 2006 年 10 月。

周守晉《〈郭店楚簡〉中的"是"和"此"》,宋紹年、張猛等《漢語史論文集》,武漢大學出版社 2002 年 1 月。

周守晉《戰國簡帛中介引時間的"以"》,《古漢語研究》2004 年第 4 期。

周守晉《出土戰國文獻語法研究》,北京大學出版社 2005 年 8 月。

朱德熙、裘錫圭《戰國文字研究(六種)》,《考古學報》1972 年第 2 期;收入《朱德熙古文字論集》,中華書局 1995 年 2 月。

朱德熙、裘錫圭《信陽楚簡考釋(五篇)》,《考古學報》1973 年第 1 期;收入《朱德熙古文字論集》,中華書局 1995 年 2 月。

朱德熙《語法講義》,商務印書館 1982 年 9 月。

朱德熙、裘錫圭、李家浩《一、二號墓竹簡釋文與考釋》,《望山楚簡》,中華書局 1995 年 6 月。

朱德熙、裘錫圭、李家浩《望山一、二號墓竹簡釋文與考釋》,《江陵望山沙塚楚墓》附錄二,文物出版社 1996 年 4 月。

朱景松《現代漢語虛詞詞典》,語文出版社 2007 年 1 月。

朱曉雪《包山楚墓文書簡、卜筮祭禱簡集釋及相關問題研究》,吉林大學博士論文,2011 年 6 月。

左梁《論語虛詞研究》,四川師範大學碩士論文,2010 年 4 月。